ALEXIS LEMAISTRE

L'INSTITUT DE FRANCE

ET NOS

GRANDS ÉTABLISSEMENTS

SCIENTIFIQUES

COLLÈGE DE FRANCE — MUSÉUM — INSTITUT PASTEUR
SORBONNE — OBSERVATOIRE

OUVRAGE ILLUSTRÉ DE 83 GRAVURES, D'APRÈS LES DESSINS DE L'AUTEUR

PARIS
LIBRAIRIE HACHETTE ET CIE
79, BOULEVARD SAINT-GERMAIN, 79

L'INSTITUT DE FRANCE

ET NOS

GRANDS ÉTABLISSEMENTS

SCIENTIFIQUES

31095. — PARIS, IMPRIMERIE LAHURE
9, RUE DE FLEURUS, 9

ALEXIS LEMAISTRE

L'INSTITUT DE FRANCE

ET NOS

GRANDS ÉTABLISSEMENTS

SCIENTIFIQUES

COLLÈGE DE FRANCE — MUSÉUM — INSTITUT PASTEUR

SORBONNE — OBSERVATOIRE

OUVRAGE ILLUSTRÉ DE 83 GRAVURES, D'APRÈS LES DESSINS DE L'AUTEUR

PARIS

LIBRAIRIE HACHETTE ET CIE

79, BOULEVARD SAINT-GERMAIN, 79

1896

Droits de traduction et de reproduction réservés.

AVANT-PROPOS

« *Voulez-vous que je vous fasse donner une chaise, Monsieur?*
— *Merci, je préfère rester debout.* »

Je terminais un dessin dans la cour de l'Institut et je croyais, par ces paroles, répondre à la politesse du concierge ou de l'un des huissiers du palais.

Mon interlocuteur étant demeuré à côté de moi, machinalement je retournai la tête et je restai confus en reconnaissant le visage fin et souriant de M. Camille Doucet. Je m'excusai de mon mieux sur le sans-façon de ma réponse, protestant que j'étais bien loin de croire parler au secrétaire perpétuel de l'Académie française.

Voilà comment le hasard se chargea de me présenter à M. Camille Doucet.

M. Camille Doucet était la bienveillance même, et tout ce qui, de près ou de loin, touchait à l'Académie et à l'Institut prenait de l'importance à ses yeux. Il s'informa de la raison qui m'avait porté à exécuter ce dessin, et lorsqu'il sut que je préparais sur l'Institut de France et nos grands établissements scientifiques un volume destiné à la Jeunesse et qui devait être publié à l'occasion du centenaire de l'Institut, il me demanda de lui expliquer comment je comprenais cet ouvrage et comment je pensais le traiter.

Le titre se justifiait de lui-même. L'Institut, en effet, se trouve intimement lié aux grands établissements scientifiques, qui tous comptent comme directeurs et comme professeurs des membres de l'une des cinq Académies. Quant à l'ouvrage, il n'avait pas la prétention d'offrir au lecteur une histoire raisonnée et critique des Académies et de leur influence; il devait se borner à relater l'historique de chacune de nos grandes institutions scientifiques, à exposer le thème et le cours de leurs études, et chercher surtout à peindre d'une façon intime, familière quelquefois, sans cesser pourtant d'être respectueuse, la vie de nos savants et leurs travaux à l'Institut et au Collège de France, comme au Muséum, à la Sorbonne, à l'Observatoire et à l'Institut Pasteur.

M. Camille Doucet approuva ce projet et c'est à lui, en partie, que nous devons d'avoir pu le réaliser.

Comme nous insistions sur le côté intime et familier que nous désirions donner à cet ouvrage, et comme nous exprimions la crainte de paraître traiter bien légèrement un sujet aussi sérieux, de paraître vouloir le diminuer, le rapetisser :

« Mais non, dit-il, nous ne sommes pas si solennels ni si moroses qu'on le croit, et puis, ajouta-t-il en riant, nous ne sommes pas si vieux. »

Maintenant, à peine quelques années se sont écoulées, voilà notre tâche finie, et parmi ceux qui avaient bien voulu nous témoigner leur sympathie, nous éclairer d'avis précieux, ou dont nous avions été à même de reproduire les traits, combien déjà ne sont plus et dont nous ne pouvons que saluer une dernière fois les noms : Camille Doucet, Renan, Camille Rousset, l'amiral Pâris, Hervey de Saint-Denys, Leconte de Lisle, F. de Lesseps, Brown-Séquard....

Il nous est heureusement donné d'adresser ici nos remerciements et nos respectueux hommages : à M. Milne Edwards, directeur, et à MM. Vaillant, Perrier et Frémiet, professeurs au Muséum ; à M. Lanthoine, secrétaire de la Faculté des Lettres, et à MM. de Lacaze-Duthiers et Bonnier, professeurs à la Sorbonne ; à M. Pasteur et à M. le docteur Roux ; et enfin à M. Tisserand, directeur, et à MM. Wolf et Lœwy, les éminents astronomes de l'Observatoire.

L'INSTITUT DE FRANCE

L'INSTITUT DE FRANCE

ET

NOS GRANDS ÉTABLISSEMENTS SCIENTIFIQUES

L'INSTITUT DE FRANCE

I

Les membres de l'Institut étaient les égaux des plus grands dignitaires de l'État ; ils marchaient revêtus de l'étole, coiffés de la mitre, la crosse en main, resplendissants dans leurs vêtements sacrés, et la foule respectueuse s'agenouillait sur leur passage.

Ils habitaient un palais splendide, entouré d'immenses jardins où se trouvaient rassemblées, dans une magnifique profusion, toutes les merveilles de l'art et de la nature.

Des observatoires étaient bâtis sur de hautes montagnes ; des puits profonds s'enfonçaient dans la terre ; des cataractes écumantes rompaient le cours des fleuves et des rivières. Des lacs d'eau salée, des aquariums gigantesques donnaient asile à d'étranges poissons dont les reflets argentés, bleus, noirâtres ou dorés miroitaient au soleil ; des cabanes capricieusement construites abritaient des brebis et des bœufs, tout un troupeau bêlant et mugissant ; le lapin courait à travers les garennes odorantes, le lion rugissait au fond des forêts, l'oiseau-mouche cachait sous une feuille d'aloès les couleurs étincelantes de son petit corps d'insecte. Les fleurs rares, les arbres géants croissaient à côté du maïs et de l'orge; l'odeur suave des myrtes se mêlait à l'odeur pénétrante des pins; les orangers s'épanouissaient en pleine terre, et tout un monde de légumes et de fruits poussait à foison dans les vergers et dans les potagers.

Pas une place, pas un coin qui ne fût utilisé; la science envahissait tout, et la nature complaisante se prêtait docilement à l'étude.

Libres dans cet étrange domaine, sans souci du présent, sans crainte de l'avenir, les membres de l'Institut se donnaient tout entier au travail qu'ils se partageaient suivant leurs goûts; les uns étudiaient les astres, les phénomènes de l'air; d'autres passaient leur vie dans les forêts dont ils cherchaient à pénétrer les merveilleux secrets; on chassait, on herborisait; des cabinets de dissection, de vivisection, s'échappait l'odeur âcre du sang des victimes immolées à la science; des fourneaux où l'on analysait les poisons, où l'on composait les remèdes, s'élevaient des torrents de fumée; le vin, le cidre, l'eau-de-vie se fabriquaient dans des laboratoires immenses; on multipliait les expériences et les recherches;... toute une armée de savants, enfin, travaillait dans cet Éden terrestre pour la plus grande gloire et pour le plus grand bonheur de l'humanité!....

Ceci se passait à Ben Salem, dans une île inconnue...

II

Rien ne ressemble moins à cet Institut que rêvait le chancelier Bacon, en écrivant la nouvelle Atlantide, que notre Institut national : les académiciens ont bien un costume de cérémonie, mais ils le mettent le moins possible, même les jours de cérémonie; ils ne vont pas en procession par les rues; nul ne s'agenouille sur leur passage; ils ne sont pas les égaux des plus grands dignitaires de l'État; ce sont des hommes de beaucoup de savoir et de beaucoup de talent, voilà tout.

Leur demeure, simple et modeste, est bien différente du palais des académiciens de Ben Salem; quant aux jardins, aux vergers remplis d'arbres et de fleurs, rien ne les rappelle ici, rien que le puits de la cour des Longitudes, dont un maigre chèvrefeuille entoure discrètement les barreaux de fer, et près duquel quatre géraniums timides essayent de

Le puits de la cour des Longitudes.

vivre sous l'œil paternel du concierge. N'allez pas non plus chercher les bêtes merveilleuses, les oiseaux rares, les animaux étranges des contrées perdues; aucun rugissement féroce, aucun chant mélodieux ne résonne au loin; les abords du palais sont calmes, calmes et tristes : on dirait un coin de province transporté en plein Paris; le roulement sourd des voitures, le pas pressé des piétons affairés, rompent seuls, de temps à autre, le silence qui enveloppe la demeure des Immortels.

L'Institut est une création de la Convention. En 1795 on comptait en France cinq Académies ; la Convention commença par les supprimer; mais, la Terreur finie, l'invasion repoussée, les hommes de 95 purent donner au pays la Constitution qu'ils lui avaient promise, et c'est un des articles de cette Constitution, adoptée le 5 fructidor an III (22 août 1795), qui rétablissait, en quelque sorte, les académies disparues, par la fondation de l'*Institut national* dont la mission était de « recueillir les découvertes, de perfectionner les arts et les sciences ».

Actuellement l'Institut comprend cinq Académies :

L'Académie française;

L'Académie des Beaux-Arts;

L'Académie des Inscriptions et Belles-Lettres;

L'Académie des Sciences;

L'Académie des Sciences morales et politiques.

D'abord installé au Louvre, l'Institut occupe depuis 1806 l'ancien collège des Quatre-Nations, fondé par Mazarin et bâti en 1665 sur l'emplacement de divers hôtels, parmi lesquels l'hôtel de Nesle et sa fameuse tour.

Pour le public, l'Institut ne comprend que l'ancienne chapelle du collège, cette salle que domine la coupole vénérée et qui s'ouvre à peine sept ou huit fois par an pour les grandes séances annuelles et pour les séances de réception.

On ignore généralement où se trouve l'Institut proprement dit, c'est-à-dire l'endroit où se tiennent les séances ordinaires, l'endroit où les académiciens travaillent. Ce que le public ignore bien plus encore, ce qui l'étonnera même, c'est qu'il peut assister, sans demander la moindre autorisation, aux séances hebdomadaires de l'Académie des Sciences, de l'Académie des Inscriptions et Belles-Lettres et de l'Académie des Sciences morales et politiques; en revanche, les séances de l'Académie française et de l'Académie des Beaux-Arts demeurent absolument secrètes.

Arrêtez-vous quai Conti, en face du pont des Arts. Sur la porte ornée

La cour de l'Institut.

d'un drapeau tricolore, les mots *Institut de France* brillent en lettres d'or. Demandez au concierge où se trouvent les salles des séances, il vous répondra : « Adressez-vous au Secrétariat, la première porte à gauche, dans la deuxième cour, au premier ».

La deuxième cour, la cour de l'Institut, semble un désert; de rares passants la traversent rapidement; des cochers attendant leurs maîtres devisent philosophiquement à la tête de leurs chevaux endormis.

La première porte à gauche donne sur un vestibule orné de bustes d'académiciens morts : il y en a près de la rampe de l'escalier, il y en a sur le palier, il y en a partout, et les ouvriers qu'une besogne amène à l'Institut n'hésitent pas à utiliser ces bustes pour accrocher leurs vêtements.

Au premier se trouve le secrétariat; l'aspect est simple, triste et vieux : les murs sont à demi cachés par des casiers remplis de papiers et de cartons d'un vert passé; des chaises d'un autre âge, recouvertes d'une étoffe respectable, entourent un poêle de faïence; et lorsque, las d'attendre, engourdi, le visiteur jette un regard distrait sur les casiers aux cartons verts, il peut lire sur les étiquettes jaunies : funérailles de M. Saint-René Taillandier; funérailles de M. Charles Blanc; funérailles de M. Thurot, etc.

Tout est triste, du reste, dans le secrétariat : les huissiers répondent à voix basse; les visiteurs marchent sur la pointe des pieds, donnent discrètement un nom ou font timidement passer leur carte au secrétaire, M. Pingard, qui les reçoit d'un air mystérieux.

Les salles des séances sont situées au second étage. La première, la plus grande, affectée à l'Académie des Sciences, à l'Académie des Inscriptions et Belles-Lettres et à l'Académie des Beaux-Arts, n'a rien de remarquable, aucune recherche de luxe ni même de confort; comme décoration : des statues et des bustes; comme mobilier : des banquettes pour le public, de longues tables étroites recouvertes de l'inévitable tapis vert et des chaises pour les académiciens.

La seconde salle, qui sert à l'Académie des Sciences morales et politiques et à l'Académie française, a plus de caractère avec son plafond en forme de voûte qui lui donne l'air d'une chapelle, et le grand portrait du cardinal de Richelieu qui semble présider l'assemblée; mais cette salle a un grand défaut : elle est trop petite, si petite, que les académiciens ne savent où mettre leurs pardessus, leurs parapluies et leurs chapeaux, et qu'ils sont obligés de transformer la salle voisine en antichambre. Le

Dans le vestibule.

mobilier est le même : tables, chaises et banquettes ; pas de fauteuils ! Nous sommes cependant à l'Académie française !

Le fameux fauteuil n'existe plus; il n'existait déjà plus lors de la fondation de l'Institut ; il n'existait pas encore à la création de l'Académie, ou, du moins, le président seul en était pourvu.

On raconte qu'un jour, le cardinal d'Estrées, malade et infirme, voulut se faire apporter un siège plus commode que les chaises qui servaient alors aux académiciens. Louis XIV, prévenu, craignit que le cardinal n'excitât ainsi la jalousie de ses collègues, et envoya immédiatement quarante fauteuils à l'Académie.

Voilà l'origine de ce fauteuil qui devait tant faire parler de lui, de ce fauteuil qui devait devenir immortel.

III

L'Académie française fut fondée en 1634 par Richelieu. Le cardinal avait appris que quelques hommes de lettres se réunissaient chez Conrart pour s'entretenir de littérature, se lire leurs œuvres et les discuter; il eut l'idée de transformer cette société privée en institution d'État.

Malgré les lettres patentes de Louis XIII, accordées en janvier 1635, et qui fondaient définitivement l'Académie, le Parlement hésita longtemps à reconnaître cette nouvelle assemblée; il craignait qu'elle n'empiétât sur ses privilèges, et ce n'est que le 10 juillet 1637, après avoir lutté pendant près de trois ans, qu'il enregistra enfin les lettres du roi.

Les actes de l'Académie étaient scellés de cire bleue; le sceau représentait la figure du cardinal avec cette inscription : *Armand, cardinal de Richelieu, protecteur de l'Académie française établie en 1635*; sur le contre-sceau était gravée une couronne de laurier entourée de ces mots : *à l'immortalité*.

L'Académie française compte quarante membres, y compris le directeur, le chancelier et le secrétaire perpétuel qui, à eux trois, composent le bureau. Le directeur et le chancelier sont élus tous les trois mois à la pluralité des voix; le secrétaire est nommé à vie. A l'origine, l'élection du directeur et du chancelier avait lieu tous les deux mois; on procédait ainsi : un nombre de boules blanches égal au nombre des académiciens présents était placé dans une boîte ; une de ces boules était marquée d'un point, une autre de deux points ; le point désignait le directeur, les deux points désignaient le chancelier. Les élections d'académiciens se faisaient aussi par boules blanches et par boules noires. Maintenant, les boules sont remplacées par des bulletins et les questions sont résolues à la majorité des suffrages. L'Académie, qui se réunit le jeudi à trois heures, se réunissait autrefois le lundi à deux heures ; elle n'avait pas de local fixe et la séance avait lieu tantôt chez un de ses membres, tantôt chez un autre ; c'est ainsi qu'elle logea rue Cloche-Perce, rue des Cinq-Diamants, rue Saint-Martin, etc. Les choses se passaient très simplement. Pellisson nous a laissé un croquis de l'installation de l'assemblée, lorsqu'elle se tenait à l'hôtel Séguier, chez le chancelier : « En hiver dans la salle haute, en été dans la salle basse, on s'assied autour d'une table ; le directeur est du côté de la cheminée ; le chancelier et le secrétaire sont à ses côtés, et tous les autres comme le hasard ou la simple civilité les range. Le directeur préside, le secrétaire tient le registre.... »

Le cérémonial n'est pas plus compliqué aujourd'hui que du temps de Pellisson : le directeur, le chancelier et le secrétaire perpétuel sont assis devant un bureau, — le directeur au milieu, ayant à sa droite le secrétaire, à sa gauche le chancelier ; une grande table circulaire et d'autres petites tables sont réservées aux académiciens, qui se placent un peu à leur fantaisie.

L'huissier, arrivé avant la séance, veille à ce que rien ne manque sur le bureau du directeur : le carton vert rempli de papiers, la petite pendule de cuivre qui voyage alternativement sur le bureau de toutes les académies, et l'urne qui ressemble assez à la tirelire dans laquelle les garçons de café déposent leurs pourboires sur le comptoir du patron.

Grave, pénétré de l'importance de sa mission, l'huissier viendra tout à l'heure prendre cette urne et la promènera de place en place, recueillant les bulletins de vote, petits carrés de papier qu'il a eu soin de placer d'avance sur les tables.

Le vote se passe de la même façon dans toutes les classes de l'Institut, c'est le moment le plus animé de la séance ; des académiciens se lèvent et vont tenter auprès d'un collègue récalcitrant un dernier effort en faveur

L'antichambre de l'Académie française.

du candidat de leur choix; d'autres, leur devoir accompli, semblent se désintéresser de la question, et, dans un coin de la salle, entament quelque discussion littéraire ou artistique.

Lorsque tout le monde a voté, l'huissier remet l'urne entre les mains

Le dépouillement du scrutin.

du chancelier, et les membres du bureau commencent le dépouillement du scrutin : l'un déplie les carrés de papier et lit à haute voix les noms qui y sont inscrits; les deux autres pointent et vérifient; la moitié de la salle pointe, pendant que l'autre moitié cause.

On cause beaucoup à l'Institut, entre voisins, et l'huissier implacable est souvent obligé de réclamer le silence par un « chut » énergique.

Les séances de l'Académie française sont secrètes; elles l'ont été de tout temps. L'illustre compagnie s'est cependant départie de sa sévérité en faveur de la reine Christine de Suède, qui, à un de ses voyages en France, manifesta le désir d'assister à une séance ordinaire.

Prévenu seulement le matin, le chancelier Séguier n'eut pas le temps de faire de grands préparatifs; la salle fut décorée à la hâte et l'on s'occupa de recevoir dignement la reine. Resterait-on assis ou debout? Grave question qui fut l'objet de nombreuses discussions. Enfin, l'on se souvint que lorsque le roi Charles IX se rendait aux *assemblées de gens de lettres et de beaux esprits*, tout le monde restait assis et couvert. Un tel exemple décida de la question : on resterait assis.

La séance fut charmante; chacun s'efforça de plaire à la royale visiteuse. L'abbé Cottin lut des vers, Boisrobert récita plusieurs madrigaux et Pellisson termina en lisant la traduction d'une poésie de Catulle.

La reine était ravie, quand on eut l'idée malheureuse de vouloir lui lire un chapitre du dictionnaire.

« M. de Mézeray lut donc le mot « jeu » où, entre autres façons de parler proverbiales, il y avait : JEUX DE PRINCES, *qui ne plaisent qu'à ceux qui les font; pour dire une malignité, une violence faite par quelqu'un qui est en puissance.* »

Christine, en entendant ces mots, rougit, se troubla; elle voulut sourire, mais le rire s'arrêta sur ses lèvres : elle se souvenait du palais de Fontainebleau et de Monaldeschi qu'elle avait fait assassiner.

Lors de la création de l'Académie, les académiciens ne touchaient pas d'indemnité régulière; en 1672, Louis XIV décida que quarante jetons seraient, à chaque séance, partagés entre les membres présents.

Les jetons ont été supprimés et, actuellement, les académiciens sont payés.

Payés?... Oh! mais, vous allez voir comment.

Un membre de l'Institut qui assiste régulièrement aux séances peut toucher, en moyenne, 110 ou 120 francs par mois.

Si vous calculez les frais forcés : voitures, étrennes aux huissiers, aux employés, et le costume, et l'épée, vous verrez qu'au bout de deux ans l'académicien sera à peine rentré dans ses frais, et que sa rétribution mensuelle ne dépassera pas alors 60 ou 80 francs.

A la fin du mois, dans un des bureaux du secrétariat, un employé et

Le vote à l'Académie française.

deux huissiers sont réunis devant une table; ils paraissent profondément attentifs à leur besogne. Une centaine de petits sacs en papier gris couvrent un bout de la table; à l'autre bout, des billets de banque, des pièces d'or et d'argent, des sous; devant l'employé, une longue liste.

L'employé compte les billets et la monnaie, un des huissiers fait l'appoint avec les sous; lorsque la somme est complète, le second huissier met le billet, la monnaie et les sous dans un petit sac de papier gris, place dessus une étiquette portant le nom d'un membre de l'Institut, ficelle soigneusement, et range les sacs les uns à côté des autres, près de la feuille d'émargement, où l'on peut lire: duc de Broglie, 110 fr. 75; Alexandre Dumas, 118 fr. 50; etc., etc.

Si les membres de l'Institut touchent d'aussi petites sommes, en revanche ils en distribuent d'importantes, et les prix de vertu, de poésie, d'histoire, de morale, d'éloquence qu'ils décernent tous les ans s'élèvent à plus de cent mille francs.

IV

L'Académie fondée, Richelieu proposa aux académiciens de travailler à un dictionnaire de la langue française, à une grammaire, à une rhétorique et à une poétique.

L'Académie se mit immédiatement au dictionnaire, mais ne s'occupa jamais du reste. Ce n'est pas seulement d'aujourd'hui que l'on se plaint de la lenteur que ce dictionnaire met à paraître.

La première édition fut publiée cinquante-neuf ans après la fondation de l'Académie, qui convient elle-même, dans la préface, que le public s'impatientait: « On disait que le dictionnaire ne paraîtrait jamais, on calculait ce que chaque lettre coûterait en jetons de présence, etc. »

Colbert, si entreprenant, si actif, ne pouvait comprendre que le travail marchât si lentement; il voulut se rendre compte de ce que faisaient Messieurs de l'Académie, et vint un jour les surprendre au milieu d'une séance.

On en était au mot *ami*; les avis étaient si partagés, on faisait surgir de telles difficultés, il naissait tant de subtilités « sur le point de savoir si, dans l'usage, ce mot indiquait seulement une obligation du monde ou un rapport du cœur, s'il supposait une affection partagée, et s'il ne se disait pas sans cesse d'un empressement qui n'avait rien de sincère ou d'un zèle qui n'obtenait aucun retour », que le ministre quitta la séance en avouant qu'il lui paraissait bien difficile de faire un dictionnaire. Et dans ce dictionnaire, les mots n'obtenaient pas facilement droit de cité. La Fontaine, le plus assidu des académiciens d'alors, avait beau dire, argumenter, il n'arrivait jamais à faire admettre ces bonnes vieilles façons de parler, ces piquantes locutions d'autrefois que sa muse vive et alerte ressuscitait avec tant de bonheur. De même, certains mots qui sont maintenant d'un usage journalier, soulevaient à cette époque de graves discussions.

On a peine à croire que le Père Bouhours condamnât sans appel le mot *savoir-faire*, qui, disait-il, « ne durerait pas, s'il n'était déjà passé », et que Mme de Sévigné s'étonnât fortement du mot *effervescence* que sa fille employait : « Comment dites-vous cela, ma fille? voilà un mot dont je n'avais jamais ouï parler ».

Malgré tout, le temps marchait, et de discussions en discussions, le dernier mot était classé, le dictionnaire était achevé; il parut en 1694. Dans cette première édition, « les mots, au lieu de se succéder alphabétiquement et détachés les uns des autres, sont rangés par racines; disposition plus savante, plus agréable au lecteur curieux de connaître l'histoire généalogique des mots et d'en suivre jusqu'à nos jours la génération successive ». C'est l'Académie qui parle.

Le public trouva cette innovation très savante, mais très gênante; on réclama, et dès la seconde édition, l'ordre purement alphabétique fut définitivement adopté.

L'Académie prépare en ce moment la huitième édition de ce dictionnaire; elle s'occupe en outre d'un *dictionnaire historique de la langue française*. Un écrivain calculait dernièrement, non sans quelque malice ni beaucoup d'exagération, qu'il faudrait un millier d'années pour terminer ce second travail, et il concluait que l'on ferait bien de l'abandonner. L'Académie n'est pas de cet avis; le temps ne peut l'effrayer, car elle est immortelle.

V

L'Académie des Inscriptions et Belles-Lettres, dont l'histoire est assez curieuse, fut fondée en 1663 par Colbert sous le nom de *Petite Académie*. En effet, elle ne comptait que quatre membres qui, tous les quatre, faisaient déjà partie de l'Académie française.

La Petite Académie devait travailler aux inscriptions, aux devises et aux médailles.

Le travail manqua bientôt; on ne pouvait cependant pas frapper continuellement de nouvelles médailles. Colbert chargea alors la nouvelle Académie de chercher des sujets de dessins pour les tapisseries du roi.

Ces travaux n'étaient pas assez importants, et, en 1701, l'Académie allait encore se trouver sans ouvrage, quand un de ses membres, l'abbé Bignon, fit si bien qu'il obtint du roi la constitution définitive de l'Académie, qui prit le nom d'*Académie des Inscriptions et Médailles* et eut désormais un cercle d'études nettement déterminé. L'Académie s'occupait de l'histoire de France, composait des médailles sur les faits les plus importants, étudiait les pierres, les inscriptions anciennes et tous les monuments de l'antiquité.

Comme les autres Académies, elle disparut en 1793, mais ne reparut pas, comme les autres, deux années plus tard; elle n'avait pas, en effet, été admise dans la composition de l'Institut.

C'est seulement en 1803 qu'elle fut reconstituée avec le titre d'Académie des Inscriptions et Belles-Lettres qu'elle avait pris en 1716.

Maintenant, le champ de ses études est des plus vastes : elle s'occupe de linguistique, de philologie, des antiquités grecques et romaines, de l'assyriologie, de l'égyptologie, de l'archéologie et de l'épigraphie. Elle est divisée en commissions :

Commission des Inscriptions et Médailles;

Commission pour la continuation de l'Histoire littéraire de la France;

Commission pour rédiger le *Corpus inscriptionum semiticarum*;

Commission des travaux littéraires, chargée de surveiller la continuation des notices, des manuscrits, etc. ;

Commission des antiquités de la France ;

Commission des écoles françaises d'Athènes et de Rome ;

Commission du nord de l'Afrique.

Aujourd'hui, l'Académie peut être tranquille, l'ouvrage ne lui manquera pas.

VI

Les séances ordinaires et publiques de l'Académie des Inscriptions ont lieu le vendredi à trois heures.

Vers deux heures et demie, les banquettes qui entourent la salle commencent à s'emplir. Silencieux, presque recueillis, les habitués arrivent et s'asseyent à leur place préférée : jeunes gens qui étudient, et qui, dans leurs rêves d'avenir, se voient un jour revêtus de l'habit à palmes vertes ; hommes mûrs qui ont, ou qui se croient des chances à la prochaine élection ; vieux savants qui ne sont pas arrivés, qui n'arriveront jamais, et dont la dernière passion est cette Académie qui leur est restée obstinément fermée. Ils s'enthousiasment d'une découverte, se passionnent pour une recherche, approuvent ou désapprouvent et discutent entre eux.

Quelques-uns arrivent les poches pleines de manuscrits qu'ils déposent discrètement sur le bureau, et guettent les académiciens au passage pour leur soumettre un point délicat ou une question ardue. Ces habitués sont quelquefois gênants, mais jamais l'huissier n'est obligé d'intervenir.

Un jour, cependant, un homme d'une tenue assez négligée était arrivé bien avant la séance et avait pris place sur les banquettes ; il remuait, gesticulait et commençait à inquiéter ses voisins. Tout à coup, au milieu d'une savante dissertation, l'inconnu se lève, prêt à s'élancer sur l'orateur ; on le retient :

« Assez, dit-il, taisez-vous ! *Quæ sunt Cæsaris Cæsari et quæ sunt Dei Deo*. J'ai dit le premier ce que vous venez de dire : j'ai le premier.... »

A la stupéfaction générale, le malheureux s'est coiffé de son chapeau, orné d'un papier découpé représentant le dôme de l'Institut.

Les habitués.

L'huissier s'approche et fait sortir le pauvre fou qui, subitement calmé, laisse tomber sa tête sur sa poitrine, en murmurant : « *Cæsaris Cæsari et Dei Deo....* »

VII

L'Académie des Sciences est l'Académie la plus importante et par le nombre de ses membres, et par la variété de ses travaux; des mémoires lui sont adressés de tous les points du globe; il ne se fait pas une découverte, quelque minime qu'elle soit, dont elle n'ait la primeur.

Elle comprend : soixante-huit membres titulaires, dix membres libres, huit associés étrangers et cent correspondants.

Elle est divisée en onze sections :

Sciences mathématiques : géométrie, mécanique, astronomie, géographie et navigation.

Sciences physiques : chimie, minéralogie, botanique, économie rurale, anatomie et zoologie, médecine et chirurgie.

L'Académie des sciences fut fondée en 1666 par Colbert. Comme l'Académie française et comme l'Académie des Inscriptions, elle se réunit d'abord à la Bibliothèque royale ; en 1669 Louis XIV l'installa au Louvre, dans la grande salle Henri II, qu'elle occupait encore au début de la Révolution. Elle était placée sous la protection du roi et devait se composer de dix membres honoraires, tous Français; de vingt pensionnaires domiciliés à Paris et comprenant en plus du secrétaire et du trésorier, qui tous les deux étaient perpétuels, trois géomètres, trois astronomes, trois mécaniciens, trois anatomistes, trois chimistes et trois botanistes ; de vingt associés, douze français et huit étrangers, et enfin de vingt élèves qui devaient avoir au moins vingt ans et être domiciliés à Paris.

Lors du décret de la Convention qui supprimait toutes les anciennes académies royales, l'Académie des Sciences, seule, ne disparut pas complètement : plusieurs de ses membres, ayant été nommés de la commission des poids et mesures, en profitèrent pour continuer à se réunir; mais l'assemblée ne reprit son existence légale qu'en 1795, lors de la création de l'Institut. Elle resta au Louvre jusqu'en 1806, époque à laquelle, comme les autres classes de l'Institut, elle prit définitivement possession du palais Mazarin.

Actuellement, nous l'avons dit, l'Académie occupe une grande salle qui lui est commune avec l'Académie des Beaux-Arts et avec l'Académie des Inscriptions et Belles-Lettres.

Les séances ont lieu le lundi à trois heures. Elles sont très suivies :

L'amiral Pâris.

pour un peu, on refuserait du monde ; cela arrive surtout lorsqu'un savant vient communiquer une découverte ou tenter une expérience.

Alors, l'aspect est réellement curieux, l'hiver surtout ; la salle, banale pendant le jour, prend le soir un caractère inaccoutumé ; une lueur crépusculaire tombe des hautes fenêtres, on distingue à peine les bustes de marbre placés le long de la muraille, tout est plongé dans un demi-jour religieux, et là-bas, dans le coin le plus sombre, au pied de la statue de Jean Goujon, l'huissier s'efface de plus en plus ; c'est à peine si l'on distingue encore deux notes lumineuses : son crâne et sa chaîne d'argent.

Le public arrive bien avant les académiciens, et les places du centre, qui font face au bureau, sont les premières envahies. On est déjà serré, mais voilà un vieil habitué qui serait désolé s'il se voyait relégué au fond de la salle; on se serre encore.

Pendant ce temps, les appliques et le lustre de cuivre ont été allumés. Quelques académiciens gagnent leur place, et un murmure assez sem-

Avant la séance.

blable au murmure qui, au théâtre, accueille le lever du rideau, salue ces premiers arrivés.

Il y a quelques années, l'Académie des Sciences comptait parmi ses membres deux savants vénérables dont l'entrée excitait toujours chez le public un vif mouvement de sympathie : M. Chevreul qui venait d'entrer dans sa cent troisième année, et l'amiral Pâris. Ce dernier n'avait que quatre-vingt-trois ans, mais... c'était le seul académicien qui eût un bras de moins; il avait perdu le bras gauche en 1837 pendant son troisième voyage de circumnavigation à bord de l'*Artémise*.

Une séance de l'Académie des Sciences.

Bon! voilà un second habitué qui serait aussi désolé que le premier de se trouver au fond de la salle; il demande une place d'une façon si douce, si onctueuse... et puis, on est charitable entre vieux habitués : on se serre; bientôt un troisième, un quatrième arrivent : on se serre encore, on se serre toujours : les deux banquettes qui s'étagent devant la statue de Molière sont bondées, tandis que, de chaque côté, les autres banquettes sont à peu près vides.

Maintenant, tous les académiciens sont présents : les uns sont assis, les autres causent, debout, par groupes.

Un coup de sonnette retentit....

« Messieurs, la séance est ouverte. »

Les groupes se dispersent, tout le monde s'assied, le secrétaire perpétuel lit d'abord le procès-verbal de la dernière séance et la parole est donnée à M. Brown-Séquard.

M. Brown-Séquard vient prendre place à une petite table en face du bureau; la table est encombrée de poêles, de tuyaux et d'abat-jour en tôle. M. Brown-Séquard présente un appareil pour renouveler l'air dans les chambres de malades; la plupart de ses collègues approuvent par de petits mouvements de tête, et quand il a terminé son explication, ses voisins lui serrent chaleureusement les mains; de leur côté, les habitués se communiquent leurs impressions et la séance reste interrompue pendant deux ou trois minutes qui se passent en félicitations, en approbations et en contradictions.

Un coup de sonnette du président vient rappeler tout le monde à la réalité; triste réalité pour le public!

« Messieurs, dit le président, l'Académie va se réunir en comité secret. »

Cela veut dire : « Messieurs du public, allez-vous-en, et laissez-nous causer de nos petites affaires. »

En effet, il s'agit d'une élection; l'Académie va discuter les titres des candidats : cela ne peut se faire qu'en secret.

Il faut voir avec quelle mine de désappointement, avec quels airs de regret les habitués quittent la salle.

La séance avait commencé d'une façon si intéressante; ils espéraient encore deux ou trois communications, pour le moins, et puis, ils étaient si bien, ils avaient si chaud; et les voilà forcés d'aller dans le vestibule attendre que la séance secrète soit terminée. Et sait-on encore si la séance publique reprendra ; personne ne peut dire combien de temps vont durer ces discussions. Dans le doute, beaucoup s'en vont ; les plus braves se promènent de long en large, et leurs ombres, en passant, éclipsent les bustes de marbre. Heureusement pour les habitués, les séances intéressantes se représentent souvent.

Le lundi 22 avril 1889, l'animation était grande à l'Académie, et la curiosité du public était vivement surexcitée par le spectacle que présentait la salle : aux murs, des dessins d'appareils ; sur la table qui sert de tribune, une large boîte surmontée d'un entonnoir, des tubes et des cornets. M. Janssen présentait à l'Académie un phonographe perfectionné ; l'inventeur, Edison, retenu en Amérique, s'était fait remplacer par son ami M. le colonel Gouraud.

Tout le monde connaissait déjà le phonographe, et M. Gouraud n'avait pas à craindre la mésaventure arrivée en 1878 à un autre représentant d'Edison, qui essayait pour la première fois le phonographe devant l'Académie. Pris de soupçons, un membre de l'illustre compagnie, aussi incrédule que saint Thomas, s'était levé vivement et était venu, à la stupéfaction générale, serrer le nez du représentant : il croyait à un tour de ventriloquie.

Personne, cette fois, n'est venu serrer le nez du colonel, et c'est au milieu d'un silence sympathique que, s'adressant au président, le colonel commença à voix haute : « Mon premier devoir, monsieur le président, est de vous remercier de l'honneur que vous me faites en me permettant de présenter pour la première fois en France, devant l'Académie des Sciences, la dernière production du génie de mon ami et compatriote Edison ». A peine a-t-il achevé que de la tribune, mot pour mot, avec l'accent, l'intonation, la phrase est répétée assez haut pour être entendue de tous les points de la salle.

Le phonographe enregistre ensuite les paroles de M. Janssen et de M. Descloizeaux, le président de l'Académie. Mais le phonographe ne se contenta pas de parler, il chanta. Il chanta la *Marseillaise*, le *God save the Queen*, puis, avec toute l'énergie qu'un phonographe peut déployer, il s'écria : « Vive la République ! »

Et les habitués s'en allèrent radieux....

VIII

L'Académie des Sciences morales et politiques est la seule qui n'ait pas une origine royale ; elle a été fondée par la Révolution française, qui en fit la quatrième classe de l'Institut.

Napoléon la supprima en 1803, et elle ne fut rétablie qu'en 1832, sur la proposition de Guizot. Ses membres, qui étaient au nombre de trente, ont été portés à quarante en 1855.

L'Académie des Sciences morales et politiques est divisée en cinq sections : 1° philosophie, 2° morale, 3° législation, droit public et jurisprudence, 4° économie politique et statistique, 5° histoire générale et philosophique.

Elle occupe la même salle que l'Académie française ; ses séances, qui ont lieu le samedi à une heure, sont publiques, mais l'assistance est généralement peu nombreuse : douze à quinze personnes au plus, parmi lesquelles les cinq ou six journalistes qui composent la presse académique. Ce public, que les études sérieuses et ardues n'effrayent pas, assista il y a quelque temps à un cinquantenaire, spectacle assez rare à l'Institut.

La séance semblait devoir ressembler à toutes les séances, et, comme toutes les séances, avait commencé par la lecture du procès-verbal.

Lorsque le secrétaire perpétuel, presque entièrement caché par la feuille qu'il lisait et par l'énorme carton vert placé devant lui, eut terminé sa lecture, le président se leva :

« Messieurs, dit-il, nous allons avoir le plaisir de remettre à notre cher collègue M. Barthélemy-Saint Hilaire la médaille frappée en son honneur à l'occasion du cinquantième anniversaire de son entrée dans notre compagnie. La parole est à M. Francisque Bouillier, qui nous présidait au moment où s'achevait la cinquantième année académique de notre honoré collègue. »

Le président quitte son fauteuil, le secrétaire perpétuel recule sa chaise et M. Francisque Bouillier, tenant à la main quelques feuillets de papier, vient prendre au bureau la place du président.

L'orateur commence par comparer M. Barthélemy-Saint Hilaire à Fontenelle, qui se comparait lui-même à Nestor :

« Ma première pensée, un peu étourdie, je l'avoue, poursuit l'orateur, avait été de vous souhaiter de voir encore une fois cette Académie se renouveler sous vos yeux; mais, la réflexion s'en mêlant, je me suis

La lecture du procès-verbal.

bientôt avisé qu'autant ce vœu était bienveillant pour vous, autant il était fâcheux, et je dirai presque homicide, pour ceux de cette génération qui sont encore debout. J'ai d'ailleurs la certitude que vous-même, s'il dépendait de vous, seriez trop généreux pour accepter un pareil sacrifice, ne fût-il que d'une demi-douzaine de vos confrères plus ou moins septuagénaires.... »

Le secrétaire perpétuel rit, tout le monde rit; M. Barthélemy-Saint Hilaire proteste, en souriant, qu'il n'a aucune intention homicide.

« Il serait trop long d'énumérer vos grands et savants travaux qui sont l'honneur de la philosophie française du dix-neuvième siècle, etc.... Veuillez donc, mon cher confrère, recevoir cette médaille qui conservera les traits de votre noble figure et qui restera le durable témoignage des vœux et des sympathies de l'Académie tout entière. »

Une séance de l'Académie des Sciences morales et politiques.

L'orateur s'approche de M. Barthélemy-Saint Hilaire et lui remet la médaille en lui donnant l'accolade académique.

Pendant tout le discours, M. Barthélemy-Saint Hilaire est resté debout, bien droit, malgré ses quatre-vingt-quatre ans; il paraît ému, presque intimidé, et d'un geste machinal déboutonne et reboutonne sans cesse sa redingote; il regarde un moment la médaille qu'il vient de recevoir, hoche la tête en souriant légèrement, comme s'il trouvait son portrait trop flatté, et répond en ces termes :

« Messieurs et chers confrères,

« Jamais je n'ai senti d'émotion plus sérieuse et plus douce que celle que, grâce à vous, j'éprouve en ce moment. Le témoignage de votre sympathie est de beaucoup le plus précieux de tous les honneurs dont les hommes peuvent disposer entre eux.

« Tacite trouvait que quinze années sont un espace considérable dans la vie d'un homme. Qu'est-ce donc que le demi-siècle que j'ai passé parmi vous, dans cette confraternité qui instruit et qui fortifie tout ensemble ceux qui ont le bonheur d'en jouir?

« Si le souvenir de l'Académie a pu me soutenir à d'autres époques, c'est lui encore qui me soutiendra à ce moment, peu éloigné pour moi, où il faudra quitter ce monde. Bon nombre de nos semblables se plaignent de la vie, parce qu'ils ne la connaissent pas; ne sachant pas apprécier tous les biens dont elle nous comble, ils tiennent trop de compte des maux bien moins nombreux dont parfois elle nous afflige.

« Pour repousser ces sentiments erronés, et pour me consoler des séparations nécessaires, mais toujours pénibles, je n'aurai qu'à me répéter le vers d'Horace :

Principibus placuisse viris non ultima laus est. »

M. Jules Simon, les larmes aux yeux, se jette au cou de M. Barthélemy-Saint Hilaire, et la salle tout entière éclate en applaudissements. Puis l'émotion se calme, l'Académie reprend ses travaux habituels, tandis que les journalistes se précipitent vers les orateurs pour avoir le texte de leurs discours, et s'empressent d'aller les copier dans la salle voisine.

S'il faut en croire M. Jules Simon lui-même, les séances de l'Académie des Sciences morales et politiques n'ont pas toujours été empreintes d'une aussi touchante mélancolie. Voici le portrait que, dans un discours prononcé en séance publique, il faisait de l'Académie des Sciences morales et politiques d'il y a quarante ans :

« Je me trouvai placé à côté de M. Louis Reybaud. Les séances de notre Académie sont souvent très intéressantes. Elles l'étaient alors d'une façon toute particulière par la présence d'un certain nombre de causeurs illustres, qui faisaient le charme des salons de Paris, et qui, naturellement, faisaient aussi le charme du nôtre. La science s'y montrait environnée de toutes les grâces du monde. Ceux qui n'ont entendu M. Guizot qu'à la tribune ne connaissent que très imparfaitement cette parole qui, majestueuse et puissante dans une assemblée politique, devenait familière, et quelquefois même enjouée, dans l'intimité.

« M. Cousin, tout le monde le sait, était le roi de la conversation. Anecdotes, traits d'esprit, curiosités inédites, vues profondes, détails charmants, tout se pressait en abondance sur ses lèvres. Nul n'était plus redoutable et plus impitoyable dans l'ironie. M. Giraud, qui était jurisconsulte, lui tenait tête, en histoire et en littérature, avec une érudition très sûre et très étendue. M. Michel Chevalier, dont les écrits étaient devenus graves avec le temps, retrouvait son ancienne verve à l'Académie. M. Hippolyte Passy, très écouté, très respecté et très singulier, très indifférent à tous ces jeux d'esprit quoiqu'il les comprît à merveille, donnait une note grave dans ce brillant concert. Nous n'avions plus M. Michelet; mais M. Michelet brillait surtout dans le monologue, et il aimait mieux, pour auditoire, de jeunes écoliers que de vieux académiciens. Il arrivait souvent, quand M. Cousin parlait, et qu'il chantait une antienne à quelque philosophe d'une autre paroisse, que l'Académie éclatait de rire. Mon voisin regardait de tous ses yeux et me disait : « De quoi rit-on ? »

« Je ne pouvais pas toujours lui répondre, parce que, pour lui répondre, il fallait crier, et qu'il y a des choses qui ne se disent qu'à l'oreille. Je pris le parti de lui écrire. Il m'écrivit aussi. « Mais, lui disais-je, je ne suis pas « sourd. — C'est que je n'entendrais pas ma voix, je pourrais parler trop « haut, attirer l'attention, gêner l'Académie. » Nous avions l'un et l'autre la plume à la main pendant toutes les séances ; et quelquefois, quand par hasard, — par très grand hasard, — la lecture était ennuyeuse, nos correspondances roulaient sur la politique, sur des bruits de salon. Je suis sûr qu'en nous lisant on nous aurait pris pour des écoliers. »

IX

L'Académie des Beaux-Arts, qui comprend les sections de peinture, de sculpture, d'architecture, de gravure et de composition musicale, ne date que de la fondation de l'Institut, mais elle existait en partie dès le xviie siècle : une Académie royale de Peinture et de Sculpture avait été fondée en 1648, et une Académie d'Architecture en 1671.

Avant 1648, toutes les professions étaient classées, et les peintres et les statuaires dépendaient de la maîtrise des peintres, doreurs et vitriers dont l'origine remonte à 1260; ils devaient avoir boutique.

L'art n'était pas ce qui préoccupait le plus les maîtres peintres et tailleurs imagiers de Paris; ils avaient bien assez à faire d'empêcher la concurrence de ceux de leurs confrères qui employaient du cuivre pour de l'or, de l'étain pour de l'argent, qui se servaient de couleurs de médiocre qualité ou qui sculptaient leurs statues dans du bois vert.... Aujourd'hui corporations, jurandes, maîtrises ont disparu, l'art est libre, le procédé importe peu, et les peintres comme les sculpteurs peuvent employer, pour peindre ou pour sculpter, les moyens qui leur conviennent le mieux : à eux de réussir.

On rencontre bien encore de temps en temps quelque bon bourgeois qui, faisant faire son portrait, en veut, comme on dit, pour son argent, et recommande surtout au peintre de n'y pas regarder : « Ne vous servez, monsieur, que de couleurs très fines, et prenez-moi de la toile de première qualité. » Dame ! on ne se fait pas tous les jours peindre en buste ou en pied.

Mais personne n'intentera un procès au peintre s'il se sert de laque ordinaire au lieu de laque fine, s'il remplace le cadmium par le chrome ou s'il cherche la finesse de ses demi-teintes avec du noir de pêche, — ce bleu de cobalt des pauvres !

Autrefois la maîtrise veillait.

Quiconque refusait de reconnaître sa suprématie, d'obéir à ses ordres, ne pouvait ni peindre ni sculpter ; ceux qui voulaient secouer ce joug n'avaient qu'une ressource : obtenir un brevet de peintre ou de sculpteur du roi.

Bientôt même, la maîtrise devint si audacieuse qu'elle s'attaqua ouvertement aux brevetaires.

C'est alors que le peintre Lebrun conçut l'idée de fonder en France une Académie semblable à celles qu'il avait vues fonctionner en Italie.

Il s'en ouvrit à M. de Charmoys qui, comme lui, avait voyagé en Italie, qui aimait les arts et qui, de plus, était fort bien en cour.

L'idée plut à la reine, et le 20 janvier 1648, un arrêt autorisait la fondation de l'Académie. Cette académie primitive n'était pas seulement un lieu de réunion, c'était aussi un lieu de travail : des cours publics ou exercices étaient organisés, et, moyennant la modeste somme de cinq sous par semaine, les jeunes gens pouvaient venir dessiner d'après le modèle vivant.

La maîtrise ne vit pas sans colère cette institution rivale qui bientôt allait l'éclipser ; elle voulut lutter et fonda, sous le nom d'Académie de Saint-Luc, une autre académie où l'on donnait *gratis* deux modèles vivants au lieu d'un, où des prix étaient décernés, et où l'on promettait une épée d'honneur, comme récompense du travail et de l'assiduité.

Les élèves arrivèrent en foule.

Mais la vogue de l'Académie de Saint-Luc fut de courte durée, et l'Académie royale, un instant ébranlée, l'emporta définitivement.

On essaya alors de terminer la querelle en fondant les deux Académies en une seule ; la jonction se fit, mais l'accord ne se fit pas, et en juillet 1655, sous prétexte de reviser les statuts, les membres des deux compagnies furent convoqués dans la salle commune.

Nous ne retrouvons pas ici la simplicité des réunions de l'Académie française, nous sommes chez des artistes, et les artistes aiment le décor.

« Le 2 au soir, nous dit M. Vitet dans son étude sur l'Académie royale, les tapissiers de la Couronne s'introduisirent dans la salle et passèrent la nuit à la décorer secrètement. Les murs furent recouverts de tapis de haute lisse ; on dressa dans le fond un riche et vaste bureau, on y plaça trois grands fauteuils garnis de leurs carreaux et revêtus de velours cramoisi à franges et crépines d'or. »

Le lendemain M. Ratabon, intendant de la maison et des bâtiments du roi, vint présider la réunion; il était suivi des principaux membres de l'Académie.

« M. Ratabon fut introduit et accompagné jusqu'au bureau avec un cérémonial de cour, puis, ayant pris séance dans le dernier des trois fauteuils, les deux autres demeurant réservés au protecteur et au vice-protecteur, il fit faire silence, et dit, en quelques mots, qu'il venait de l'exprès commandement du roi, au milieu des deux compagnies, pour leur donner connaissance des intentions de Sa Majesté. « Lisez, monsieur », ajouta-t-il en se tournant vers le secrétaire, et en lui remettant la clef d'une cassette en maroquin bleu, rehaussée de fermoirs en vermeil et semée de fleurs de lis d'or. Le secrétaire tira de la cassette trois parchemins à grands cachets de cire, les déploya, et se tenant debout et découvert, tous les membres de l'assemblée nu-tête et debout comme lui, il donna lecture du brevet, des lettres patentes et des statuts. »

Les maîtres, mécontents de la part que leur faisaient les statuts, crièrent qu'on les dépossédait et se retirèrent.

L'Académie, cette fois, en avait fini avec la maîtrise, elle allait vivre tranquille ; tranquille relativement, car la discorde ne fut pas sans éclater dans le sein même de l'assemblée.

Il y eut à cette époque une querelle mémorable entre un vieux graveur, Abraham Bosse, et l'Académie, à propos d'un brevet. Élu membre honoraire, Bosse avait obtenu de M. de Charmoys un brevet qui était un véritable panégyrique, tous les mérites de l'artiste y étaient détaillés avec la plus grande complaisance et accompagnés des éloges les plus flatteurs. Sur ces entrefaites, l'Académie décida qu'elle délivrerait dorénavant elle-même tous ses brevets et que ceux qu'avait décernés M. de Charmoys seraient remplacés. Bosse trouvait son brevet bien tel qu'il était, il le garda.

L'Académie prit d'abord la chose en riant et patienta. Mais le président avait beau interpeller Bosse et le sommer de rendre son brevet, le graveur refusait toujours; prières, menaces, rien n'y faisait : cela dura trois ans.

Lasse d'attendre, l'Académie avait plusieurs fois paru se décider à punir le révolté, mais Bosse semblait protégé par les dieux : chaque fois que l'assemblée était consultée à son sujet, une querelle éclatait, on oubliait le vieux graveur et son brevet.

Bosse, fier de sa victoire, en fit tant, en dit tant, que tout le monde finit par s'entendre, et, comme nulle puissance humaine ne pouvait forcer l'entêté graveur à rendre son brevet, on déclara :

> Que ce fameux brevet ne signifiait plus rien,
> Et que Bosse n'était plus académicien.

Quelques années plus tard, le vieux Bosse voulut se venger : il réunit un assez grand nombre d'élèves et chercha à fonder une Académie indépendante. On loua un local et l'on se mit à travailler. Ne se croirait-on pas à notre époque où surgissent de tous côtés tant de sociétés artistiques rivales? Ce qui n'est pas de notre temps, par exemple, c'est la façon expéditive dont l'Académie royale se débarrassa de sa rivale naissante.

Elle prévint le chancelier, qui envoya un exempt et ses gardes. L'*attroupement* fut dissipé, et le local fermé avec menaces d'amendes à ceux qui briseraient ou qui laisseraient briser la porte.

On avait changé de maître : la tyrannie de l'Académie remplaçait la tyrannie de la maîtrise.

Après la Révolution, l'Académie de peinture et de sculpture était, avec l'architecture, la musique et la déclamation, comprise dans la troisième classe de l'Institut. Dans la deuxième organisation, en 1805, les Beaux-Arts formaient la quatrième classe et comprenaient : la peinture, la sculpture, l'architecture, la gravure, la composition musicale, l'histoire et la théorie des beaux-arts.

C'est seulement en 1816 que la classe des Beaux-Arts prit le titre d'Académie et fut divisée, comme elle l'est encore aujourd'hui, en cinq sections : peinture, sculpture, architecture, gravure et composition musicale. Elle compte quarante membres titulaires, dont quatorze peintres, huit sculpteurs, huit architectes, quatre graveurs et six musiciens.

L'Académie des Beaux-Arts diffère sur bien des points de l'Académie royale dont nous venons de parler, elle est loin surtout d'avoir l'intolérance de sa devancière et n'a jamais prétendu que ceux-là seuls avaient du talent qui sortaient de son sein; mais elle lui ressemble en cela que ses membres sont presque tous à la fois académiciens et professeurs. Les ateliers de peinture, de sculpture, d'architecture et de gravure de l'École des Beaux-Arts sont, pour la plupart, dirigés par des membres de l'Institut, et ce sont aussi des membres de l'Institut qui se trouvent à la tête d'une partie des classes de composition musicale, au Conservatoire.

De cette façon, l'Académie, sans entraver la liberté individuelle, influe toujours sur l'enseignement artistique en France, ses membres font école, et prodiguent à toute la génération d'artistes qui leur est confiée, ce que des années de travail et d'expérience ont ajouté d'éclat et de solidité à leur talent.

X

Nous avons vu que les anciennes académies, œuvre de la royauté, avaient été supprimées par la Convention en 1793, mais que, deux années plus tard, la Convention rétablissait ces mêmes académies en les groupant sous le nom d'*Institut national*.

Rien ne caractérise mieux ce revirement rapide, cette contradiction dans les idées que les discours prononcés à cette époque tant pour la suppression que pour le rétablissement des académies.

M. Léon Aucoc, membre de l'Institut, chargé par la Commission administrative de recueillir les *lois, statuts et règlements concernant les anciennes académies et l'Institut de France*, a découvert, au cours de ses recherches dans les collections de la Chambre des députés, aux Archives nationales et dans les Archives de l'Institut, des documents inédits des plus intéressants.

Les deux plus grands ennemis des académies furent l'abbé Grégoire et le peintre David; il est curieux de voir à quel diapason la fureur était montée même lorsqu'il ne s'agissait que de questions littéraires ou artistiques.

L'abbé Grégoire déchaîne toutes les foudres de son éloquence pour attaquer « cette institution parasite ».

« Après-demain, s'écrie-t-il, la république française fera son entrée dans l'univers. En ce jour où le soleil n'éclairera qu'un peuple de frères, les regards ne doivent plus rencontrer sur le sol français d'institutions qui dérogent aux principes éternels que nous avons consacrés ; et cependant quelques-unes qui portent encore l'empreinte du despotisme, ou dont l'organisation heurte l'égalité, avaient échappé à la réforme générale : ce sont les Académies.

« Les tyrans eurent toujours la politique de s'assurer des trompettes de la renommée ; tel fut ce Périclès qui corrompit par son exemple Athènes, subjuguée par son astuce, et fit mentir les historiens en sa faveur ; tel fut cet Auguste dont la main sanguinaire caressa les muses, et par ce moyen le complice d'Antoine et de Lépide fit oublier les horreurs du triumvirat ; tel fut ce Richelieu qui, en créant une Académie, cherchait des panégyristes et des esclaves.

« Tel fut ce Louis XIV qui, après avoir écrasé la France pour porter au loin la terreur de son nom, faisait chanter par ses poètes gagistes le monument des Invalides, où il entassait ses victimes, et qui était moins un asile ouvert à l'humanité qu'un trophée érigé à son orgueil ; tout l'encens du Parnasse fumait sur ses autels. Despréaux lui-même, le sévère Despréaux écrivait :
Grand roi, cesse de vaincre, ou je cesse d'écrire.

« L'Académie française, qui chassa de son sein le bon abbé de Saint-Pierre, fut presque toujours un instrument entre les mains du despotisme ; elle avait ouvert un concours sur cette question : Laquelle des vertus du Roi est la plus digne d'admiration ? »

Tout cela est encore bien doux : « Le bon Fénelon, ajoute l'abbé Grégoire, a fait un traité sur la direction de la conscience d'un roi, comme si les rois avaient de la conscience. Autant eût valu disserter sur la douceur des bêtes féroces. »

« La nation, dit-il enfin, veut avoir le génie pour créancier, d'autant plus que le génie (et nous le dirons crûment), presque toujours le véritable génie est sans-culotte. »

Quant à David, le futur peintre du sacre de Napoléon Ier, il veut seulement montrer « dans toute sa turpitude l'esprit de l'animal qu'on nomme académicien ». Alors c'est un horrible tableau où toutes les bassesses, toutes les jalousies, toutes les vengeances, toutes les cruautés se trouvent réunies dans les Académies qui au nom de l'art étouffent toute initiative individuelle :

« Talents perdus pour la postérité, s'écrie-t-il, grands hommes méconnus, je vais apaiser vos mânes dédaignés. Vous serez vengées de votre malheur, illustres victimes des Académies ! » Et, « au nom de l'humanité, au nom de la justice, pour l'amour de l'art et surtout par amour pour la jeunesse, » il demande l'anéantissement de « ces trop funestes académies ».

Les Académies ne résistèrent pas à de si violentes attaques, elles disparurent.

Mais, de même que d'autres institutions royales supprimées comme elles reparaissaient modifiées ou restaurées sous de nouveaux noms, les anciennes Académies allaient renaître dans l'Institut national.

Deux ans après, Boissy d'Anglas se faisait l'avocat de cette restauration et Daunou s'ingéniait à démontrer la différence qui existait selon lui entre l'Institut, œuvre de la Convention, et les Académies, œuvre de la Royauté :

« Nous avons emprunté de Talleyrand et de Condorcet le plan d'un Institut national, idée grande et majestueuse dont l'exécution doit effacer en splendeur toutes les Académies des Rois, comme les destinées de la France républicaine effacent déjà les plus brillantes époques de la France monarchique. Ce sera, en quelque sorte, l'abrégé du monde savant, le corps représentatif de la république des lettres, l'honorable but de toutes les ambitions de la science et du talent, la plus magnifique récompense des grands efforts et des grands succès; ce sera, en quelque sorte, un temple national dont les portes, toujours fermées à l'intrigue, ne s'ouvriront qu'au bruit d'une juste renommée.

« Cet Institut raccordera toutes les branches de l'instruction; il leur imprimera la seule unité qui ne contriste pas le génie et qui n'en ralentisse pas l'essor; il manifestera toutes les découvertes, pour que celle qui aura le plus approché de la perfection exerce le libre ascendant de l'estime et devienne universelle parce qu'elle sera sentie la meilleure.

« Vous verrez se diriger à ce centre commun et s'y porter par une pente naturelle et nécessaire tout ce que chaque année doit faire éclore de grand, d'utile et de beau sur le sol fertile de la France. »

Enfin, Bénezech, ministre de l'intérieur sous le Directoire, n'essaye plus de donner le change, il avoue tout bonnement que l'Institut n'est autre chose que les anciennes Académies réorganisées :

« Les Académies, que l'Institut national est destiné à remplacer, dit-il, ne furent point, comme on l'a publié, des établissements du despotisme. Il a pu s'en emparer et y dominer quelquefois. Mais en remontant à leur première origine, on voit qu'elles doivent leur naissance au besoin que les savants ont eu de se rapprocher et se communiquer le résultat de leurs travaux.

. . . .

« Foyer commun de toutes les connaissances, les compagnies savantes sont également le centre et le mobile de l'émulation qui s'établit non seulement entre les membres d'une même société, mais encore entre les sociétés de toutes les nations éclairées.

« La Convention, en décrétant l'Institut, a voulu perfectionner et nationaliser en quelque sorte un établissement dont le despotisme n'avait pu empêcher les heureux effets. On ne saurait donc trop s'empresser, pour répondre à ses vues bienfaisantes, de procéder à son organisation....

« Nos législateurs ont voulu prouver aux détracteurs de la France qu'après six ans de révolutions, de guerres et de tourmentes politiques, après deux ans surtout qui ont été deux siècles de barbarie, c'est encore en France que se trouvent les noms les plus célèbres dans les sciences et dans les arts. »

Les hommes de la Convention mirent autant d'enthousiasme dans leur œuvre de résurrection qu'ils avaient mis d'acharnement dans leur œuvre de destruction. Quelques-uns même, comme l'abbé Grégoire et le peintre David, après avoir été les premiers à renverser les Académies, furent les premiers à fonder l'Institut et les premiers aussi à y entrer.

XI

Les séances ordinaires des Académies n'intéressent, comme nous l'avons vu, qu'un nombre relativement restreint de personnes; elles n'ont de retentissement qu'auprès d'un public spécial, et c'est à peine si quelque journal se fait de temps en temps l'écho de certaines réunions plus marquantes que les autres.

Il est des séances spéciales qui jouissent, au contraire, d'une vogue énorme, qui attirent un public nombreux et qui remplissent les colonnes de tous les journaux ; ce sont les séances publiques : séances annuelles ou séances de réception.

Les premières sont au nombre de six : la grande séance générale des cinq académies qui a lieu le 25 octobre, et la séance publique que chaque Académie tient à tour de rôle : l'Académie des Beaux-Arts au mois d'octobre, l'Académie française et l'Académie des Inscriptions et Belles-Lettres en novembre, l'Académie des Sciences et l'Académie des Sciences morales et politiques en décembre.

Outre l'assemblée générale du 25 octobre et sa séance particulière du mois de novembre, l'Académie française offre encore une autre sorte de séance publique : la séance de réception qui a lieu chaque fois qu'un nouvel académicien vient occuper le fauteuil d'un immortel décédé.

Les séances annuelles et les séances de réception se tiennent dans le corps de bâtiments que couronne le dôme et qui servait autrefois de chapelle au collège Mazarin. Des vestibules entourent la grande salle principale : les uns servent de passage au public, les autres sont réservés aux académiciens. Ces derniers vestibules ont subi une tentative de décoration : ici, un large tapis à fleurs couvre les dalles ; là, une énorme tapisserie cache un recoin sombre où s'entassent les chaises et les banquettes inutiles ; partout se dressent des statues : Pascal, Poussin, Montausier, Rollin, Montaigne, celui-ci demi-nu et pressant sur sa poitrine le miroir de la vérité ; Molé, d'Alembert, Montesquieu, Molière, La Fontaine, Corneille, Racine et, tout au fond, près d'un grand poêle en briques, Napoléon Ier en empereur romain, couronnant une Minerve.

La salle de la coupole est bien pauvre avec sa décoration en trompe-l'œil ; les moulures, les frises, les corniches, tout est peint ; l'immense bas-relief qui représente une Minerve distribuant des couronnes est peint également, et la toile détendue laisse apercevoir les clous qui la retenaient au châssis ; les murailles sont en faux marbre, les portes en faux bronze, le bureau où prennent place le président, le secrétaire perpétuel et le chancelier n'est qu'une simple estrade recouverte d'un tapis, et la petite tribune où se tient l'orateur est en bois peint, comme ces accessoires de théâtre qui consistent en quelques planches, et qu'un décorateur habile transforme en un meuble magnifique. Du reste, comme au théâtre après la représentation, après la séance les accessoires de l'Institut sont remisés dans un magasin.

Il semble que tout ait été fait provisoirement et à la hâte dans ce palais des Immortels. La salle des séances publiques, comme la salle des séances ordinaires, révèle dans son ornementation un dédain complet du luxe et de la richesse. Pourquoi cette recherche du costume alors? Pourquoi l'épée à poignée de nacre et l'habit à palmes vertes? D'autant plus que les académiciens sont forcés, vu la température de la salle, glaciale en hiver, très fraîche en été, de cacher assez souvent leurs broderies sous un vulgaire pardessus.

Il est vrai que si l'on consultait les membres de l'Institut, les palmes et l'épée seraient probablement supprimées.

C'est une corvée pour beaucoup que cette tenue de gala: ou l'académicien s'habille chez lui, et il est obligé de traverser Paris en habit brodé et en chapeau à plumes; ou il s'habille au vestiaire, et là il est aussi mal installé que possible.

Quel vestiaire! Deux rangées de cabines ou plutôt de petites armoires bordent un long couloir qui précède le logement de l'huissier; chaque cabine contient le costume accroché à côté de l'épée, et le chapeau soigneusement enfermé dans une boîte. Autrefois on plaçait quelques chaises devant les armoires, et les académiciens s'habillaient, dérangés, à chaque instant, par un employé que ses fonctions appelaient chez l'huissier. C'est maintenant dans un petit salon contigu au vestiaire qu'ils changent de costume; ce petit salon ou boudoir est loin d'être confortable, mais l'académicien est tranquille; il ne risque plus d'être surpris dans un costume qui manque complètement de majesté; enfin, sur la cheminée, une glace un peu ternie lui permet d'entrevoir son image.

Cette légère amélioration ne paraît pas cependant avoir beaucoup augmenté le nombre des amateurs du costume, car, sauf les membres du bureau et les secrétaires perpétuels, le récipiendaire, ses parrains et les orateurs désignés, c'est-à-dire sauf ceux qui y sont absolument obligés par le règlement, presque tous les autres membres de l'Institut restent en civil, — en redingote; l'habit est proscrit, et tel qui, à la Sorbonne ou au Muséum, fait son cours en habit, se contente de la redingote pour assister à la séance annuelle de son Académie.

La simplicité est de bon goût au palais Mazarin, la partie féminine

Une cabine du vestiaire.

elle-même, qui compose la majorité du public, en donne l'exemple, elle adopte des toilettes sérieuses : costumes élégants mais sombres et sobres d'ornements, chapeaux ou toques discrètement garnis ; rien de voyant, pas de couleurs tapageuses, enfin de vraies « toilettes d'Institut ».

XII

Deux ou trois jours avant la séance, tapissiers, menuisiers et fumistes prennent possession de la salle ; c'est alors un remue-ménage, un va-et-vient continuel, un bruit de chaises que l'on traîne, de meubles que l'on place et déplace ; tout le monde s'en mêle, les employés aident à battre les banquettes, à secouer les tapis, à brosser les tentures ; la poussière vole de toutes parts et monte en grands nuages grisâtres, là-haut, tout là-haut, jusqu'au faîte de la coupole ; les marteaux résonnent en cadence, cognant à droite, cognant à gauche, enfonçant ici un clou, là un autre, et ponctuant de coups réguliers les chants des travailleurs perchés sur leur échelle.

En bas, le fumiste est à l'œuvre ; il a nettoyé en conscience les poêles et le calorifère, et maintenant il les bourre, il les bourre, ne leur laissant pas une minute de répit ; c'est qu'il joue le rôle principal, le fumiste, rôle difficile, dont malgré tous ses soins il n'a jamais pu s'acquitter d'une manière satisfaisante ; de mémoire d'académicien, on n'a jamais pu chauffer la salle.

Enfin, le grand jour est arrivé : tout est prêt, la salle est parée, on a entassé des chaises et des tabourets partout où il a été possible d'en mettre, le bureau du président est en place, bien solide, et un pupitre semblable aux pupitres des musiciens, mais recouvert de velours noir et orné de clous en cuivre, se dresse au-dessus des stalles de l'hémicycle réservé aux académiciens : c'est le pupitre du récipiendaire.

Huit heures ! Le fumiste entre, un thermomètre à la main ; il regarde : douze degrés ! et près du calorifère encore ; aussitôt qu'il s'éloigne, la température baisse rapidement ; neuf, huit, sept degrés ! et voilà trois jours que ça chauffe, que ça chauffe ! Le fumiste désespéré bourre une dernière fois les poêles et le calorifère.

Pendant ce temps, la cour est occupée militairement : infanterie d'un côté, cavalerie de l'autre. L'infanterie — une trentaine d'hommes commandés par un sous-lieutenant — et la cavalerie — quatre gardes de Paris commandés par un brigadier — viennent donner un caractère officiel à cette fête de famille.

Neuf heures! L'huissier pénètre dans la salle des séances un thermomètre à la main, il pâlit : onze degrés à peine!... et voilà trois jours que ça chauffe, que ça chauffe!... L'huissier est suivi de contrôleurs chargés

La feuille d'émargement.

de recevoir aux différentes portes les cartes délivrées au public; ces contrôleurs représentent la fleur des donneurs de contremarques, et considèrent comme un honneur de venir huit ou dix fois par an remplir ici les fonctions qu'ils remplissent tous les soirs dans leur théâtre — honneur rétribué, bien entendu; — le contrôleur en chef reçoit cinq francs et les autres trois francs; l'huissier leur fait signer la feuille d'émargement.

Le brigadier des gardes de Paris vient signer à son tour, car l'Institut a un budget militaire qui accorde trente-trois francs à l'infanterie et onze francs à la cavalerie; naturellement l'officier ne reçoit aucune rémunération. Pendant la séance, il cède le commandement au sergent, et on lui fait l'amabilité de lui offrir une chaise à côté des académiciens.

Onze heures! M. Pingard est en habit, il parcourt la salle un thermomètre à la main, il devient livide : dix degrés seulement! le secrétaire perpétuel va encore être obligé de mettre sa calotte au commencement de la séance.

Cependant la foule se presse dans la cour et sur le quai, les receveurs de cartes sont à leur poste; enfin les portes s'ouvrent et l'huissier fait placer le public. Les dames sont en majorité; elles se pressent sur les étroites banquettes de velours, quelques-unes, les privilégiées, viennent s'asseoir sur des chaises réservées que désignent de larges écriteaux.

La salle devient vite bruyante; devant le bureau du président, au pied de la tribune, le parterre de dames qui forme ce qu'on appelle la corbeille est très animé; c'est le rendez-vous des mondaines élégantes qui se piquent de littérature ou qui tout au moins ont un salon littéraire; ces dames se reconnaissent, se tendent les mains, causent, se lèvent pour saluer quelque visage ami; c'est un frou-frou d'étoffes soyeuses, une ondulation de têtes empanachées, un cliquetis de bracelets, un susurrement de voix.

Tout à coup un bruit de pas lourdement rythmés se fait entendre dans le vestibule : les soldats viennent attendre l'entrée des académiciens.

Les académiciens sont réunis dans la bibliothèque de l'Institut; à l'heure dite, l'huissier arrive, la cohorte immortelle se met en marche et pénètre enfin dans le vestibule.

Au milieu du silence, un cri : « Portez armes! » un autre cri : « Présentez armes! » Les académiciens défilent entre la double haie de baïonnettes étincelantes, et, lentement, par la porte de bois peinte en bronze, entrent dans l'hémicycle. La porte se referme. « Portez armes! Par file à droite, marche! » la haie de soldats s'évanouit....

Le président donne la parole au récipiendaire, qui prononce le discours auquel est obligé chaque nouveau membre de l'Académie française.

C'est l'avocat Patru qui, involontairement, amena la mode du discours de réception : il remercia ses collègues avec tant d'à-propos et de goût, qu'on décida que désormais le discours serait obligatoire.

Le thème de ces discours variait peu; outre le panégyrique du devancier,

Le discours du récipiendaire.

c'étaient toujours des remerciements à Richelieu, fondateur de l'Académie, au chancelier Séguier, au roi, et aux académiciens.

Voltaire, trouvant très froids et peu intéressants cet éloge forcé et ces remerciements traditionnels, secoua le joug et traita dans son discours un point de littérature; Buffon, lui aussi, rompit avec la tradition et donna le fameux « discours sur le style ». Mais ces exemples illustres n'ont pas eu force de loi, et le panégyrique est resté le fond même du discours de réception.

Pendant plusieurs mois le récipiendaire étudie l'œuvre de son prédécesseur, cherchant surtout à en dégager toutes les beautés; il revit son existence tout entière, année par année; le travail est long, délicat et quelquefois difficile, quand il s'agit, comme cela arriva à M. Gréard qui succédait à M. de Falloux, d'un homme politique vivant depuis longtemps dans la retraite et qu'on ne peut juger impartialement d'après les polémiques violentes auxquelles sa vie publique a donné lieu.

M. Gréard avait pris à cœur le devoir qu'il avait à remplir, il ne voulait pas faire un éloge banal et de convention, et, les renseignements lui manquant, il eut l'idée originale d'aller, sans faire part de son projet à personne, sans se faire connaître, visiter le domaine que M. de Falloux avait habité pendant la plus grande partie de sa vie : « Il avait conservé à Angers une modeste maison presque cachée dans l'ombre de la cathédrale, son presbytère, comme il l'appelait, et à l'automne il parcourait volontiers l'Anjou, se donnant à d'anciennes et tendres relations de famille et d'affection. Mais il semblait qu'il ne s'appartînt qu'au Bourg-d'Iré, dans ces bois qu'il avait plantés, en face de ces horizons calmes et purs sur lesquels tant de fois son regard s'était reposé. Tout y était pour lui souvenir : les chemins creux, les gués du ruisseau, les pierres brunies de la carrière, le vieux chien de ferme qui jadis le suivait dans ses promenades. C'était sa petite patrie dans la grande. »

Et, sans qu'on puisse soupçonner son but, M. Gréard, parcourant le Bourg-d'Iré, questionne les gens du voisinage, fait causer les paysans et recueille partout les anecdotes les plus touchantes; là, les préventions qu'il pouvait avoir contre l'homme politique tombent d'elles-mêmes et l'homme privé lui apparaît tendre et bienfaisant :

« On ne sortait jamais de chez M. de Falloux les mains vides. Ses granges et ses celliers contenaient des provisions toujours préparées pour ceux que le besoin conduisait à sa porte. Chaque anniversaire, heureux ou triste, était l'occasion d'une libéralité. Un jour il apprend que les petites sœurs des pauvres d'Angers ont perdu dans une épidémie la bête avec laquelle elles alimentaient la table de leurs pensionnaires. Il se présente chez la supérieure. On annonce M. de Falloux, membre de l'Académie française : « Non, ma sœur, reprend-il bien vite, je ne suis qu'un marchand de vaches et je vous amène ma meilleure laitière ; seulement, pour ne pas changer ses habitudes, je fournirai sa nourriture.... »

Si le récipiendaire fait le panégyrique de son prédécesseur, le directeur fait la critique du récipiendaire, de son œuvre et de ses idées ; critique douce, il est vrai, bien enveloppée, mais critique cependant, et où les épigrammes ne manquent pas, comme on peut le voir par ces fragments du discours que M. Alexandre Dumas fils prononça lors de la réception de M. Leconte de Lisle à l'Académie française.

M. Alexandre Dumas reproche au poète de bannir de son œuvre toute émotion personnelle, toute passion, toute sensation, en un mot, tout ce qui est humain :

« Impassible, brillant et inaltérable comme l'antique miroir d'argent poli, dit-il, vous avez vu passer et vous avez reflété tels quels les mondes, les faits, les âges, les choses extérieures.... Plus d'émotion, plus d'idéal ; plus de sentiments, plus de foi ; plus de battements de cœur, plus de larmes. Vous faites le ciel désert et la terre muette.... Certes le firmament, le soleil, la lune, les étoiles, les océans, les forêts, les divinités, les monstres, les animaux sont intéressants ; mais moi aussi je suis intéressant ; moi, l'homme. Mon moi qui vit, qui aime, qui pense, qui souffre, qui espère au point de croire à ce que rien ne lui prouve, ce moi, guenille, je veux bien, mais guenille qui m'est chère, ce moi a autant de droits que le reste de l'univers à l'expression de son amour, de sa douleur, de son espérance, de sa foi, de son rêve. Si je pardonne aux poètes, si je leur demande même de me parler d'eux, c'est qu'en me parlant d'eux s'ils en parlent bien, ils me parlent de moi. Discussions, raisonnements, théories, esthétique, rien n'y fait, rien n'y fera. Nous ne sommes qu'à ce qui nous émeut. »

M. Alexandre Dumas reproche aussi à M. Leconte de Lisle ses tristesses

La tribune.

et ses désespérances : tristesses feintes, désespérances vaines. Le poète parle toujours de la mort; d'après lui, la mort est le bien suprême, mais, en attendant, le poète ne meurt pas et ne veut pas mourir, il est comme tout le monde, il préfère vivre.

« Et la preuve, dit en terminant M. Alexandre Dumas, c'est que nous vous voyons là, vivant, bien vivant, et même immortel, immortel comme nous le sommes tous ici; je ne vous garantis pas davantage. »

La séance terminée, tandis que le public ordinaire s'écoule lentement, les favorisés du sort, ceux qui ont le bonheur de connaître un membre de l'Institut, les dames surtout, franchissent les quelques marches qui mènent au bureau et se pressent autour des orateurs. Ces derniers arrivent à grand'peine à se frayer un passage et à gagner le vestibule, où ils sont de nouveau arrêtés. Le récipiendaire surtout est très entouré, on le complimente, c'est à qui l'invitera à un dîner ou à une soirée :

« Alors, cher maître, c'est dit, nous vous avons ce soir?

— Mais, madame....

— Oh! non, pas de mais, n'est-ce pas? Nous avons déjà M. un tel et M. un tel, ce sera un vrai dîner académique.

— Cher maître, vous ne m'oublierez pas, le mardi, à trois heures.

— Chez moi, cher maître, jeudi....

— Mais, madame.... »

Beaucoup d'académiciens se dérobent à ces invitations, ils se glissent doucement à travers la foule, gagnent le vestiaire ou la bibliothèque et ne quittent le palais que lorsque le public redouté l'a lui-même abandonné.

Alors, les dernières voitures s'ébranlent, tout redevient silencieux; seuls les huissiers et les employés sont restés dans la grande salle; on décroche les tentures, on enlève les tapis, le pupitre en velours est remisé dans le magasin des accessoires, enfin les portes se ferment pour ne s'ouvrir qu'à la prochaine grande séance.

L'Académie française est la seule qui reçoive publiquement ses membres et qui exige le discours de réception; tout se passe beaucoup plus simplement dans les autres Académies.

A l'Académie des Inscriptions et Belles-Lettres, à l'Académie des Beaux-Arts, ainsi qu'à l'Académie des Sciences morales et politiques, le récipiendaire a revêtu son habit, il attend dans l'antichambre ou dans la bibliothèque. Le secrétaire perpétuel vient le chercher et le conduit devant le bureau du président. La présentation faite, le président souhaite en quelques mots la bienvenue au nouvel élu, qui remercie brièvement, et l'Académie reprend ses travaux.

A l'Académie des Sciences, la chose se passe encore plus en famille : le récipiendaire, en redingote, attend dans un coin de la salle que le secrétaire ait lu le décret qui approuve son élection, puis, sur l'invitation du président, il va prendre la place qui lui est réservée ; ses voisins le saluent ou lui serrent les mains, et c'est tout.

Il faut solliciter l'honneur de faire partie de l'Académie française. Le candidat doit même rendre visite aux académiciens, dont il aspire à devenir le collègue. Cette coutume a été établie après qu'Arnaud d'Andilly, le célèbre janséniste, eut refusé le fauteuil qu'on lui offrait, en répondant : « N'avons-nous pas une Académie à Port-Royal ? »

L'Académie française dérogea cependant plusieurs fois à la règle qu'elle s'était imposée : Buffon, Thiers, Béranger ne sollicitèrent pas le fauteuil. Buffon et Thiers l'acceptèrent, mais Béranger le refusa : il ne voulait rien être, aucun honneur ne le tentait. Mortifiée de ce second échec, l'Académie n'a pas recommencé à offrir ses faveurs à qui ne les briguait pas.

Ces refus seraient pourtant bien rares : l'Académie n'est-elle pas l'ambition secrète de la plupart de nos écrivains, n'est-elle pas pour eux l'apogée, le couronnement de leur carrière ?

Combien, cependant, n'y sont pas parvenus ; que de talents, que de génies même ont été oubliés ou dédaignés ! L'opinion publique a vengé ce dédain et cet oubli en créant un quarante et unième fauteuil imaginaire où elle a fait asseoir tous ceux qui, selon elle, auraient dû faire partie de l'illustre compagnie. Pour n'avoir pas une immortalité officielle et régulière, ce quarante et unième fauteuil n'est pas un des moins célèbres ; on y a placé en effet Descartes, Pascal, Molière, Rousseau et Diderot, pour ne citer que les plus illustres. Descartes et Pascal, qui pas plus que Diderot ne songèrent à l'Académie ; Rousseau, que l'on ne voulut jamais recevoir, et Molière, que les préjugés d'alors empêchèrent d'être admis. L'auteur de tant de chefs-d'œuvre immortels aurait pu, en effet, siéger à l'Académie s'il avait voulu renoncer à sa profession de comédien, mais c'était jeter dans la misère les cent personnes qui composaient sa troupe ; il refusa.

En 1778 l'Académie décida que le buste de Molière serait placé dans la salle des séances ; elle décida en outre qu'une inscription, mise au bas du buste, exprimerait le regret qu'avait l'Académie de n'avoir pu compter Molière dans ses rangs.

Il paraît qu'on ne trouva pas facilement l'inscription ; on proposait des phrases de ce genre :

« Molière, pourquoi viens-tu si tard ? »

« Vivant, nous n'avons pu t'avoir ; mort, tu seras parmi nous. »

« Molière, tu viens trop tard pour notre gloire ! » etc., etc....

Ce fut l'avocat Saurin qui, résumant de la façon la plus heureuse les intentions de ses collègues, trouva le vers fameux :

Rien ne manque à sa gloire, il manquait à la nôtre.

XIII

La séance annuelle de l'Académie des Beaux-Arts est très courue. Il est probable que les discours que nos artistes sont obligés d'y prononcer ne suffiraient pas à attirer une telle affluence ; mais il y a un autre attrait à cette réunion : d'abord, on distribue les grands prix de peinture, de sculpture, d'architecture, de gravure et de composition musicale, et puis... on fait de la musique.

La salle subit une transformation qui lui donne un faux air de théâtre : le grand bas-relief en toile peinte qui domine la porte d'entrée des académiciens est enlevé, et dans la loggia qu'il cachait est installé un orchestre ; au-dessus de la barre d'appui on n'aperçoit que les têtes des musiciens, les manches des contrebasses et les extrémités supérieures des harpes.

Debout, immobile, le bras levé, le chef d'orchestre attend que le silence se fasse dans la salle ; tout d'un coup, son bras s'abaisse rapidement, et l'orchestre attaque une ouverture composée par un pensionnaire de l'École de Rome.

L'ouverture terminée, le président prononce un discours et distribue les grands prix.

Les lauréats reçoivent un diplôme et une médaille d'or. Les artistes qui ont remporté les grands prix de l'Institut vont, on le sait, passer plusieurs années à Rome en qualité de pensionnaires de l'État.

Le président proclame ensuite les prix décernés en vertu de diverses fondations, et, enfin, on exécute la scène lyrique qui a remporté le grand prix de composition musicale.

Parmi les fondations dont dispose l'Académie des Beaux-Arts se trouvent des legs touchants : le prix Dubosc et le prix Anastasi.

Dubosc, l'ancien modèle, avait commencé à poser à l'âge de sept ans et avait continué à servir de modèle jusqu'à soixante-deux ans : « J'ai donc passé ma vie avec les artistes les plus distingués, dit-il dans son testament, je veux qu'après mon décès la petite fortune que j'ai gagnée avec eux soit consacrée à une fondation utile aux artistes. » Modèle attitré de l'École des Beaux-Arts, il avait remarqué que l'indemnité accordée aux logistes pour leurs frais d'exécution était insuffisante. De son vivant, il remédiait à cela d'une façon bien simple, selon lui : il se proposait comme modèle aux logistes peu fortunés; ceux-ci payeraient quand ils pourraient.

Dubosc voulut continuer après sa mort son utile et généreuse intervention; il fit de l'Académie des Beaux-Arts sa légataire universelle, la chargeant de distribuer les revenus de « sa petite fortune » par égales parts aux jeunes peintres et aux jeunes sculpteurs en loges pour le grand prix de Rome.

Le prix Anastasi est plus touchant encore. En 1871, le peintre Auguste Charles-Anastasi devint aveugle. Il était sans fortune; spontanément ses confrères organisèrent une vente à son profit. Les artistes répondirent en grand nombre à l'appel qu'on leur faisait, et la vente produisit cent mille francs. Le malheureux était sauvé de la misère. Anastasi considéra toujours cette somme comme un dépôt, et, songeant à ce qu'il serait devenu sans la générosité affectueuse de ses confrères, il voulut que cet argent qui venait des peintres retournât aux peintres. Dès le mois de novembre 1872 il faisait don à l'Académie des Beaux-Arts de la nue propriété des cent mille francs, dont les revenus devaient servir, après sa mort, à secourir une grande infortune artistique.

Les autres prix se donnent au concours. Les principaux sont : le prix Troyon, pour le paysage; le prix Leclère, pour l'architecture; le prix Chartier, pour encourager la musique de chambre; le prix Duc, pour

Après la séance.

encourager les hautes études architectoniques; et le prix Bordin, destiné à récompenser un mémoire sur un sujet proposé par l'Académie.

Pour l'année 1890, le sujet était peu engageant : « De la fabrication des monnaies et de ses rapports avec les progrès de l'art de la gravure en médailles, depuis l'antiquité jusqu'à nos jours ». Un seul mémoire fut adressé au concours.

En 1891, la question a plu et soixante mémoires ont été envoyés. La question était intéressante en effet; comment les candidats s'y seront-ils pris, par exemple, pour répondre par un *mémoire* à une question qui peut se résoudre en quelques lignes?

L'Académie demandait de démontrer l'erreur ou la vérité contenue dans l'exclamation suivante de Pascal : « Quelle vanité que la peinture qui attire l'admiration, par la ressemblance des choses dont on n'admire pas les originaux! »

D'abord il n'y avait pas à hésiter pour savoir ce que l'Académie pouvait penser de cette exclamation de Pascal. Quand des peintres vous demandent si la peinture est une vanité, vous vous doutez bien de la réponse qui leur semblera bonne.

Eh bien, les peintres ont raison et Pascal a tort.

Pascal, qui a vu si juste, qui a dit tant de choses vraies, éternellement vraies, dont toutes les « pensées » ou presque toutes sont des chefs-d'œuvre de précision, de netteté, de vérité, Pascal s'est trompé :

La peinture n'attire pas l'admiration par la *ressemblance* d'une chose dont on n'admire pas l'original, mais par l'*interprétation* de cette chose.

En effet, si dans un tableau cette chose était simplement ressemblante, on ne l'admirerait pas, puisque l'original n'est pas admirable.

Le fait même de la faire admirer est une preuve qu'elle n'est pas simplement ressemblante. On l'admire justement parce qu'elle n'est pas ressemblante, parce que le peintre l'a transfigurée, parce qu'il l'a interprétée, parce qu'il y a mis son talent, c'est-à-dire un peu de lui-même, un peu de son âme, un peu de son cœur, un peu de son esprit.

Ou la peinture attire l'admiration sur une chose qu'on n'admirerait pas; c'est elle qu'on admire alors et non la chose représentée : la peinture a le mérite de l'interprétation.

Ou la peinture attire l'admiration sur une chose admirable par elle-même : elle a le mérite de la reproduction.

Ou la peinture attire l'admiration sur une chose qui n'existe pas, sur une chose qu'elle crée : elle a alors le mérite de l'invention.

Et, soit que la peinture interprète, soit qu'elle reproduise, soit qu'elle invente, il lui a fallu avoir encore un autre mérite : l'exécution.

Pascal, malgré tout son génie, s'est trompé ce jour-là.

Quandoque bonus dormitat Homerus.

Le récipiendaire est très entouré.

Toutes les Académies ont un nombre considérable de prix à décerner.

La plupart de ces prix sont d'une valeur de 1 000 à 5 000 francs; il y en a quelques-uns de 10 000 et de 20 000 francs; le plus important est de 100 000 francs.

Ce dernier, le prix Bréant, accepté par l'Académie des Sciences en 1852, n'a pas encore pu être décerné; il était destiné « à celui qui trouverait le moyen de guérir le choléra asiatique ou découvrirait les causes de ce terrible fléau ».

Un autre prix, qui est également difficile à décerner, est le prix fondé par M. Louis Fould.

L'auteur de cette fondation a légué à l'Académie des Inscriptions et Belles-Lettres une somme de 20 000 francs, « pour être donnée en prix à l'auteur ou aux auteurs de la meilleure *Histoire des arts du dessin : leur origine, leurs progrès, leur transmission chez les différents peuples de l'antiquité jusqu'au siècle de Périclès* ».

Le concours a lieu tous les trois ans; on en est au septième concours, et l'Académie n'a pas encore reçu un ouvrage qui méritât le prix; elle est obligée d'appeler les académiciens eux-mêmes à la rescousse, et tous les membres de l'Institut qui ne font pas partie de la commission d'examen sont priés, ainsi que tous les savants français ou étrangers, de vouloir bien prendre part au concours.

Espérons que la question sera résolue et que le prix sera enfin décerné.

Pour son prix ordinaire l'Académie des Inscriptions et Belles-Lettres avait, en 1890, proposé la question suivante : « Étudier d'après les chroniques arabes et principalement celles de Tabari, Maçoudi, etc., les causes politiques, religieuses et sociales qui ont déterminé la chute de la dynastie des Ommiades et l'avènement des Abbassides ».

Voici ce que demandait, à la même époque, l'Académie des Sciences morales et politiques pour son prix du Budget, section de philosophie : « Exposer les théories des logiciens modernes depuis la révolution cartésienne jusqu'à nos jours. Rechercher si ces théories, soit en logique déductive, soit en logique inductive, ont modifié ou agrandi le champ de la logique tel que l'avait déterminé Aristote. »

L'Académie française, qui tient à prouver qu'elle ne cherche pas toujours des sujets classiques ou sévères, avait choisi pour sujet du prix d'éloquence de 1890 : « Les contes de Perrault ».

Outre ses prix d'éloquence, de littérature, de poésie ou d'histoire, l'Académie décerne encore, tous les ans, les prix de vertu « aux Français pauvres qui ont accompli une action vertueuse ».

L'Académie exige « un mémoire très détaillé de l'action ou des actions vertueuses, et appuyé de pièces et de certificats authentiques délivrés et signés par les autorités locales ou par des personnes notables.... Ce mémoire est soumis au maire, qui, après avoir certifié les signatures et les faits, adresse le tout au préfet ou au sous-préfet. » Enfin, celui-ci envoie les pièces et écrit au secrétaire perpétuel de l'Académie française.

Ces pauvres prix de vertu, les a-t-on assez plaisantés! Pauvres prix, en effet, car en dehors de deux prix de 2 000 francs et d'une demi-douzaine de prix de 1 000 à 1 500 francs, ils consistent en médailles de la valeur de 500 francs.

La séance annuelle de l'Académie française est presque entièrement consacrée à la distribution des récompenses; on commence par les prix d'éloquence, de poésie, d'histoire, et c'est en dernier que, bien humbles et bien timides, arrivent les prix de vertu.

Quoi! un homme a sauvé vingt personnes; une malheureuse femme s'est privée de tout pour élever des orphelins; une sainte fille a passé sa vie au chevet des malades, elle les a soignés sans prendre de repos, bravant la mort nuit et jour; un père de famille déjà chargé d'enfants et les élevant à grand'peine a recueilli deux petits abandonnés.

Mais tout cela est très simple, en vérité, pourquoi les louez-vous, ces vertueux? ils ne comprennent rien à vos louanges; qu'ont-ils fait que tout le monde n'ait pu faire et pourquoi essayer de les récompenser?... Leur récompense n'est pas de ce monde.

C'est souvent bien loin, dans les villages, au fond des campagnes, qu'il faut aller chercher ces héros inconnus, et leurs noms ont un cachet de simplicité rustique qui révèle leur origine.

C'est le défilé des humbles et des modestes, dont la vie s'est usée dans le travail et dans l'obscurité.

Grâce à la générosité d'un de ses membres, l'Institut pourra un jour augmenter dans des proportions considérables la somme des prix qu'il distribue chaque année : le 25 octobre 1886, Henri-Eugène-Philippe-Louis d'Orléans, duc d'Aumale, général de division, membre de l'Institut, grand-croix de la Légion d'honneur, faisait don à l'Institut de son domaine de Chantilly, ne s'en réservant que l'usufruit, sa vie durant.

Cette donation comprend non seulement le domaine lui-même, les champs, les bois, les châteaux et leurs dépendances, mais les archives, la bibliothèque et les diverses collections d'armes, de statues et de peintures, qui sont de véritables merveilles. Le château, en vue de la destination qui lui est donnée aujourd'hui, a été restauré avec une habileté et un talent remarquables par M. Henri Daumet, membre de l'Institut; il portera dans l'avenir le nom de Musée Condé, en mémoire du Grand Condé qui y termina ses jours. Le Musée Condé et les collections seront ouverts au public à des dates déterminées, et tous les jours aux savants et aux artistes.

Le domaine de Chantilly, avec son château et ses collections, est évalué à plus de soixante-dix millions et on a calculé, en déduisant la valeur des bâtiments et des objets d'art, qu'il resterait à l'Institut un revenu d'environ 550 000 francs par an.

Ce revenu, d'après la volonté du donateur, devra être employé à l'entretien du château et des collections, à l'achat d'objets d'art ou de livres curieux, ainsi qu'à la création de prix d'encouragement et de pensions de retraite pour les hommes de lettres, les artistes et les savants.

XIV

Mazarin, en mourant, légua une somme de deux millions pour être employée à la construction d'un collège où seraient élevés gratuitement soixante jeunes gens nés dans les provinces conquises pendant son ministère; ces soixante écoliers, choisis dans les familles nobles peu fortunées ou parmi les principaux bourgeois, étaient répartis de la façon suivante : quinze de Pignerol, quinze d'Alsace, quinze des Pays-Bas, et quinze du Roussillon et du Conflans.

Le cardinal, pour que ces nouveaux Français ne fussent pas Français que de nom, avait voulu les attirer au centre même du pays, dans la capitale, et leur faire connaître leur nouvelle patrie pour la leur faire aimer.

Ainsi faisaient les Romains qui appelaient à Rome les fils des rois et des principaux personnages des pays nouvellement conquis, pour les renvoyer ensuite avec les goûts et les idées romaines, qui se propageaient alors, peu à peu, dans la contrée tout entière.

Le collège ne fut ouvert qu'en 1688, vingt-sept ans après la mort de son fondateur ; il reçut le nom de collège Mazarin ou des Quatre-Nations et devint bien vite un des meilleurs collèges de Paris.

Supprimé en 1793 par la Convention, c'est après avoir servi tour à tour de maison d'arrêt, d'école centrale et d'école des beaux-arts, qu'il fut, en 1806, définitivement affecté à l'Institut.

Mazarin avait légué au collège des Quatre-Nations sa précieuse bibliothèque, qui est devenue la bibliothèque Mazarine ; elle occupe une grande partie de l'aile gauche du palais et est placée sous l'administration d'un membre de l'Institut, mais elle est complètement distincte de la bibliothèque de l'Institut.

Cette dernière, située au même étage que les salles des séances ordinaires, et séparée d'elles seulement par un vestibule dont les fenêtres sont garnies de bustes d'académiciens, doit son origine à Louis XIV qui, en installant l'Académie française au Louvre, lui avait fait don de 660 volumes ; elle en possède aujourd'hui plus de 100 000, parmi lesquels se trouvent tous les ouvrages importants qui ont été publiés en Europe sur les arts, les sciences et les lettres. Elle est fermée aux simples mortels ; on peut cependant, par extraordinaire, y être admis en qualité de lecteur, à de certains jours et à de certaines heures, mais il faut pour cela être présenté par deux membres de l'Institut au bibliothécaire, qui vous inscrit alors sur un registre spécial, et la permission ne dure qu'un an.

Bien que les bâtiments n'aient subi que des changements de détail, le collège différait cependant du palais actuel.

D'immenses vases de pierre surmontaient la corniche des pavillons latéraux, et des groupes représentant les Évangélistes, les Pères et les Docteurs de l'Église dominaient le pavillon central ; mais, ce qui devait surtout changer l'aspect du monument, c'étaient les vingt-quatre bou-

La Bibliothèque de l'Institut.

LE COLLÈGE DES QUATRE-NATIONS ET LE PALAIS DE L'INSTITUT. 71

tiques installées dans toute la largeur, à droite et à gauche, de la porte d'entrée.

Le pont des Arts n'existait pas, des bateaux faisaient le service entre les deux rives ; le quai, nouvellement refait, avait coûté 150 000 francs ;

Les bustes.

une balustrade à jour servait de parapet, et, sur la muraille qui plongeait dans le fleuve, étaient sculptées les armes du cardinal.

A l'extérieur du palais, de chaque côté des marches qui conduisent à la salle des séances publiques, se trouvent aujourd'hui deux lions de bronze placés en sentinelle.

Ces animaux classiques, qui rivalisent de célébrité avec la coupole, datent de 1806 ; à cette époque ils se faisaient face, et par leur gueule entr'ouverte lançaient un mince filet d'eau dans une vasque de pierre. La vasque de pierre a disparu, et les lions se tournent le dos.

Pourquoi ? Une idée artistique a-t-elle présidé à cette transformation ? Une raison politique en a-t-elle été la cause ?

Nullement. Un charbonnier venait chaque matin, de très bonne heure, puiser de l'eau, et le bruit des seaux de zinc heurtant la pierre, l'écho des gros souliers ferrés traînant lourdement sur le pavé, réveillaient le secrétaire perpétuel de l'Académie des Beaux-Arts, dont les fenêtres s'ouvraient juste au-dessus de la fontaine.

Le secrétaire perpétuel prévint le charbonnier d'avoir à remplir ses seaux à une heure plus raisonnable ; le charbonnier s'entêta ; chaque matin le même manège recommençait, et chaque matin le secrétaire perpétuel, réveillé en sursaut, maudissait le malencontreux Auvergnat, si bien qu'impatienté il prit un grand parti et fit supprimer les fontaines ; les conduites d'eau furent bouchées, on enleva les vasques, et comme les lions n'avaient plus de raison pour se regarder, on mit à droite celui de gauche et à gauche celui de droite.

Maintenant, les habitants du palais peuvent dormir tranquilles, le vieux monument se dresse, morne et triste, sur sa grande place silencieuse, et nul passant ne s'aventure à des heures matinales ou tardives dans les parages de l'Institut.

LE COLLÈGE DE FRANCE

LE COLLÈGE DE FRANCE

I

Quand le syndic de la Faculté de théologie, l'intolérant Noël Beda, apprit que le roi François Ier voulait fonder, en dehors de l'Université, un collège où l'on enseignerait le grec et l'hébreu, il se contenta de hausser les épaules.

En quoi l'étude du grec et de l'hébreu pouvait-elle intéresser ce roi qui n'avait puisé son instruction que dans les romans de chevalerie? N'avait-il pas assez à faire de s'occuper de ses artistes italiens qu'il idolâtrait au point de copier la coupe de leurs habits et d'imiter leur prononciation défectueuse? Qu'il étouffe Cellini dans l'or, qu'il fasse Rosso chanoine! soit; mais qu'il ne touche pas à l'enseignement; d'ailleurs pourrait-on jamais rien faire sans l'Université!

Mais, quand Noël Beda apprit que l'instigateur de ce projet n'était autre que le prévôt des marchands, il entra dans une violente colère. Enseigner le grec! enseigner l'hébreu, hérésie! on voulait donc détruire la religion?...

C'est que le prévôt des marchands était Guillaume Budé, homme de science, ardent, énergique, qui voulait bien ce qu'il voulait et qui jouissait auprès du roi d'un crédit considérable.

Cette langue d'Homère, à peu près inconnue en France, Guillaume Budé la savait; il l'avait apprise du vieux Grec Jean Lascaris et voulait la faire enseigner, et la faire enseigner gratuitement. C'est à lui que revient l'honneur d'avoir jeté les bases d'un enseignement libre et gratuit, en dehors de toute coterie, où les savants ne devaient avoir qu'un but : la recherche de la lumière et de la vérité.

François Ier avait bien fait vœu, lors de la bataille de Pavie, de bâtir une église et un collège, mais ce collège, comme tous les collèges existant à cette époque, aurait été sous la domination de l'Université.

Budé transforma le projet du roi, et, dès 1529, deux chaires étaient créées, l'une de grec, l'autre d'hébreu.

En 1530 le nombre des chaires était porté à cinq : deux de grec, deux d'hébreu et une de mathématiques. Les élèves arrivaient en grand nombre à ces leçons gratuites qui se donnaient provisoirement dans les salles des collèges de Cambrai et de Tréguier.

L'Université entreprit alors contre ce nouvel enseignement une guerre acharnée. Noël Beda cita les professeurs devant le Parlement, les accusa de mensonge et les dénonça comme partisans de la Réforme. Mais le roi prit la défense de ses « liseurs », comme on les appelait, il leva les interdictions prononcées contre eux et montra son intention bien évidente de les protéger en les comblant d'honneurs et en créant de nouvelles chaires, celles d'éloquence latine, de philosophie et de médecine.

Le Collège de France, alors Collège Royal, était fondé ; le roi mourut sans avoir pu couronner son œuvre en construisant place de Nesles, comme il le voulait, « un beau et grand collège accompagné d'une belle et somptueuse église avec autres édifices ».

Malgré les guerres civiles qui ensanglantèrent la France, le Collège Royal ne cessa de prospérer ; après François II, qui ne fit que passer sur le trône, il rencontra de sérieux protecteurs dans Charles IX, le prince maladif et énervé qui fut poète à ses heures, et dans le frivole Henri III, chez qui se retrouvait le goût des Médicis pour les lettres et pour les arts : Charles IX créa une chaire de chirurgie, Henri III une chaire d'arabe. Enfin, les guerres civiles terminées, Henri IV solidement établi sur le trône, le projet de François Ier fut repris et l'exécution en fut complètement décidée. Henri IV protégeait de tout son pouvoir ses liseurs ; un jour même, ayant appris qu'on oubliait quelquefois de régler leur traitement : « J'aime mieux, s'écria-t-il, qu'on diminue ma dépense et qu'on m'ôte de ma table, pour les payer ».

Il étendit encore le cercle des études en ajoutant deux nouvelles sciences : la botanique et l'astronomie ; à cette époque près de cinq cents

L'entrée du Collège de France.

élèves fréquentaient les cours. C'est alors que le cardinal du Perron, secondé par le président de Thou et par Sully, proposa au roi de démolir le collège de Tréguier, qui tombait en ruines, et d'élever à la place un bâtiment spécialement affecté au Collège Royal. Henri IV approuva le plan du cardinal, mais la mort l'empêcha de le réaliser; ses projets furent presque immédiatement repris par Marie de Médicis, et, le 18 août 1610, le jeune roi Louis XIII posa la première pierre du nouvel édifice.

Les souverains, dans la suite, continuèrent à prendre le collège sous leur protection, ils s'ingénièrent presque tous à étendre son enseignement; Louis XIII introduisit parmi les études le droit canon et la langue syriaque; Louis XV s'avisa qu'on enseignait beaucoup de choses dans ce Collège de France, beaucoup de choses hormis le français, et il créa la chaire de littérature française.

La Révolution, malgré tant de fondations royales qu'elle abolissait, laissa subsister l'œuvre de François Ier, se contentant seulement de remplacer le mot royal par celui de national; elle augmenta même le traitement des professeurs; elle ne créa cependant aucune chaire. Napoléon, lui, comme les souverains de l'ancien régime, fit inscrire une nouvelle étude : le turc. Louis XVIII à son tour ajouta le sanscrit et le chinois; ce nombre déjà respectable de chaires fut encore augmenté en 1831 d'un cours d'économie politique.

Enfin, la devise inscrite sur la porte du Collège : *Omnia docet*, est aujourd'hui réalisée; les professeurs, au nombre de quarante, enseignent : la mécanique analytique et la mécanique céleste, la physique générale et mathématique, la physique générale et expérimentale, la chimie organique, la chimie minérale, la médecine, l'histoire naturelle des corps inorganiques, l'histoire naturelle des corps organisés, l'embryogénie comparée, l'anatomie générale, la psychologie expérimentale et comparée, l'histoire des législations comparées, l'économie politique, la géographie, l'histoire et la statistique économique, l'histoire et la morale, l'histoire des religions, l'esthétique et l'histoire de l'art, l'épigraphie et les antiquités romaines, l'épigraphie et les antiquités grecques, l'épigraphie et les antiquités sémitiques, la philologie et l'archéologie égyptiennes, la philologie et l'archéologie assyriennes, les langues et littératures hébraïques, chaldaïques et syriaques, la langue et la littérature arabes, les langues et les littératures de la Perse, les langues et les littératures chinoises et tartares-mandchoues, la langue et la littérature sanscrites, la langue et la littérature grecques, la philologie latine, l'histoire de la littérature latine, la philosophie grecque et latine, la philosophie moderne, la langue et la littérature françaises du moyen âge, la langue et la littérature françaises modernes, les langues et les littératures d'origine germanique, les langues et les littératures de l'Europe méridionale, les langues et les littératures celtiques, les langues et les littératures d'origine slave, enfin la grammaire comparée.

II

Les cours sont très inégalement suivis; d'élèves, il n'y en a pas à proprement parler, aucun rapport officiel n'existe entre les professeurs et les auditeurs, aucune inscription n'est nécessaire, aucun diplôme n'est délivré. A l'heure dite, le professeur arrive et, qu'il y ait cent personnes dans la salle, qu'il y en ait dix, qu'il y en ait trois, qu'il n'y en ait qu'une, le professeur fait son cours.

Le cours de littérature française moderne attire une affluence de monde considérable, tandis que beaucoup d'autres cours recrutent à peine quelques fidèles.

Peu de personnes, en effet, s'intéressent au chinois, au sanscrit ou à l'arabe, très peu sont à même de suivre des leçons sur les « principales théories modernes de l'âme », ou peuvent comprendre les « équations différentielles ».

La littérature, au contraire, est à la portée de tout le monde; si le public tout entier n'est pas assez instruit pour goûter le côté purement littéraire du cours, il lui est toujours agréable d'entendre un conférencier spirituel parler de livres au moins entrevus et raconter des anecdotes piquantes ou curieuses sur des hommes illustres dont les noms sont parvenus à toutes les oreilles.

Le cours de littérature française a lieu dans la plus grande salle du Collège. Le public arrive bien avant l'heure et en un clin d'œil la salle est prise d'assaut; on se case tant bien que mal, les derniers venus s'asseyent par terre, dans les allées, entre les banquettes, ou restent debout dans les embrasures des fenêtres et tout le long de la muraille. L'œil le plus exercé ne découvrirait pas la moindre place et vingt-cinq personnes se pressent encore sur le palier; elles prient, se fâchent; rien n'y fait.

On commence à s'impatienter dans la salle; les yeux se portent à chaque instant sur la pendule dont les aiguilles ont l'air de marcher bien lentement, et sur la tribune qui est toujours vide.

Pour se rendre à cette tribune installée sur une haute et large estrade, le professeur est obligé de traverser une pièce qui lui est réservée et de gravir un petit escalier construit dans une sorte de tourelle. Cette pièce réservée, d'où l'on ne voit pas et d'où l'on entend mal par les deux portes laissées entr'ouvertes, est envahie, malgré ses défauts, par un public féminin aussi nombreux que choisi.

Tout à coup les conversations cessent, les têtes se lèvent, on attend : ce n'est que l'huissier qui, majestueux, sanglé dans son habit noir, sa calotte de velours sur la tête, apporte un verre d'eau, une carafe et un sucrier; il sort, puis il rentre bientôt, précédant cette fois un petit homme à l'air doux et timide, qui avance lentement, la tête baissée, comme pour éviter tous les regards curieux fixés sur lui; la porte de la tourelle s'ouvre et le professeur disparaît.

Il a gravi les degrés de l'escalier, le voilà maintenant sur l'estrade. Il gagne la tribune en distribuant à droite et à gauche de petits saluts d'amitié, car c'est là, tout près de lui, que prennent place les dames et les demoiselles qui le connaissent plus ou moins et qui ont obtenu les cartes nécessaires pour occuper ces places tant recherchées. Mais, soit que le professeur connaisse beaucoup de dames, soit que ses amies demandent pour leurs amies cette faveur bien difficile à refuser, il se trouve qu'il y a toujours plus de cartes distribuées que de places, et les dames qui arrivent les premières peuvent seules s'asseoir auprès de la tribune; les autres sont reléguées derrière le tableau noir, un immense tableau qui coupe en deux l'estrade, et c'est là, dans un petit espace sombre et sans air, qu'elles assistent à la séance.

Elles sont aussi mal que possible, mais elles forment en quelque sorte l'état-major de l'orateur, elles participent à sa gloire et prennent bien un peu leur part des applaudissements qui l'accueillent.

D'un geste aimable l'orateur remercie; il s'assied, dépose devant lui sa serviette de maroquin, en sort plusieurs feuillets de papier, ouvre quelques

L'arrivée du professeur.

livres dont il a d'avance marqué certains passages, prépare avec soin son verre d'eau sucrée, puis, levant la tête, il commence : « Messieurs ». Il est à remarquer que, bien que les dames soient en majorité dans l'auditoire, l'orateur, laissant de côté toute galanterie, commence invariablement son cours par le « messieurs » traditionnel.

La conférence se déroule au milieu d'un silence admiratif, coupé de temps en temps par les rires qui accompagnent les saillies, et les bravos qui soulignent les phrases à effet.

Pendant une heure le professeur tient son auditoire sous le charme, tantôt parlant, tantôt lisant ou récitant.

Depuis plusieurs années il étudie l'école romantique française, et cette étude minutieuse et complète de la grande époque littéraire qui a marqué notre siècle à ses débuts, est loin d'être terminée. Il dissèque en quelque sorte chaque auteur; lui arrache ses pensées les plus secrètes; dévoile ses ambitions, ses amitiés, ses haines; découvre l'impulsion sous laquelle il a écrit, les modèles qu'il s'est choisis, ce qu'il a retenu de ses lectures favorites et ce qui en a transpiré dans ses œuvres.

On suit pas à pas l'écrivain, notant tout ce qui dans sa vie a pu influer sur ses écrits, et recherchant dans quel sens l'influence a été exercée. On le voit enfant, au milieu de sa famille, élève, avec ses maîtres, jeune homme, entouré de ses amis; on assiste à ses premiers essais, à ses hésitations, à ses doutes, à l'éclosion de sa première œuvre, à l'espoir et aux déceptions qui suivent,... et l'on va toujours ainsi plus avant dans sa vie, notant impartialement ses victoires ou ses défaites.

Un tel travail, on le comprend, demande beaucoup de temps, aussi les vingt ou vingt-deux leçons qui ont lieu dans le cours d'une année sont-elles quelquefois nécessaires à l'étude d'un seul auteur.

Quand il s'agit d'écrivains dont l'œuvre n'est pas considérable, comme M. de Bonald, Joseph ou Xavier de Maistre, une ou deux leçons suffisent, mais si, par exemple, l'on s'occupe de Lamartine, on n'a pas trop de l'année tout entière.

C'est la revue d'une existence complète que le professeur, s'arrêtant aux endroits importants, passe alors minutieusement devant son auditoire attentif.

Le maître nous montre d'abord l'enfant, libre et gai, vivant à la campagne, au milieu de ses sœurs ; gâté et choyé par sa mère qui le trouvait le plus beau du monde, opinion que Lamartine partagea facilement dès son jeune âge et qu'il conserva toute sa vie. Il apprend à lire sur les genoux de sa mère, dans la Bible, et c'est chez les Pères de la Foi qu'il termine son éducation ; voilà de sérieuses influences que l'on retrouva toujours plus tard en étudiant les œuvres du poète.

L'enfant est devenu un jeune homme ; il cherche sa voie en aveugle, lisant tous les livres, sans méthode, au hasard : passant du Tasse à Molière, de La Fontaine à Racine, de Mme Cottin à Voltaire et à Rousseau, d'Homère à Chateaubriand et à Mme de Staël, et, passionné pour Pope, apprenant fiévreusement l'anglais pour lire l'écrivain dans le texte original.

Entre temps, on le voit alignant vers sur vers ; vers de huit, de dix syllabes, alexandrins,... s'essayant à tous les genres, même à la tragédie. Il écrit *Saül* et croit bien cette fois être dans le bon chemin ; mais le grand tragédien Talma, à qui il lit son œuvre, lui répond que Saül est une pièce sublime, mais injouable.

Lamartine aborde alors le poème épique et touche presque au but ; tant d'efforts et tant de travail ne sont pas perdus : il a acquis une grande habileté, il improvise facilement de cinquante à cent vers dans sa matinée.

Le poète passe enfin de l'obscurité à la gloire dès l'apparition des *Méditations*, où, parmi tant de belles pages, se trouve cette page admirable, « le Lac ».

Le professeur, pour mieux faire apprécier ces lignes si belles, les lit à haute voix ; on se laisse prendre au charme mystérieux et triste de ce chef-d'œuvre inspiré par la douleur et l'on est tout étonné d'apprendre que le poète, alors garde du corps, crayonnait l'ébauche de ces vers appuyé sur une de ses bottes d'ordonnance.

Comme ces coquettes qui cachent soigneusement leur âge, Lamartine oubliait la date de sa naissance et voulait la faire oublier aux autres. Préoccupé de lui, de ce qu'on dirait plus tard, il pensa de bonne heure à sa biographie et l'arrangea naturellement à son avantage. Dans tous les écrits où il parle de lui — et ils sont nombreux, — il pose devant le public et ne craint pas d'arranger et d'orner la réalité. C'est en se rapportant à sa correspondance qui se poursuit presque sans interruption de

Le cours de littérature française.

1809 à 1853, que l'on peut contrôler les faits et que l'on trouve souvent la vérité, parce que ces lettres ont été écrites sous le coup même des événements, tandis que les notes et les récits n'ont été faits que longtemps après.

Graziella, la belle polisseuse de corail, était une simple plieuse de cigarettes; dans son *Voyage en Orient*, Lamartine nous peint sa fille Julia montée sur un coursier magnifique; ce coursier magnifique était un âne. Autre part, il se décrit rêveur et distrait, sur la terrasse du château de Saint-Point, émiettant du pain aux hirondelles; il était certainement distrait, car il n'y avait pas de château à Saint-Point, et les hirondelles ne mangent pas de pain.

Mille autres détails curieux vous laissent étonné et même désenchanté, car l'homme, que l'on connaissait mal et que l'on ne séparait pas du poète, s'éclaire d'un jour nouveau; celui dont on voulait faire un être à part et bien au-dessus de l'humanité apparaît avec les faiblesses et les erreurs communes à tous les hommes. Mais il faut pardonner aux poètes; ils sont inexacts par nature, ils ne savent pas où est la limite de la vérité, ils métamorphosent les faits, ils les altèrent et cependant sont de bonne foi : ils sont dupes de leur imagination.

Lamartine homme politique n'offre pas moins d'intérêt que Lamartine poète.

Il n'est pas orateur, sa voix manque de médium, il est à peine écouté au début et on le surnomme le député de la poésie; mais il fait lentement des progrès devant une Chambre prévenue contre lui, finit par s'imposer et sa popularité devient alors considérable. Il n'abandonne pas cependant la poésie; Gœthe avait dit qu'on ne pouvait être à la fois homme politique et poète : Lamartine fut les deux.

Il travaillait depuis longtemps à un grand poème composé d'épisodes. *Jocelyn* est un de ces épisodes : ce livre révèle un nouveau Lamartine; nous ne retrouvons plus le poète des *Méditations* et des *Harmonies*; il nous parle de choses ordinaires, familières, il sait le faire sans tomber dans la trivialité; malheureusement les négligences de style sont fréquentes et font penser au mot de Béranger : « Que *Jocelyn* est beau!... Quel dommage que Lamartine ait fait faire quelques centaines de vers par sa concierge ! »

C'est ainsi que chaque leçon se déroule, mêlant aux appréciations, aux critiques pures, à l'étude même, des lectures, des observations et des anecdotes amusantes, inédites ou peu connues.

III

Le cours d'hébreu, ou plutôt le cours de langues et littératures hébraïques, chaldaïques et syriaques, attire aussi un grand nombre d'auditeurs.

La langue hébraïque est-elle la plus ancienne langue du monde? Adam et Ève causaient-ils en hébreu dans le Paradis terrestre et est-ce en hébreu, comme on l'a prétendu, que les anges et les bienheureux chantent au ciel les psaumes de David?... Voilà des questions qu'il sera toujours difficile de résoudre.

On n'apprend pas l'hébreu au cours d'hébreu, pas plus du reste qu'on n'apprend le grec au cours de grec ou le chinois au cours de chinois. Ceux qui savent déjà la langue peuvent se perfectionner en profitant des remarques que fait le professeur ou des explications qu'il donne en traduisant; les autres ne peuvent jouir que du côté purement littéraire et artistique, mais leur part est suffisamment intéressante pour leur faire paraître la leçon trop courte et leur faire écouter patiemment les explications qui restent de l'hébreu pour eux.

Après le cours de littérature française moderne et le cours d'hébreu, les cours les plus fréquentés sont les cours de littérature française du moyen âge, d'histoire de la littérature latine, d'esthétique et d'histoire de l'art, et enfin d'histoire et de morale. — C'est dans cette chaire que Michelet succéda à Daunou en 1838 et fit ses cours célèbres.

Nous allons maintenant passer en revue certains cours où le public va peu, c'est-à-dire où l'on rencontre rarement plus de quinze ou vingt personnes, et d'autres où le public ne va pas du tout; ces derniers comptent en général trois ou quatre auditeurs, quelquefois deux, quelquefois un seul. Si cet auditeur, malade ou empêché, n'a pu venir, le professeur, après avoir attendu un moment, fait la seule chose qu'il ait à faire, il s'en va. Cela arrive rarement, mais cela arrive.

On raconte qu'un jour un professeur, emporté par son sujet, avait dépassé de beaucoup l'heure accordée pour la leçon. De ses rares auditeurs, un seul se trouvait là, attentif et immobile.

Le professeur d'hébreu.

« Pardon, monsieur, lui dit le professeur, si j'abuse de votre patience, mais j'aurais encore quelques mots à ajouter.

— Oh ! ne vous gênez pas, bourgeois, répond le personnage, je suis à l'heure. »

Et le professeur reconnaît le cocher qui l'avait amené.

Le public du Collège de France est du reste singulièrement composé : étrangers de passage à Paris (beaucoup d'Anglaises naturellement), qui viennent par curiosité ; gens du monde qui viennent par goût ou par genre ; petits rentiers qui viennent là comme à un spectacle où l'on ne paye pas ; et enfin, les dormeurs, cette catégorie qu'on rencontre en hiver partout où se trouvent une salle bien chauffée et des banquettes plus ou moins moelleuses. Les étudiants et les savants, les seuls qui viennent pour travailler, sont en très petit nombre.

IV

Le cours d'histoire naturelle des corps organisés, où l'on s'est occupé dernièrement de l'*Étude critique et expérimentale des actions d'arrêt et d'excitation dans l'appareil circulatoire, à l'état normal et à l'état pathologique*, a lieu dans une salle très sombre, à peine éclairée par quelques becs de gaz; le professeur parle debout, en marchant; il va alternativement du tableau noir placé à sa gauche à une grande toile blanche tendue au milieu de la salle; dans un coin, un garçon de laboratoire suit avec attention tous ses mouvements. Tout d'un coup le gaz s'éteint presque complètement tandis que la toile blanche est vivement éclairée par la lumière d'une lanterne magique; le professeur prend sur une table une petite plaque de verre qu'il présente à l'objectif de la lanterne, et aussitôt un gigantesque cœur ouvert par la moitié et entouré d'un faisceau de veines et d'artères est projeté sur la toile; à l'aide d'une longue baguette qu'il promène sur le dessin, le professeur indique les différentes parties à mesure qu'il les nomme et qu'il les décrit. L'explication terminée, à peine la baguette a-t-elle quitté la toile, que de nouveau, comme par enchantement, la lanterne redevient obscure et la salle s'éclaire.

Le cours d'histoire naturelle des corps organisés possède parmi ses habitués un type particulier qu'on pourrait appeler l'amateur de médecine, malade plus ou moins imaginaire qui suit assidûment tous les cours de médecine ou de chirurgie, dans l'espérance de pouvoir, sans l'aide du médecin ou du chirurgien, soigner les nombreuses maladies qu'il a et conjurer celles dont il est menacé.

Le professeur parle-t-il des battements du cœur, l'amateur passe la main sous son gilet, ou, se saisissant le poignet, constate avec plaisir que ses pulsations n'ont nullement la marche inquiétante que reproduisent les

Le cours d'histoire naturelle.

effrayants zigzags tracés sur le tableau. Signe particulier, cet auditeur d'un genre spécial est mal vêtu, mais très vêtu, il est déjà parvenu à un âge que toutes ses maladies n'auraient jamais dû lui laisser atteindre, et il a très bonne mine.

V

Il est midi trente-cinq et le cours devait commencer à midi et demi.

« Alors, monsieur, le cours n'aura pas lieu?

— Oh! non, monsieur, le professeur vient d'être pris d'un étourdissement; sans l'huissier, qui heureusement se trouvait là, il serait tombé, et songez qu'il a quatre-vingt-sept ans.... »

A ce moment la porte s'ouvre derrière la chaire, et l'huissier paraît, précédant un homme de petite taille, qui ressemble assez à M. Thiers, moins les cheveux.

Le professeur, car c'est lui, est encore un peu pâle et ses mains sont agitées par un léger tremblement, mais il marche droit et ferme et gagne sa place au bas des gradins; il n'a pas voulu que son public se soit dérangé inutilement.

Le cours de grec fait cependant partie des cours où l'on ne va pas, quatre personnes seulement composent l'auditoire, mais un auditoire sérieux, celui-là, et qui vient pour travailler.

Ces quatre personnes sont assises à la première table, tout près du professeur, qui va traduire la *Médée* d'Euripide.

Mon interlocuteur de tout à l'heure allonge le bras et me passe complaisamment un petit volume, c'est le texte grec.

Je refuse du geste; il insiste et me fait signe qu'il possède un autre exemplaire dans l'énorme serviette placée à côté de lui. Je prends le volume, un peu honteux. Si mon voisin se doutait que depuis que je suis sorti du collège je n'ai pas lu le plus petit mot de grec, et que je n'étais déjà pas fort à cette époque-là!

Je jette de temps en temps les yeux sur le texte pour avoir l'air de suivre et, sournoisement, j'examine le professeur enfoncé dans son fauteuil à large dossier, la chaire, qui, avec ses portes se refermant de chaque côté, a l'air d'une boîte, et l'énorme chapeau haut de forme placé sur le bureau.

Le professeur porte gaillardement son grand âge, et, malgré mon ignorance, je ne puis m'empêcher de l'admirer.

Il a devant lui le texte grec et, sans une note qui vienne aider sa mémoire, il traduit d'abord mot à mot, rectifiant, se corrigeant lui-même, donnant tous les synonymes du mot grec, trouvant la meilleure expression et expliquant pourquoi elle est la meilleure, puis il reprend la phrase en ce que nous appelions modestement au lycée du « bon français », il relit le texte grec et l'on est tout étonné de s'apercevoir que la phrase est traduite en même temps littéralement et littérairement.

Le cours de langue et littérature sanscrites est encore moins fréquenté que le cours de grec; il offre cependant des parties très intéressantes, même pour les profanes.

Le professeur explique le *Lalita-Vistara*. Le titre effraye au premier abord, mais que de choses charmantes dans cette légende du Bouddha Çakya-Mouni!

Le jeune Siddhartha, qui devait plus tard devenir le Bouddha Çakya-Mouni, était fils du roi Çouddhodana et de la reine Maya-Dévi.

La naissance de Siddhartha fut accompagnée de prodiges étonnants. Le palais du roi se nettoya de lui-même; les jardins se remplirent subitement de fleurs splendides et les étangs se couvrirent de lotus; les instruments de musique jouèrent tout seuls des airs mélodieux que les oiseaux accompagnèrent de chants d'allégresse; les écrins qui contenaient les pierres précieuses s'ouvrirent pour montrer leurs trésors; une lumière qui faisait pâlir le soleil illumina tout le palais, et quand on présenta l'enfant au temple, les images des dieux quittèrent leurs places et vinrent se prosterner à ses pieds.

Tout cela inquiétait fort Çouddhodana, d'autant plus que la pauvre reine, la belle Maya-Dévi, dépérissait de jour en jour.

Une semaine après la naissance de Siddhartha, Maya-Dévi mourait. Les dieux l'avaient voulu ainsi afin qu'elle n'eût pas le chagrin de voir son fils la quitter pour se faire mendiant et religieux.

Le jeune prince fut élevé par sa tante Radjapati Gaoutami ; c'était un enfant d'une grande beauté. Il avait des cheveux bouclés tournant vers la droite, d'un noir foncé à reflets changeants ; le front large et uni ; des cils semblables à ceux de la génisse : les yeux souriants, allongés, d'un noir foncé ; les épaules parfaitement arrondies ; les doigts effilés ; les ongles bombés, tirant sur la couleur du cuivre rouge ; enfin, il possédait les trente-deux signes caractéristiques et les quatre-vingts marques secon-

Le professeur de grec.

daires du grand homme. Il était doux et sérieux, ne jouait pas avec ses compagnons, travaillait beaucoup et ses maîtres n'eurent bientôt plus rien à lui apprendre.

Devenu jeune homme, on le maria à la belle Gopa, qui était digne de lui par sa beauté et ses vertus, mais Siddhartha restait triste et mélancolique. Il ne voulait voir de cette vie que les chagrins et les peines ; le bonheur et la joie n'existaient pas pour lui. A quoi sert, pensait-il, la jeunesse si l'on doit vieillir ? à quoi sert la santé si l'on doit souffrir ? à quoi sert la vie si l'on doit mourir ?... Tous ces gens-là sont fous, qui chantent et qui rient ; je les sauverai de la vieillesse, de la maladie et de la mort, je leur montrerai le chemin de la sagesse et de l'immortalité.

Ni sa femme, ni son père, ni les plaisirs que son rang et ses richesses peuvent lui offrir ne le retiennent : il s'enfuit....

Ayant coupé ses cheveux et ayant changé ses vêtements de soie contre de vieux vêtements de peau de cerf, il se retire dans un village, où il vit six années dans la solitude, supportant les plus rudes privations.

Un jour il s'assit les jambes croisées, le corps droit et tourné vers l'orient, au pied d'un figuier appelé l'arbre de l'intelligence; il resta là tout le jour et toute la nuit, sans faire un mouvement. A l'aurore, quand il se releva, il se sentit revêtu de l'intelligence suprême ; il allait prêcher, convertir et sauver les peuples : le bouddhisme était créé.

VI

On s'occupe depuis plusieurs années, au cours de médecine, des *Applications physiologiques et médicales de l'électricité*.

L'électricité joue aujourd'hui, partout et dans tout, un rôle très important; on a vu dernièrement que les médecins avaient essayé de s'en servir pour exécuter rapidement les condamnés à mort : ils avaient depuis longtemps cherché à l'utiliser pour guérir certaines maladies.

L'emploi de l'électricité en médecine serait beaucoup plus ancien qu'on ne le croit généralement; les Indiens de Cumana soignaient, paraît-il, leurs paralytiques d'une façon curieuse, ils les plaçaient dans une mare habitée par des gymnotes, remède dangereux si, comme le dit Cuvier, ces poissons peuvent produire des commotions électriques assez violentes pour tuer un homme ou un cheval.

Les premières tentatives faites pour appliquer l'électricité à la médecine n'avaient pas donné de résultats sérieux; ce n'est que depuis les travaux de Duchenne de Boulogne que la méthode a fait d'importants progrès; mais, malgré les succès obtenus, les partisans de l'électricité conviennent qu'il ne faut se servir de cet agent thérapeutique qu'avec les plus grandes précautions, que dans bien des cas l'électrisation peut être nuisible, et que des inconvénients graves peuvent résulter de l'avantage obtenu; enfin,

Le cours de médecine.

ils ont tellement l'air de vous dire : « Si ça ne vous fait pas de bien, ça peut vous faire beaucoup de mal », que le remède ne paraît guère plus sûr que les gymnotes de Cumana.

VII

Le Collège de France compte en tout neuf salles réservées aux cours. Si quelques salles, comme celles de médecine, de physique et de chimie, servent rarement, la salle qui porte le n° 4 s'ouvre, en revanche, tous les jours et jusqu'à trois et quatre fois par jour : treize professeurs viennent y faire leurs cours et presque tous deux fois par semaine.

On y étudie tour à tour l'histoire naturelle, la mécanique, la littérature du moyen âge, la littérature européenne, et surtout une infinité de langues plus ou moins vivantes : arabe, égyptien, chinois, latin, chaldéen, etc. Si les murs, comme l'antique Écho, redisaient tout ce qu'ils entendent seulement dans l'espace d'une semaine, ce serait une succession bizarre de mots les plus étranges, de sons les plus disparates.

Cette salle, qu'on appelle « salle des langues orientales » quoiqu'on n'y étudie pas que les langues orientales, n'a aucune ressemblance avec les salles ordinaires des cours et est une des plus petites du Collège. La choisir ainsi, c'était convenir qu'on était persuadé que le public ne viendrait jamais en foule aux cours qu'on y installait. Elle a assez l'aspect d'une salle à manger de moyenne taille : au fond, un grand poêle dans une niche ; au milieu, une longue table ovale qui ressemble à la classique table à rallonges pouvant contenir douze personnes. Sur la muraille, en face la fenêtre, un grand tableau représentant la mort de Jacques Delille ; une large pancarte placée sur le cadre explique en ces termes ce que la toile représente : « Delille est exposé après l'embaumement sur son lit de parade dans une des salles du Collège de France ; le célèbre peintre Girodet-Trioson est occupé à reproduire les traits de l'illustre poète ».

La longue table est recouverte d'un tapis et entourée de chaises ; le professeur se place selon son goût, au milieu, au-dessous du tableau, ou bien à l'une des extrémités, devant le poêle. Les auditeurs s'asseyent à leur fantaisie, en face ou à côté de lui ; la leçon prend ainsi un caractère d'intime causerie.

La salle est petite, et cependant il est bien rare qu'elle soit remplie, les leçons qui s'y donnent sont tout à fait spéciales et ne peuvent intéresser

La leçon de chinois.

que les personnes connaissant déjà suffisamment les matières traitées. La leçon de chinois, par exemple, ne peut être suivie que par ceux qui savent le chinois, et il faut avouer qu'ils sont rares à Paris ; aussi, parmi les trois ou quatre auditeurs qui forment tout le public, se trouve-t-il souvent un ou deux Fils du Ciel qui viennent, eux, pour apprendre le français.

Si par hasard un curieux s'égare au cours de littératures chinoise et tatar-mandchoue, il attend poliment que le professeur ait terminé sa phrase, puis, discrètement, sur la pointe des pieds, il se retire avant qu'on ait eu le temps de s'apercevoir de sa présence.

C'est à la France que revient la gloire d'avoir étudié la langue et la

Le cours de chimie.

littérature chinoises, étude qui pouvait faire reculer les plus braves si l'on songe que l'empereur Kien-Long avait une bibliothèque dont le catalogue seul ne comprenait pas moins de 122 volumes et que, lorsqu'il voulut faire imprimer un choix des auteurs classiques chinois, il s'aperçut que cette collection formerait 165 000 volumes, ce qui du reste ne le fit nullement renoncer à son projet.

VIII

Le cours de chimie minérale a lieu dans une salle très bien installée : les gradins entourent presque le professeur, qui semble sortir de terre, enfermé, entre sa table à expériences toujours surchargée de flacons, de tubes, de verres, de cornues et d'éprouvettes, et l'immense tableau noir surmonté lui-même de trois autres tableaux où sont inscrits les noms des métaux, des métalloïdes et des acides avec leurs symboles et leurs équivalents. Bien que ce cours ne s'adresse qu'à ceux qui ont déjà étudié la chimie d'une façon très sérieuse et très complète, il donne toujours lieu à des expériences qui peuvent intéresser, même les ignorants.

Le professeur va démontrer, par exemple, de quelle façon on reconnaît la présence de l'arsenic ; il prépare un appareil de Marsh ; dans un flacon à deux tubulures, dit flacon de Woolf, il a placé plusieurs petits morceaux de zinc ; le flacon est à moitié rempli d'eau. Dans le bouchon d'une des tubulures passe un tube terminé à sa partie supérieure par un entonnoir et dont l'extrémité inférieure plonge dans l'eau ; de la deuxième tubulure part un tube de dégagement terminé par une ouverture de petite dimension ; c'est en somme un appareil à hydrogène et c'est en effet de l'hydrogène que l'on veut recueillir. Le professeur verse de l'acide sulfurique par le tube à entonnoir : l'eau bouillonne, le gaz commence à se dégager par l'extrémité effilée du second tube et brûle au contact d'une lampe ou d'une allumette en formant une flamme courte et bleue ; le professeur verse alors quelques gouttes d'un liquide quelconque contenant de l'arsenic : aussitôt la flamme change d'aspect, elle s'allonge, s'aplatit et devient livide, et, si l'on présente à l'action de la flamme une assiette de

La sortie.

porcelaine, celle-ci se couvre immédiatement, au point de contact, d'une tache noire et brillante qui est de l'arsenic métallique.

En dehors des salles que nous venons de parcourir, les bâtiments du Collège ne renferment que les laboratoires de physique, de chimie, de médecine et les appartements de l'administrateur et des employés. Quand nous aurons jeté un regard au laboratoire de pisciculture, immense baraque d'un aspect délabré, établi dans un jardin complètement abandonné et où une demi-douzaine de chats, qui y ont élu domicile, semblent tout étonnés de voir errer un visiteur, nous aurons terminé notre visite au Collège de France.

Nous sommes loin, on le voit, de la « belle et somptueuse demeure » que François Ier voulait en 1559 faire bâtir pour ses « liseurs » : la façade principale qui donne sur la rue des Écoles et qu'on aperçoit à travers les arbres d'un maigre jardin orné de la statue de Dante, est triste et n'offre pas le moindre intérêt. On a cherché, il est vrai, depuis quelques années à décorer la partie du monument qui donne sur la rue Saint-Jacques : la statue de Guillaume Budé se dresse au milieu de la première cour, et les bustes de Vatable, de Turnèbe, de Gassendi, d'Oronce Finé, de Ramus et de Danès ornent les murailles où, sur de longues plaques de marbre noir, sont inscrits les noms des trois cent deux professeurs qui se succédèrent au Collège de France depuis 1550 jusqu'en 1872.

LE MUSÉUM

LE MUSÉUM

I

A l'une des extrémités de Paris, au bord de la Seine, dont il n'est séparé que par le quai Saint-Bernard, le Muséum d'histoire naturelle, appelé plus communément le Jardin des Plantes, étale sur un immense terrain la série de ses constructions variées : serres, kiosques, cabanes, galeries, pavillons rectangulaires ou arrondis, aux toits de verre, d'ardoises, de briques ou de chaume, élevés çà et là, au pied d'un parterre, près d'une allée, sur les bords d'un bassin, d'un ruisseau ou d'un lac.

Dès le matin, lorsque Paris est encore endormi, les cris les plus bizarres se croisent, se confondent, se heurtent, graves ou aigus, discordants ou harmonieux, et vont mourir de l'autre côté du fleuve aux rives désertes. Le batelier qui, pour la première fois, longe cette partie de la Seine, promène autour de lui des regards étonnés, cherchant à découvrir par quel mystérieux hasard il entend à la fois, aux abords de la grande ville, le rugissement des bêtes fauves, le bêlement des brebis, le chant du coq et tant d'autres cris qu'il ne peut reconnaître.

Le Muséum renferme tout un monde entre ses grilles, il possède des échantillons de presque tous les animaux, les végétaux et les minéraux; et des envois lui arrivent continuellement des points les plus éloignés de la terre.

Les élèves, jeunes et vieux, viennent étudier sur nature, dans les galeries et dans les serres, et suivent en outre les cours et les conférences qui ont lieu en très grand nombre; les promeneurs et les curieux peuvent, sans craindre l'ennui, passer de longues journées à regarder les fleurs ou les animaux; et les enfants trouvent dans les avenues ombragées, dans les larges carrefours et dans les allées qui se croisent en tous sens, des endroits commodes et charmants où ils peuvent jouer et courir tout à leur aise.

Les débuts du Muséum ont été fort modestes. Il fut créé en 1635, sous le nom de *Jardin royal des plantes médicinales* ou *Jardin du Roi*, pour servir « à l'étude des opérations de pharmacie et à la conservation de toutes les choses rares en la nature ». Cette création était surtout faite en vue des études médicales; ce furent, du reste, deux des médecins du roi Louis XIII, Hérouard et Guy de La Brosse, qui l'entreprirent. L'idée n'était pas nouvelle : au quinzième siècle, Paris possédait un *Jardin des Apothicaires*, où l'on cultivait les plantes médicinales dont on faisait habituellement usage; mais les deux médecins de Louis XIII voulaient étendre cette culture à toutes les plantes médicinales connues, organiser des collections et ouvrir des cours de botanique.

Bien que le roi eût, dès 1626, approuvé leur projet, ils se heurtèrent à la Faculté, qui, jalouse du futur établissement, accumulait obstacles sur obstacles devant les fondateurs.

Ceux-ci achetèrent néanmoins un terrain de 24 arpents et une maison située faubourg Saint-Victor.

L'édit qui fonda définitivement le Jardin Royal et qui en fixa les attributions ne fut enregistré qu'en 1635, après que le roi eut levé les dernières oppositions essayées par la Faculté. Cet édit disait entre autres choses : « Voulons que dans un cabinet de ladite maison il soit gardé un échantillon de toutes les drogues tant simples que composées, ensemble toutes les choses rares en la nature qui s'y rencontrent, duquel cabinet ledit La Brosse aura la clef et régie pour en faire l'ouverture aux jours de démonstration. »

Hérouard étant mort, Charles Bouvard, en qualité de surintendant, et Guy de La Brosse, en qualité d'intendant, de directeur du Jardin et de conservateur des collections, prirent possession du Jardin et du local; le premier eut 5 000 livres tournois de *gages*, le second 6 000 livres et un logement; trois *démonstrateurs de l'intérieur des plantes et opérateurs pharmaceutiques* eurent chacun 1 500 livres; un sous-démonstrateur, qui

La maison de Cuvier.

devait aider La Brosse à démontrer *l'extérieur des plantes*, reçut 1 200 livres. L'intendant avait chaque année à sa disposition une somme de

1 200 livres pour payer les jardiniers, portiers, gens de service, etc.; deux autres sommes de 400 livres chacune étaient affectées à l'*achat des drogues* et au payement des garçons de laboratoire.

La livre tournois représentait, à cette époque, environ 2 fr. 50 de notre monnaie; malgré cela, le budget du Jardin Royal était, on le voit, bien modeste.

Guy de La Brosse se consacra tout entier à son œuvre; il fit dessiner un parterre de 265 pieds de long sur 207 de large, qu'il remplit de fleurs et d'arbustes, il planta de tous côtés les arbres que lui fournissait Jean Robin, l'*arboriste* du roi, il forma la première collection, organisa des cours de botanique, de chimie, d'histoire naturelle et d'astronomie; enfin, dès 1640, le Jardin comptait 2 360 échantillons de plantes.

Mais les successeurs de La Brosse compromirent plusieurs fois son œuvre. L'administration de Vallot, entre autres, fut détestable : un jour que Colbert visitait l'établissement, il s'arrêta stupéfait devant un plant de vigne qui remplissait le terrain réservé aux cultures; Vallot qui, paraît-il, préférait le raisin à la botanique, n'avait rien trouvé de mieux que de se servir du Jardin pour son usage personnel. Le ministre, furieux, ordonna de détruire la vigne et, saisissant une pioche, il commença lui-même à arracher les premiers pieds.

Le Jardin se releva un moment sous la direction de Fagon, premier médecin de Louis XIV et neveu de Guy de La Brosse, pour retomber plus tard avec Chirac. Ce dernier négligea complètement les sciences naturelles et ne s'occupa que de l'enseignement de l'anatomie; il eut l'idée bizarre de destituer Bernard de Jussieu pour confier le soin des cultures à un chirurgien.

A Chirac succéda un autre médecin, Chicoisneau, qui, lui, ne prit pas sa charge au sérieux et laissa les choses aller de mal en pis.

Le Jardin en était là, moins d'un siècle après sa fondation, lorsqu'on se décida enfin à supprimer le privilège, qui en réservait la surintendance aux médecins du roi, et à mettre un savant à la tête de l'établissement.

Bien que son administration fût de courte durée, Dufay y déploya un zèle et une habileté remarquables; il rappela Bernard de Jussieu, réorganisa les cours, fit renouveler les plantations et, se sentant mourir, il désigna Buffon pour son successeur.

Avec Buffon, le Jardin des Plantes entre décidément dans une ère de prospérité et de progrès qui ne doit plus s'arrêter. Pendant près de cinquante ans, de 1759 à 1788, les travaux se succèdent sans interruption ; les collections s'enrichissent dans une telle proportion que le nouvel intendant est obligé d'en installer une partie dans son appartement particulier ; l'enseignement reçoit une profonde impulsion et Buffon voit enfin son rêve se réaliser : le Cabinet et le Jardin du Roi deviennent le répertoire le plus étendu et le plus complet des productions de la nature dans les trois règnes.

En 1788, à l'époque où Buffon mourait dans toute sa gloire, admiré et fêté de l'Europe entière, un jeune élève du collège de Montbéliard lisait avec passion les livres du grand naturaliste, s'évertuait à reproduire par des dessins les magnifiques descriptions de ce monde inconnu qui l'enthousiasmait, et, tout en étudiant les mathématiques, la philosophie et le droit, s'adonnait avec ardeur à l'histoire naturelle.

Ce jeune collégien, dont les livres et les cahiers étaient sans cesse ornés d'animaux de toute espèce, s'appelait Georges-Léopold-Chrétien-Dagobert Cuvier.... Il allait devenir l'immortel savant dont les travaux devaient révolutionner les sciences naturelles.

Cuvier entra comme suppléant, puis resta comme professeur au Jardin des Plantes, où il fit ses admirables leçons d'anatomie comparée. Il fut comblé de son vivant de tous les honneurs qu'on peut accorder à un savant : professeur au Collège de France ; secrétaire de l'Académie des Sciences ; membre de l'Académie française, de l'Académie des Inscriptions et Belles-Lettres et de toutes les académies savantes du monde ; commissaire pour l'établissement des lycées sous Napoléon Ier ; inspecteur général des études ; conseiller titulaire et chancelier de l'Université ; maître des requêtes en 1813 ; conseiller d'État sous Louis XVIII ; attaché au comité de législation puis à celui de l'intérieur, administrateur des cultes non catholiques et enfin pair de France en 1831. Toutes ces hautes fonctions n'avaient pu l'arracher à ses études, auxquelles il revenait sans cesse. Sa petite maison du Jardin des Plantes, à demi cachée sous les arbres et ornée maintenant de son buste, était un véritable foyer scientifique où l'on se réunissait presque chaque jour et où les savants français et étrangers de passage à Paris ne manquaient pas de se faire présenter.

Le Jardin des Plantes s'appelait depuis la Convention le « Muséum d'histoire naturelle »; maintenu malgré les troubles de la Révolution, grâce aux prudentes économies de Bernardin de Saint-Pierre, il était en pleine prospérité : on fondait la ménagerie, on installait la bibliothèque, et l'amphithéâtre était terminé.

Depuis Bernardin de Saint-Pierre, les richesses de toutes sortes se sont accrues, le cercle des études s'est agrandi. Le Jardin et les bâtiments ont subi des transformations importantes, de nouvelles constructions ont surgi à côté des anciennes, et cependant, aujourd'hui encore, bien des agrandissements et des reconstructions seraient nécessaires en beaucoup d'endroits et surtout dans la ménagerie, où certains animaux dépérissent dans des cellules ou dans des parcs trop étroits, mal disposés et mal orientés.

En entrant par la porte qui donne sur la place Walhubert, en face du pont d'Austerlitz, on trouve à gauche, adossé à la grille du Jardin, un bâtiment clair et coquet, construit en briques roses et rouges et sur lequel on peut lire : Salle de dessin.

Deux affiches placées de chaque côté du perron indiquent au public que deux cours différents ont lieu dans cette salle : l'un de *dessin appliqué à l'étude des animaux*, l'autre de *dessin appliqué à l'étude des fleurs*.

A l'intérieur, cette salle, avec ses châssis qui la divisent en petits compartiments et par-dessus lesquels émergent les têtes ou même seulement les coiffures des élèves, a l'aspect d'un immense wagon de troisième classe. Les châssis, tendus de serge verte, sont munis de planchettes destinées à supporter les modèles ; alignés d'un bout à l'autre de la salle, ils en tiennent presque toute la largeur, ne laissant entre eux et les murs qu'un espace à peine suffisant pour placer quelques chaises et loger plusieurs petites tables où les élèves s'installent aussi pour dessiner. Sur une longue planche se développe toute une procession de plâtres : chiens, chats, chevaux, dromadaires, singes, bœufs, etc.... Le professeur, le savant sculpteur Frémiet, ne se contente pas de faire copier à ses élèves des moulages ou des animaux empaillés ; dans la belle saison, les leçons sont complétées par des études d'après nature dans la ménagerie.

Cours de dessin d'après les animaux.

Ces cours de dessin de fleurs et d'animaux n'ont pas été créés seulement pour les demoiselles, les jeunes gens y sont admis, mais il en vient bien

L'armoire aux fleurs.

peu ; cinq ou six tout au plus ; on les place au dernier rang, tout près de la porte.

II

La salle de dessin du Muséum a été spécialement aménagée pour le cours de dessin d'après les animaux, et les oiseaux empaillés, les statuettes de cheval, de singe, de chien, de chat, etc., restent à leurs places sur leurs planches le jour où l'on dessine d'après les fleurs ; le garçon de service dépose seulement, à l'avance, sur chaque tablette qui doit supporter le modèle, une petite carafe à demi remplie d'eau et qui contient la fleur à reproduire.

Les élèves arrivent bien avant le professeur et, sans perdre un instant, pénètrent dans la salle; là, les exclamations les plus diverses se font entendre : le modèle plaît à l'une et déplaît à l'autre.

Une jeune fille n'est-elle pas satisfaite de la fleur que le hasard, par la main du garçon de service, lui a donnée pour modèle, la trouve-t-elle trop ouverte, ou légèrement fanée, elle emporte la carafe et va réclamer auprès du gardien, qui cherche dans l'armoire de réserve une fleur au goût de la jeune difficile.

Quand le professeur arrive, tout le monde est à son poste : les mamans — car les mamans sont libres d'accompagner leurs filles — tricotent ou font de la tapisserie, cherchant à tenir le moins de place possible dans le coin qui leur est réservé et n'échangeant que de loin en loin et très bas quelques paroles rapides ; les élèves dessinent, leur carton sur leurs genoux.

La leçon débute par l'explication et l'analyse de la fleur ; tenant d'une main une des petites carafes, de l'autre la craie ou le pastel, le professeur dessine sur le tableau noir détail par détail : pistil, étamines, pétales, et fait ensuite la coupe et l'ensemble de la fleur.

Ce cours est le complément de l'étude de la botanique, comme le cours de dessin d'après les animaux est le complément de l'étude de la zoologie; les leçons, cependant, sont surtout artistiques ou du moins considérées comme telles par les jeunes filles qui les suivent ; peu d'entre elles, en effet, oseraient affronter les cours de botanique, de culture, de physiologie végétale ou les cours de zoologie.

Le professeur.

En quittant la salle de dessin, on se trouve devant l'allée des tilleuls plantée par Buffon en 1740 ; cette partie du jardin qui comprend les parterres et les plantations a reçu le nom de *jardin bas*, par opposition au *jardin haut* ou *colline*, qui se compose de toute la masse de verdure couronnée par le kiosque du labyrinthe ; la troisième partie du jardin est occupée par la ménagerie, on l'appelle la *vallée suisse*.

En haut de l'allée des tilleuls, près des galeries de zoologie, se dresse majestueusement le premier acacia que la France ait possédé ; il fut planté en 1635 par Vespasien Robin. C'est de cet arbre que sont sorties les graines qui ont servi à naturaliser l'acacia dans notre pays.

L'allée de Buffon côtoie les parterres du jardin ; les deux premiers surtout sont de toute beauté ; pendant les trois quarts de l'année, du printemps à l'automne, ils ne désemplissent pas ; les cultures succèdent aux cultures et les fleurs succèdent aux fleurs. Ce sont d'abord les pensées aux veloutés superbes, violettes ou jaunes, le cœur teinté de pourpre ou de lilas ; les bleus myosotis ; les pâquerettes blanches, rouges ou rosées que bordent des touffes de gazon léger ou de plantes grasses naines. Puis, les primevères, les anémones, les narcisses se montrent ; les massifs de lilas se couvrent de grappes, les rosiers s'épanouissent et les fleurs deviennent innombrables. Mais l'automne approche ; les parterres encore largement fournis de dahlias, de phlox, de coréopsis, de reines-marguerites, de balsamines et de cent autres fleurs vont s'appauvrissant ; on ne voit bientôt plus que des muscades, de la sauge écarlate, quelques glaïeuls, des capucines et des chrysanthèmes.... Les roses de Noël et quelques violettes bravent encore la gelée, et peu à peu le dessin des parterres s'efface, il disparaît complètement sous la neige ; pendant de longs jours, pas une fleur ne percera l'écorce durcie de la terre.

Cependant la température s'adoucit : déjà les perce-neige montrent une petite tige d'un vert pâle ; les jardiniers se mettent à l'œuvre, tendent le cordeau au travers des allées, fouillent la terre, la couvrent de fumier, multiplient les arrosages, sèment à la surface ou enfoncent les graines qui gonflent, mûrissent, éclatent : les racines mordent la terre, les tiges s'élèvent, tout est verdoyant et, de nouveau, les parterres regorgent de fleurs.

Le troisième parterre n'a pas la beauté et le luxe de couleurs des deux premiers ; il contient les plantes utiles, indigènes ou étrangères, qui servent de nourriture, de fourrage, ou qui sont employées en médecine, dans les arts ou dans l'industrie ; elles sont renfermées dans des plates-bandes rectangulaires entourées de buis ; quelques-unes ne se montrent

Au cours de fleurs.

qu'en été et, même pendant les chaleurs du mois d'août, demeurent sous cloches ou sous châssis ; d'autres poussent, étiques ou malingres, dans de petites serres munies de lucarnes qu'on ouvre seulement une heure ou deux chaque jour.

Dans le carré des plantes officinales, à côté des producteurs de tisanes que tout le monde connaît, se trouvent le cerfeuil musqué, l'anis vert, l'opoponax, le musc, le thapsia, le cochléaria, l'herbe de la Sainte-Barbe, etc.

Sous une petite serre en verre, ouverte les jours de grande chaleur et soigneusement fermée à l'approche du soir, quelques échantillons de plantes exotiques poussent faiblement : le manioc, le quinquina, le gingembre, le patchouli, le vétiver, le cotonnier, le poivre.

Au milieu d'eux se dresse un tout petit pied de café, peut-être un descendant du fameux caféier élevé au Jardin des Plantes, et dont un rejeton transporté à la Martinique a donné naissance à cette importante culture du café, la plus grande richesse de nos colonies des Antilles.

Le café, peu connu en Europe, était utilisé depuis longtemps par les Arabes, qui l'avaient, paraît-il, découvert d'une singulière façon.

Un gardien de chèvres, remarquant que ses bêtes ne dormaient plus et passaient toute la nuit à sauter, conta ses peines à un moine. Celui-ci voulut se rendre compte du fait, et, se disant avec raison que l'agitation et l'insomnie des chèvres devaient être provoquées par la nourriture qu'elles prenaient, il accompagna un jour le berger et son troupeau. Voyant les animaux brouter les fruits de certains arbustes qui poussaient en grande quantité dans l'endroit où on les menait paître habituellement, le moine cueillit quelques-uns de ces fruits, les fit bouillir et, en ayant bu l'infusion, ne put dormir de la nuit. Alors le moine en fit prendre aux autres moines, qui ne dormirent plus pendant les offices du soir.

L'usage du café passa les murs du couvent et se propagea dans toute l'Arabie : il ne pénétra que fort tard en Europe, sous les auspices des Hollandais, qui essayèrent la culture du café à Amsterdam. L'essai réussit parfaitement, et, vers la fin du règne de Louis XIV, le consul de France en envoya un pied au roi.

Ce pied, soigné au Jardin des Plantes, donna de nombreux rejetons ; c'est l'un d'eux qu'Antoine de Jussieu remit au capitaine Desclieux qui devait essayer la culture du café à la Martinique.

Le transport fut difficile; le capitaine entoura la jeune plante de soins dévoués. « La traversée fut longue, écrit-il, et l'eau nous manqua tellement, que je fus obligé de partager la faible portion qui m'était délivrée avec le pied de café sur lequel je fondais les plus heureuses espérances. »

Arrivé au terme de son voyage, le capitaine planta avec mille précautions la petite pousse, à laquelle il ne ménagea ni son temps, ni sa peine; il fut enfin récompensé: le pied de café, arrivé chétif et misérable, devint grand et robuste, se remplit de fleurs et de fruits, et Desclieux recueillit environ deux livres de graines.

C'est probablement à titre de souvenir que l'on continue à élever le caféier au Muséum; mais il n'est que bien mal représenté dans le jardin par un maigre arbuste, peut-être plus délicat encore que la pauvre plante emportée il y a plus de deux siècles à travers l'Océan.

III

On appelait autrefois *ménagerie* un enclos, hutte ou cabane, attenant à la maison et où l'on élevait la volaille et les bestiaux; maintenant le mot ménagerie s'applique spécialement aux établissements où l'on élève et où l'on montre des animaux rares ou curieux.

Les anciens n'avaient pas de ménagerie. Les Romains, il est vrai, faisaient venir de l'Afrique et de l'Asie des lions, des panthères, des éléphants, etc., mais ces animaux étaient destinés aux jeux du cirque, et aucune idée scientifique n'entrait dans ces exhibitions qui se terminaient par des hécatombes.

Cuvier a résumé de la façon suivante un curieux relevé fait par l'abbé Mongez : « En l'an 479 (avant J.-C.) Curius Dentatus, vainqueur de Pyrrhus, lui prit quatre éléphants : ce furent les premiers que virent les Romains. En 252, Métellus en fit transporter à Rome, sur des radeaux, cent quarante-deux qu'il avait pris sur les Carthaginois et que l'on fit tuer à coups de flèches dans le cirque, parce qu'on ne voulait pas les donner et que l'on ne savait comment les employer. En 169, aux jeux de Scipion

Nasica, on montra soixante-trois panthères et quarante ours. En 95, Sylla fait combattre cent lions. Emilius Scaurus, dans les jeux célèbres qu'il donna lors de son édilité, en 58, fit voir l'hippopotame pour la première fois, accompagné de cinq crocodiles et de cent cinquante panthères. Pompée, pour l'inauguration de son théâtre, montra le lynx et le rhinocéros. César fit voir une girafe et quatre cents lions. Ces profusions ne firent qu'augmenter sous les empereurs : une inscription d'Ancyre loue Auguste d'avoir fait tuer mille cinq cents bêtes fauves devant le peuple romain. Une des plus curieuses de ces exhibitions fut celle de Philippe, l'an 1000 de Rome.

« Les animaux rassemblés pour cette fête par Gordien III, qui espérait la célébrer, consistaient en trente-deux éléphants, dix élans, dix tigres, soixante lions apprivoisés, trente léopards, dix hyènes, un hippopotame, un rhinocéros, dix girafes, vingt onagres, quarante chevaux sauvages, etc. Enfin Probus, à son triomphe, planta dans le cirque une forêt où se promenèrent mille autruches, mille cerfs, mille sangliers, mille daims, cent lions et autant de lionnes, cent léopards de Libye et autant de Syrie, trois ours, des chamois, des mouflons, etc. »

Louis XIV ne voulait pas marcher sur la trace des empereurs romains quand il installa une ménagerie dans le parc de Versailles. L'Académie des sciences avait poussé le roi à cette fondation pour que les savants pussent étudier les animaux des *contrées lointaines.*

« On y avait réuni, dit Saint-Simon, toutes sortes de bêtes, à deux et à quatre pieds, les plus rares. » Mais, si l'on en croit l'anecdote suivante, la ménagerie ne devait pas offrir un grand intérêt; dans tous les cas, elle était tombée bien bas sous le règne de Louis XV.

Le roi, visitant un jour cet établissement, fut désagréablement surpris en le trouvant rempli d'une multitude de dindons ; il en fit l'observation au directeur, qui ne paraissait pas très convaincu. « Monsieur, dit le roi, si ces bêtes ne disparaissent pas, je vous en donne ma parole royale, je vous ferai casser à la tête de votre régiment. »

Les dindons disparurent, mais les animaux rares n'augmentèrent pas, et lorsque, au commencement de la Révolution, on décida de détruire la ménagerie, pensant que le meilleur moyen d'utiliser cette invention « inutile et dangereuse » était de tuer les animaux pour en faire des squelettes, on ne trouva plus à Versailles qu'un lion, un zèbre, un babouin et un chien, *ami du lion*.

C'est en vain que Bernardin de Saint-Pierre, alors intendant du Jardin des Plantes et de son cabinet d'histoire naturelle, protestait et offrait, pour sauver ces épaves, de les recueillir et de les loger : « L'étude de la nature, écrivait-il, est la base de toutes les connaissances humaines.... Ceux qui n'ont étudié la nature que dans les livres ne voient plus que leurs livres dans la nature. « Il suffit, disent-ils, d'étudier les animaux « morts pour connaître suffisamment leurs genres et leurs espèces. » Peut-on reconnaître la verdure et les fleurs d'une prairie sur des bottes de foin, et la majesté des arbres d'une forêt dans des fagots? L'animal perd par la mort encore plus que le végétal, parce qu'il avait reçu une plus forte portion de vie. Ses principaux caractères s'évanouissent : ses yeux sont fermés, ses prunelles ternies, ses membres raidis; il est sans chaleur, sans mouvement, sans sentiment, sans voix, sans instinct. Quelle différence avec celui qui jouit de la lumière, distingue les objets, se meut avec eux, fait son nid, élève ses petits, les défend de ses ennemis, étend ses relations avec ses semblables et enchante nos bocages ou anime nos prairies! Reconnaîtriez-vous l'alouette matinale et gaie comme l'aurore, qui s'élève en chantant jusque dans les nues, lorsqu'elle est attachée par le bec à un cordon ; ou la brebis bêlante et le bœuf laboureur dans les quartiers d'une boucherie? L'animal mort, le mieux préparé, ne représente qu'une peau rembourrée, un squelette, une anatomie.... »

Ce n'est qu'en 1793, lorsque le Jardin des Plantes fut réorganisé sous le nom de *Muséum national d'histoire naturelle*, que le projet de Bernardin de Saint-Pierre se réalisa dans des circonstances assez curieuses.

Le 3 novembre 1793, avait paru un arrêté de la municipalité de Paris qui interdisait les ménageries ambulantes, et qui enjoignait aux propriétaires de céder leurs bêtes au Muséum, où ils seraient indemnisés.

Le lendemain matin on vint avertir Geoffroy Saint-Hilaire qu'un ours blanc, une panthère et d'autres animaux attendaient à la porte du Muséum.

Le savant, étonné, n'a pas le temps de faire une question, qu'on vient lui annoncer l'arrivée d'un second ours blanc et de deux mandrilles. Geoffroy Saint-Hilaire se lève et veut se rendre compte par lui-même de ce qu'il prend pour une plaisanterie, lorsqu'on lui annonce une troisième caravane : un chat-tigre, deux aigles, etc.

Stupéfait, il se dirige vivement du côté de la porte d'entrée, où l'explication de ces étranges visites lui est fournie par les propriétaires des animaux, qui réclament en même temps l'indemnité promise.

Geoffroy Saint-Hilaire, n'ayant pas d'argent à leur donner, les garda pour soigner les bêtes et leur offrit la nourriture et le logement en attendant qu'il pût se procurer les fonds nécessaires ; puis il installa les animaux provisoirement : les féroces restèrent dans leurs cages et les animaux paisibles furent placés dans des bosquets ou sous des hangars.

Il demanda un subside à la Convention et l'obtint grâce à Lakanal : des loges et des cabanes furent immédiatement construites. Le nombre des pensionnaires s'augmenta bientôt ; un nouvel arrêté de la Convention décida qu'on amènerait à Paris les quatre animaux qui existaient encore à la ménagerie de Versailles.

On fit venir aussi quelques cerfs et des chevreuils du Raincy et deux dromadaires qui avaient appartenu au prince de Ligne.

La ménagerie, quoique bien pauvre, était définitivement fondée.

Aujourd'hui le Muséum contient plus de douze cents animaux vivants, sans compter les rats, qui sont en nombre presque égal — on en a tué en un mois près de six cents ; — ils se logent partout, sous les planchers des cabanes et jusque dans les toits de chaume.

Le centre de la ménagerie est occupé par la grande rotonde, demeure de l'hippopotame, de l'éléphant, du rhinocéros et de la girafe ; autour de la rotonde sont disposés les parcs des buffles, des cerfs, des chevreuils, des dromadaires, etc. ; un peu plus à l'ouest se trouvent la grande volière et le palais des reptiles ; enfin, en revenant vers la Seine, la ménagerie des singes et les loges des animaux féroces.

Ces loges, au nombre de vingt et une, forment une longue galerie qui date de 1817 ; elles renferment ordinairement les lions, les tigres, les panthères, les léopards, les jaguars, les ocelots et les ours : ours brun, ours de Sibérie, ours du Japon, ours noir d'Amérique, ours jongleur, ours des cocotiers, etc.

Les loges sont divisées en deux parties égales séparées par une épaisse cloison et communiquant seulement par une porte basse. Pendant la belle saison les animaux passent la journée dans la loge extérieure; à trois heures la porte basse s'ouvre et les laisse pénétrer dans la loge intérieure où leur repas est servi ; ce repas consiste en un quartier de viande cuite pour les ours et crue pour les lions et les tigres.

Derrière le bâtiment des loges, dans la cour, s'élève un pavillon à l'aspect lugubre : la boucherie des bêtes ; à gauche se trouve la viande fraîche, immenses quartiers de bœuf, de veau ou de mouton suspendus à des crocs de fer ; à droite, la viande de rebut.

C'est la préfecture de police qui nourrit les carnassiers du Muséum ; elle envoie chaque année cinq à six mille kilos de viande saisie aux Halles, aux abattoirs ou dans les gares de chemins de fer, comme étant insalubre.

Il est certain que les lions, les tigres et les ours n'ont pas le palais ni l'estomac aussi délicats que nous et que l'on peut sans inconvénient leur offrir de la viande qui n'est pas de première qualité; il serait cependant imprudent de les nourrir avec de la viande malsaine, c'est pourquoi les envois de la préfecture sont divisés en deux catégories bien distinctes.

C'est dans la loge intérieure que vivent réellement les animaux; on dirait qu'ils se sentent là chez eux. Le lion et le tigre quittent leur air d'ennui majestueux, et les ours cessent leur éternel dandinement; les uns mangent avec voracité; les autres jouent, envoyant d'un bout à l'autre de leur loge leur quartier de viande, le jetant dans l'auge pleine d'eau où ils vont boire, le cachant sous la paille de leur litière, ou bien se font les griffes à un énorme rouleau de bois fixé au mur et dont ils enlèvent à chaque coup de larges copeaux.

Les animaux féroces, prisonniers dans leur cage large de quelques mètres, ne peuvent en effet user leurs griffes comme lorsqu'ils sont en liberté; elles grandissent démesurément et souvent s'incarnent dans la chair, c'est ce qui est déjà arrivé plusieurs fois au lion que la ménagerie possède en ce moment. Il n'y a qu'un moyen de remédier à cet inconvénient : arracher la griffe.

L'opération est délicate et demande une très grande habileté. M. Sauvinet, l'assistant chargé de la ménagerie, s'en acquitte à merveille.

On introduit dans une loge du centre un large et solide panneau de chêne aux quatre coins duquel sont fixés des anneaux ; des cordes sont attachées à ces anneaux et des gardiens tiennent ces cordes qu'ils tireront

Les griffes du lion.

tout à l'heure, doucement d'abord, puis de toutes leurs forces. Lorsque les préparatifs sont terminés, on ouvre une porte qui communique avec la loge voisine où l'on avait placé le lion ; celui-ci entre, fait deux ou trois tours et tout à coup s'arrête étonné ; il renifle, il bat ses flancs de sa queue, il regarde à droite et à gauche ; mais non, il ne se trompe pas, les murs marchent ! En effet, sa cage a diminué de moitié, il veut bondir, mais il n'a plus assez d'espace pour prendre son élan et la cage diminue toujours !... Il y avait une scène de ce genre je ne sais plus dans quel drame de l'Ambigu : le traître était enfermé dans une chambre dont les murs se resserraient peu à peu et le broyaient comme dans un étau ; il avait juste le temps de crier : « Enfer et damnation ! » et mourait.

Une fois pris entre le panneau de bois et la grille, le lion pousse un rugissement formidable et se redresse brusquement, appuyant d'un mouvement machinal ses larges pattes sur la barre transversale de la grille.

C'est le moment qu'attendait l'opérateur ; avec la canne qu'il tient dans sa main gauche, il force la patte malade à se placer dans la position la plus favorable et saisit rapidement la griffe incarnée à l'aide d'une courte pince. Les hommes lâchent alors les cordes ; le lion, sentant que le panneau cède, se rejette en arrière et retire sa patte avec une telle violence que la griffe reste entre les pinces.

Le roi des animaux ne paraît pas souffrir de cette légère blessure ; tout honteux d'avoir été si facilement maîtrisé, il regagne sa loge et va se blottir dans un coin, ne répondant que par un grognement de mauvaise humeur aux questions empressées que semble lui adresser sa majesté la lionne.

IV

« Les serpents, dit M. Vaillant, professeur au Muséum, dans un très intéressant mémoire sur les ophidiens, ont de tout temps fixé l'attention par la singularité de leur organisme et ce qu'ils présentent, jusqu'à un certain point, de paradoxal dans leurs mœurs et leur genre de vie.

« Privés de membres et semblant par suite devoir être dans des conditions d'infériorité sensibles à l'égard des animaux mieux doués sous ce rapport, ils n'en ont pas moins une locomotion qui étonne par sa rapidité, soit qu'ils se glissent dans les herbes à la surface du sol, soit qu'ils grimpent sur les arbres, soit même qu'ils nagent à la manière des anguilles. Qu'ils s'avancent silencieusement vers leur proie ou s'élancent sur elle par un jet rapide, ils n'en arrivent pas moins par ruse ou par force à saisir et faire leur nourriture, habituelle dans certains cas, des oiseaux si rapides dans leur fuite, des singes dont le nom seul éveille l'idée d'adresse et d'agilité.

« On n'est pas moins surpris, en examinant de plus près leur alimentation, de les voir, animaux essentiellement carnassiers, se nourrir d'êtres d'un volume si disproportionné au leur, alors que, n'ayant aucun moyen de les dépecer, ils doivent les engloutir tels quels en totalité.

« La manière dont les serpents non venimeux procèdent pour tuer les animaux dont ils font leur nourriture n'est bien connue que pour ceux qu'on pourrait désigner sous le nom de constricteurs, et dont les Pythons, les Eunectes, les Boas sont les types les plus vulgaires. Avec ces ophidiens, l'étude d'ailleurs est relativement facile, car dans les ménageries ils s'accoutument généralement assez vite à manger en public; les petites espèces, au contraire, plus timides, ne prennent souvent leur nourriture que la nuit. »

Tous ces repas de serpents sont répugnants à voir. Le repas du boa est plus horrible encore que les autres. Il faut, pour y assister, être autorisé spécialement par le directeur de la ménagerie.

Le boa ne mange guère que tous les deux mois; manger est pour lui une souffrance : sa digestion longue et pénible le laisse comme anéanti; il demeure dans cet engourdissement profond jusqu'à ce que la faim se fasse de nouveau sentir; alors les forces et la vigueur lui reviennent, il sort plus souvent de l'auge en zinc qui lui sert de bassin, rampe dans sa cage de verre et dresse de temps en temps sa large tête aplatie en dardant contre les vitres sa langue fourchue.

Cependant il attend patiemment l'heure de son repas, et lorsque le gardien, ouvrant la cage de verre, y fait entrer la proie vivante, presque toujours un chevreau, aucun mouvement ne trahit la joie du monstre qui, enroulé sur lui-même, reste immobile dans un coin, la tête tendue, les yeux glauques et fixes…. Le chevreau a un moment d'hésitation, non de crainte ; il regarde autour de lui comme s'il cherchait à reconnaître cette nouvelle demeure où l'on vient de le conduire et, dans le coin, cette masse sombre ; il pousse un bêlement, fait un pas en avant ; tout d'un coup, comme un ressort qui se détend, la hideuse tête plate vient le frapper ; la masse sombre roule plusieurs fois sur elle-même et redevient immobile… le chevreau a disparu, saisi, enveloppé, étouffé entre les anneaux du monstre, et tout cela dans un mouvement si brusque, si rapide, avec une soudaineté si irrésistible, que le spectateur n'a pas le temps de pousser un cri. La scène est plus ou moins dramatique, selon que le boa est plus ou moins affamé ; il est quelquefois si long à se précipiter sur sa proie, qu'on a vu des lapins monter sur le corps du serpent, comme pour s'orienter dans cet endroit nouveau pour eux, et des chevreaux s'avancer jusqu'au monstre et lui donner des coups de tête comme pour jouer. Voilà des observations qui sembleraient détruire singulièrement la puissance de fascination qu'on accorde aux reptiles.

On a prétendu aussi, ce qui leur a valu leur nom de constricteurs, que les boas broyaient leur victime ; or il résulte des recherches faites au Muséum que ces affirmations sont fausses : en disséquant des lapins qu'on venait d'enlever au serpent après qu'il les avait étouffés, le professeur a constaté qu'aucune fracture n'existait et que les côtes mêmes étaient intactes ; le constricteur étouffe sa proie, il ne la broie pas.

Le boa commence ordinairement par engloutir la tête de l'animal qu'il vient d'étouffer, sa mâchoire se dilate d'une façon effrayante, une salive abondante, des larmes même, viennent humecter la proie et en faciliter la déglutition.

« Mais, dit M. Vaillant, tandis que d'ordinaire c'est l'aliment qui se meut, ici, pour ces gros serpents et les proies volumineuses, il reste en quelque sorte immobile ; on voit les parois du corps continuer à cheminer sur lui, les côtes s'avancent et se fixent successivement et alternativement jusqu'à ce que l'estomac vienne se placer sur la proie. Il est facile, pour les animaux en captivité, de constater le fait en notant le point du plancher sur lequel cette proie se trouve au moment où commence la déglutition : on voit qu'à la fin de l'opération elle aura peu ou point changé de place, le serpent en réalité marche sur son aliment. »

Ces temps derniers, les boas ont donné de nouvelles preuves de leur voracité; au Muséum de Paris, puis au jardin zoologique de Londres, un boa constricteur avalait, à la stupéfaction de ses gardiens, un autre boa constricteur avec lequel il était enfermé.

Il est vrai que, dans les deux cas, qui se produisirent de la même façon, le boa en absorbant son compagnon s'était évidemment trompé.

Chaque serpent avait reçu sa nourriture; le plus grand des deux, servi le premier, avait déjà englouti sa proie alors que son voisin commençait seulement à dévorer la sienne; se sentant en appétit, il s'empressa de saisir cette seconde proie par la partie restée libre, et, la déglutition une fois commencée, il engloutit peu à peu la tête puis tout le corps de son camarade.

Mais, après ce repas effrayant, le boa, qui n'avait qu'un mètre environ de plus que sa victime, était tellement gonflé que ses écailles semblaient prêtes à se détacher.

Sa santé n'en a pas autrement souffert et il s'est retrouvé, au bout de quelques jours, dans un état très florissant.

Quant aux serpents de petite taille on est obligé de ne leur donner que des animaux morts, qu'on leur présente au bout d'une pince; en effet, leur nourriture se compose surtout de petits rongeurs, qui ne craindraient pas de les attaquer; il est arrivé plusieurs fois que des vipères ont été étranglées par les mulots qu'on destinait à leur repas.

Les serpents venimeux tuent leur proie au lieu de l'étouffer. On les nourrit, à la ménagerie, de rats ou de cochons d'Inde; lorsque l'animal est introduit dans la cage, le serpent forme avec la partie postérieure de son corps un cercle qui lui sert de point d'appui et se redresse en forme d'S; il attend ainsi que le rat ou le cochon d'Inde, qui va et vient dans la cage, passe à sa portée : alors, d'un coup sec il le frappe de ses crochets et reprend immédiatement sa première position, restant pour ainsi dire *en garde*, prêt à frapper de nouveau si le venin ne produit pas son effet. L'animal frappé tombe, et meurt au bout de quelques instants; le serpent cherche alors la tête de sa victime et commence son repas.

Les couleuvres, qui se nourrissent surtout de grenouilles et de crapauds, ne tuent pas toujours leur proie; à peine l'ont-elles saisie qu'elles commencent immédiatement à l'avaler sans s'inquiéter de savoir si elles l'ont prise par la tête, par le corps ou par une patte. La bête a

Le dîner du boa.

beau se débattre, ses efforts restent vains : elle disparaît peu à peu, comme engloutie, entre les mâchoires distendues de la couleuvre dont le cou se gonfle, atteignant un diamètre quatre et cinq fois plus grand que son diamètre ordinaire.

Pour en avoir fini avec les repas des reptiles, disons tout de suite que

Un envoi de province.

les crocodiles et les tortues ne mangent que des poissons morts, qu'on leur présente piqués au bout d'une baguette flexible.

Quand le garçon, portant un panier rempli de poissons, approche du bassin, toutes ces masses inertes, qui tout à l'heure paraissaient dormir, se précipitent vers le bord avec une agilité extraordinaire, ouvrant et faisant claquer leurs mâchoires effrayantes; on a beau savoir qu'une solide barrière de fer vous sépare de ces affamés, on ne peut s'empêcher de reculer d'un pas.

Les crocodiles et les tortues occupent pendant l'hiver un large bassin creusé au centre de la grande salle du palais des reptiles; ce bassin est divisé en plusieurs compartiments où les individus sont placés, par groupes ou séparément, selon leur degré de sociabilité.

Lorsque la belle saison arrive, on les transporte dans les bassins du jardin. Ce transport qui, au premier abord, paraît difficile et dangereux, se fait le plus simplement du monde; un gardien empoigne le monstre par la queue, un autre par les mâchoires, le tout est d'accomplir ce mouvement sans la moindre hésitation; l'animal est placé sur un brancard et porté dans le jardin.

La ménagerie des reptiles, fondée en 1859, offre un aspect assez décoratif avec sa galerie circulaire vitrée qui permet de voir de l'extérieur les principaux hôtes qui l'habitent. Elle ne comptait à l'origine que deux pythons molures et trois caïmans à museau de brochet. La grande difficulté pour conserver ces animaux vivants était de pouvoir chauffer les salles d'une façon suffisante et régulière; on y est parvenu en établissant des cages de verre avec des planchers de zinc sous lesquels passent des tuyaux remplis d'eau chaude.

La ménagerie est aujourd'hui très complète, elle possède, outre les crocodiles, les tortues et le boa dont nous avons déjà parlé, le python molure, le python de Séba, le python du Sénégal, le python royal, la couleuvre à stries, la couleuvre spilote, la couleuvre d'Esculape, la couleuvre verte et jaune, un magnifique iguane, des varans du Bengale, des épicrates angulifères de l'île de Cuba, des serpents à sonnettes, des vipères, etc.

Les poissons et les batraciens sont représentés par le poisson-soleil, le pimelode-chat, les tritons des Alpes, les tritons palmés, les salamandres, les épinochettes, la grenouille-taureau, l'épaule armée, le sonneur à ventre de feu, le crapaud-panthère et la rainette.

La ménagerie comptait parmi ses hôtes, il y a quelques années, un des spécimens les plus curieux des reptiles de l'Australie : le chlamydosaure de King.

Le chlamydosaure est un lézard géant de 0 m. 80 de longueur environ, qui porte de chaque côté de son cou de larges membranes dentelées formant une sorte de collerette; l'animal peut à son gré replier ou développer sa collerette; dans quel but, on ne le sait pas encore et les savants en sont réduits aux hypothèses. La collerette, comme les ailes chez la chauve-souris, sert-elle au lézard à voler ; l'emploie-t-il plutôt pour s'élancer sur les insectes dont il se nourrit ; ou forme-t-elle simplement un parachute quand

Un laboratoire du Muséum.

l'animal saute de branche en branche à travers les arbres de la forêt ?

Les observations indispensables pour conclure n'ont pas encore été faites, car, malgré tous les soins, on n'a pu parvenir à acclimater le lézard australien.

Au Muséum, l'animal, ayant refusé toute nourriture, est mort après une captivité de trois semaines, au grand désappointement des savants.

On pourrait savoir exactement le nombre des reptiles qui sont entrés à la ménagerie depuis le jour même de sa fondation ; car un livre tenu très exactement mentionne la date d'arrivée de l'individu, et en regard la date de sa *sortie*. — La date de sa sortie, cela veut dire la date de sa mort.

Les sorties sont fréquentes ; l'animal est alors porté dans les laboratoires, où il est disséqué ou préparé sous les yeux du professeur de zoologie, pour servir aux leçons ou pour prendre place dans les galeries. Le Muséum n'est pas prêt de manquer de *sujets* : les laboratoires reçoivent non seulement les reptiles morts à la ménagerie, mais encore des envois de diverses collections de la province ou de l'étranger ; les salles sont encombrées de bocaux de toutes tailles, et des reptiles et des poissons déjà préparés gisent çà et là sur le parquet.

V

La Rotonde est un grand bâtiment circulaire, entouré de grilles, une sorte de vaste écurie à huit compartiments qui ouvrent sur une cour pavée se terminant à la grille extérieure ; chaque compartiment, devant servir de demeure à un hôte gigantesque, a été aménagé en conséquence ; les portes sont hautes et larges, les barrières sont composées de lourdes poutres et de barres de fer énormes, dont quelques-unes n'en ont pas moins été tordues un jour que le locataire était de mauvaise humeur.

Commencée en 1804 et destinée d'abord aux animaux féroces, la Rotonde n'a été terminée qu'en 1812 ; elle abritait récemment un hippopotame, un rhinocéros et un éléphant.

Le rhinocéros, une femelle répondant au doux nom de Kanakana, vient de mourir. Quant à l'hippopotame, donné à la ménagerie en 1856 par le frère du vice-roi d'Égypte, il est aujourd'hui vieux et malade, couvert de crevasses et d'engelures ; il ne sort pas et passe presque toutes ses journées dans le bassin creusé dans son écurie. Le Muséum fait tous ses efforts pour conserver son pensionnaire, qu'il ne pourrait pas remplacer facilement : un hippopotame coûte de 15 000 à 30 000 francs ; aussi est-on aux petits soins pour lui. Deux fois par jour, on le fait sortir de l'eau et on bouche ses crevasses avec de la vaseline. Le géant, très doux, se laisse faire tranquillement ; il tourne sa tête monstrueuse vers son gardien, ses petits yeux clignotent, ses lèvres énormes s'agitent et il va se replonger dans son bassin.

Pauvre hippopotame ! peut-être ne le verra-t-on plus promener sa masse informe et épaisse dans la petite cour pavée où il prenait l'air depuis bientôt quarante ans. Les enfants ne le regretteront pas beaucoup ; ils s'arrêtaient un moment, par curiosité, devant sa repoussante laideur, jetaient par pitié quelques bouchées de pain et passaient vite à l'éléphant, pour qui ils réservaient toutes leurs prodigalités.

L'éléphant est l'animal le plus choyé de la ménagerie ; les moutons sont gentils, les gazelles gracieuses, les petits oiseaux charmants, les ours amusent au fond de leurs fosses, on aime bien le phoque, on rit des grimaces des singes ; mais l'éléphant l'emporte sur tous les autres. C'est lui que l'on veut voir d'abord, à lui que vont toutes les faveurs, pour lui que l'on garde les plus gros morceaux de pain.

La grille est entourée de bonne heure par tout un monde d'enfants impatients, qui se bousculent pour arriver au premier rang. La porte s'ouvre enfin et l'éléphant majestueux et tranquille s'avance vers son public. Immédiatement plusieurs mains lui tendent une bouchée de pain, quelques-unes un petit pain tout entier, qu'il engouffre d'un air satisfait ; il mange bien ainsi dans son après-midi quatre à cinq livres de pain, sans compter les épluchures de salade ou de carottes que les bonnes femmes du quartier lui apportent souvent dans leur tablier, ce qui ne l'empêchera pas tout à l'heure de faire honneur à son dîner : plusieurs bottes de foin et un tas de son mélangé de carottes et de morceaux de pain qui l'attendent dans son écurie. — Un éléphant mange, par jour, trois ou quatre bottes de foin, trente à cinquante litres de son, huit kilogrammes de pain et une dizaine de bottes de carottes.

Buffon raconte qu'un éléphant d'Afrique qui vécut à la ménagerie de Versailles de 1668 à 1681, mangeait chaque jour trente-cinq à quarante kilos de pain, vingt-huit litres de potage contenant deux kilos de pain ou de riz cuit à l'eau, douze litres de vin et une gerbe de blé.

Voilà un repas que ne fera jamais l'éléphant du Jardin des Plantes, quel que soit son appétit.

Dans un rapport qu'il adressait dernièrement au ministre de l'instruction publique, M. Milne Edwards, professeur et directeur au Muséum, exposait dans les termes suivants la triste situation de la ménagerie :

« Les vivres figurent au budget pour 45 800 francs ; or la ménagerie, pour remplir ses parcs et ses volières, doit avoir de 1200 à 1300 animaux ; la dépense de chaque jour ne doit pas dépasser environ 10 centimes par tête, et si, dans le nombre, il y a 150 à 200 petits oiseaux qui consomment peu, il se trouve, à côté, des éléphants, rhinocéros, hippopotames, dont l'entretien est fort coûteux. Tous les grands carnassiers, lions, tigres, jaguars, panthères, ours, etc., reçoivent comme ration de 6 à 10 kilos de viande.

« Le lion-marin mange au minimum par jour 10 kilos de poisson, représentant une dépense de plus de 11 francs, c'est-à-dire près de 4000 francs par an. Il était impossible autrefois de se procurer des amphibies de cette espèce, mais aujourd'hui ils figurent dans tous les jardins zoologiques et leurs formes étranges, la singularité de leurs allures, leur intelligence intéressent tellement qu'au moment où ils prennent leur repas, les visiteurs viennent en foule occuper toutes les allées voisines et entravent souvent la circulation. Il serait donc regrettable maintenant, par mesure d'économie, de supprimer ces animaux.

« Le prix de toutes les denrées s'est accru, et cependant, depuis vingt-trois ans, le budget des acquisitions n'a pas varié. En outre, des droits considérables de douane et d'entrée ont été établis sur les grains (avoine, blé, maïs, etc.), augmentant de près de 1000 francs les dépenses de la ménagerie. On ne peut donc avec la même somme faire face aux mêmes besoins. Aussi n'est-ce pas seulement la gêne qui se fait sentir dans ce service, mais une véritable misère. Pour en donner une idée, il suffira de dire qu'afin de conserver un certain nombre de grandes chauves-souris et quelques singes rares, *le professeur a été obligé de payer de ses deniers les fruits nécessaires à leur alimentation*, les crédits de la ménagerie ne permettant pas d'en faire l'acquisition. »

Et M. Milne Edwards ne demande pour la nourriture qu'une augmentation de crédit de 8000 francs.

La mort du phoque.

Espérons que l'État fera droit à de si justes réclamations et ne laissera pas les animaux mourir de faim.

Ils meurent déjà bien assez vite comme cela : pendant l'hiver 1890-1891, qui a été si funeste à la ménagerie, il y a eu cent trente-trois décès.

Le Jardin des Plantes possédait trois phoques : un gros et deux petits ; c'était un plaisir de les voir élever au-dessus de l'eau leur tête aux yeux intelligents, puis disparaître tout à coup, faire mille tours dans leur bassin, plonger, nager et se hisser prestement sur le bord pour aller au-devant du gardien qui apportait leur repas.

Le gros phoque est mort pendant l'hiver, un des petits au printemps, le troisième vient de mourir à la fin de l'été.

Dans leur jardin, autour du bassin, les pélicans se chauffaient au soleil, gonflant leur goitre et battant leurs larges ailes blanches ; sur leurs perchoirs les aras secouaient leurs plumes multicolores, et la foule très nombreuse attendait le dîner du phoque.

Le phoque se montrait à peine ; de temps en temps, il sortait sa tête hors de l'eau, regardait comme s'il cherchait quelqu'un du côté par où devait venir son gardien, il entr'ouvrait les mâchoires, respirait longuement, puis, renversant sa tête, il s'enfonçait doucement, tout droit.

Le public s'impatientait, les pélicans faisaient claquer leur bec avec un bruit sec de planches que l'on cogne l'une contre l'autre et les aras poussaient des cris étourdissants.

De nouveau le phoque apparaît, il regarde encore, toujours du même côté, puis, se renversant brusquement en arrière, doucement, doucement il s'enfonce.

« Maman, il ne joue pas le phoque aujourd'hui, dit un bébé, habitué du Jardin.

— Non, petit, il ne joue pas le phoque et il ne jouera plus, plus du tout. »

Le gardien vient d'arriver avec son panier à la main ; il approche tout près de l'eau, étonné de ne pas voir son pensionnaire accourir au-devant de lui ; il appelle ; il met sa main devant ses yeux pour mieux voir ; il jette un poisson, deux poissons, il appelle encore, regarde encore ; puis il s'en va sans rien dire... il a vu une large masse noire au fond du bassin, il a compris : le phoque est mort.

Peu à peu les cris des aras ont cessé, le soleil a disparu à l'horizon, les pélicans sont rentrés dans leurs cabanes et le public est parti.

Deux gardiens arrivent, le premier porte des cordes et un croc, le second traîne une brouette; avec beaucoup de difficulté ils finissent par entourer le corps du phoque, l'amènent sur le bord et le hissent dans la brouette, qui prend le chemin de l'amphithéâtre.

VI

Les fosses aux ours datent de 1805; elles ont été disposées d'une façon très défectueuse, elles se commandent, de sorte qu'il faut traverser les deux premières pour arriver à la dernière; chaque fosse, il est vrai, est munie de cages dans lesquelles on enferme les ours lorsqu'on a besoin de descendre dans leur repaire, mais il faut pour cela que les ours veuillent bien se laisser enfermer, ce qui n'arrive pas toujours. En 1880, l'ours blanc qui habitait la première fosse refusa pendant plus de six mois d'entrer dans sa cage, et les gardiens furent obligés de descendre dans les fosses voisines au moyen d'une échelle. En 1887, les ours bruns se révoltèrent à leur tour; les gardiens descendirent quand même, et l'un d'eux fut grièvement blessé.

Des accidents aussi sérieux sont rares au Jardin des Plantes. Je sais bien qu'une vieille légende veut qu'une nourrice distraite ait un jour laissé tomber son poupon dans la fosse aux ours, mais il est bien probable que cet accident avait quelques rapports avec un de ceux qui arrivent journellement.

Les ours sont très aimés du public et toujours une foule nombreuse se presse pour admirer leurs évolutions; on regarde les ours blancs plonger dans leur bassin pour y chercher les divers objets qu'on leur jette, et on invite, la plupart du temps sans succès, les ours bruns à monter à l'échelle.

« Martin, debout!

— Fais le beau, Martin. »

Martin se lève, fait le beau, attrape au vol les bouchées de pain qu'on lui lance, mais se décide rarement à grimper à son échelle.

Tout à coup un cri fait tressaillir la foule, les têtes se penchent anxieusement par-dessus la balustrade : c'est une dame qui vient de laisser tomber son ombrelle. Martin approche, flaire l'objet, lui donne deux ou trois coups de patte et se retire tout en le regardant avec méfiance.

« Allez donc trouver le gardien des bêtes féroces, dit un voisin obligeant à la dame désolée, il vous repêchera votre ombrelle ; il est habitué à ces petits malheurs-là, j'ai déjà vu retirer trois parapluies, un bracelet et une bague. »

La dame court et revient bientôt accompagnée du gardien, qui porte une longue perche munie d'un crochet. L'ombrelle est facilement enlevée au nez de Martin, qui semble suivre ce sauvetage avec un grand intérêt.

Pendant ce temps la foule s'est accrue et dans les derniers rangs l'accident est vivement commenté.

Une demi-heure après, des groupes causaient encore devant la fosse. On avait, paraît-il, retiré un chien qui était tombé entre les barreaux, d'autres disaient un enfant.

« Ah ! c'est affreux, madame.

— C'est horrible ! on devrait prendre des précautions.

— Et, il n'était pas mort ?

— Non, madame, blessé seulement, par miracle.

— Et la mère était là ?

— Oui, madame, elle criait, elle pleurait, elle faisait peine à voir ; elle était comme folle, madame.

— Ah ! la pauvre femme ! »

VII

Tout le monde a entendu parler d'Aka, ou plutôt d'Edgar, comme on l'appelait familièrement.

Edgar, jeune chimpanzé de quatre à cinq ans, était arrivé bien portant au Muséum. Gai, d'un caractère aimable, il avait su, dès l'abord, se concilier toutes les sympathies, et sa cage était la plus courue de la singerie,

Un sauvetage.

au grand mécontentement des macaques, des cercopithèques et des cynocéphales qui ne voyaient pas sans douleur les noisettes, les gâteaux et toutes les douceurs aller au nouveau venu.

Qu'avait-il donc de plus que les autres, cet intrus, je vous le demande? Il n'était ni plus laid, ni plus agile : pourquoi cette préférence alors?

La jalousie des voisins ne dura pas longtemps.

Edgar.

Un matin, on s'aperçut qu'Edgar toussait, et il était là depuis deux mois à peine; on voulut lui faire prendre des pastilles de chlorate de potasse, de la tisane, du sirop, mais sans succès. Edgar ne jouait plus, ne mangeait plus et maigrissait à vue d'œil; il passait ses journées couché sur sa couverture, le bras replié sous sa tête, suçant de temps en temps un quartier d'orange, ou allongeant ses lèvres pour prendre une gorgée d'eau dans le plat d'étain posé tout à côté de lui. Quand on l'appelait, il ouvrait un instant ses grands yeux brillants, puis les refermait aussitôt. On eut un moment d'espoir, tous les journaux annoncèrent qu'Edgar allait mieux, mais ce mieux ne dura pas, et quinze jours après Edgar mourait.

Cela ne doit pas nous étonner.

La grande cage circulaire et grillagée, où pendant la belle saison les singes s'ébattent au soleil, masque le bâtiment où ils passent les nuits et où ils restent enfermés tout l'hiver ; ce bâtiment est souvent désigné sous le nom de *palais des singes*. « Il mériterait plutôt celui d'hôpital, dit M. Milne Edwards, car il réunit les plus mauvaises conditions hygiéniques. Les animaux qui y habitent ont surtout besoin d'air, de lumière et de soleil, or ils sont là enfermés dans une atmosphère profondément viciée. La phtisie y règne en permanence et il est impossible de conserver dans ces conditions les singes délicats ; après quelques semaines de séjour dans ce logis malsain, ils deviennent tristes, malades, et ne tardent pas à succomber. Les seuls qui résistent appartiennent à des espèces robustes, et par là même beaucoup moins rares. Il serait particulièrement intéressant d'étudier les singes anthropomorphes (gorille, chimpanzé, orang-outan), au point de vue de leurs instincts, de leur intelligence, de leur perfectibilité. Je l'ai tenté à plusieurs reprises, mais tous ceux que j'ai pu me procurer sont morts au bout de quatre ou cinq mois et le plus vigoureux n'a résisté que dix mois. »

L'intelligence des singes est depuis longtemps reconnue ; ces animaux ont la mémoire, le jugement, la volonté ; ils sont susceptibles d'attachement pour ceux qui les soignent ; ils boudent et se mettent en colère comme des enfants lorsqu'on ne leur cède pas. Mais depuis qu'on nous a affirmé qu'en remontant très loin, il est vrai, nous possédions tous un singe parmi nos ancêtres, le singe prend vraiment une place inquiétante, et, si cela continue, on finira par découvrir qu'au point de vue intellectuel, comme au point de vue physique, nous ne devons plus occuper que le second rang dans la classe des mammifères.

Stanley a raconté qu'Emin-pacha assurait avoir vu des chimpanzés se réunir en bandes et allumer des torches pour s'en aller par les nuits les plus noires ravager les plantations et cueillir les fruits à leur convenance.

Maintenant, voilà qui est bien plus fort : les singes parlent ! C'est le professeur Garner, de Cincinnati, qui a fait cette découverte.

On avait enfermé dans la même cage des singes de petite espèce et un mandrill à nez rouge ; or le mandrill est le plus laid et le plus méchant de tous les singes, et les pauvres petits s'étaient blottis dans un coin où ils exprimaient leur inquiétude par une suite de sons vocaux. Le professeur crut remarquer que les singes qui habitaient la loge contiguë, et qu'une cloison empêchait de voir ce qui se passait chez leurs voisins, écoutaient attentivement ces mots et paraissaient effrayés de ce qu'ils entendaient.

Pour M. Garner, les petits singes ne criaient pas, ils parlaient : « Voilà un vilain singe, disaient-ils; comme il a l'air méchant! il va nous faire du mal. »

Jusque-là, rien que de très naturel en somme : un grand nombre d'animaux, mammifères et oiseaux, expriment ce qu'ils sentent et communiquent avec leurs semblables au moyen de la voix.

Les hirondelles, entre autres, lorsqu'elles courent un danger, poussent un cri particulier pour attirer leurs compagnes qui viennent les défendre; les hirondelles parlent donc, car il est très facile de traduire ce cri par les mots : « au secours ».

Le chien, lui, parle encore mieux; il a plusieurs façons d'aboyer qui se reproduisent dans des circonstances identiques; s'il jappe joyeusement en allant au-devant de son maître, le chien dit « bonjour »; s'il gronde la nuit en entendant un bruit inaccoutumé, cela veut dire « prenez garde à vous »; s'il donne de la voix en suivant le gibier qu'il a dépisté, il crie « par ici... ». On pourrait aller loin comme cela.

Pour ma part, j'ai connu un vieux chien qui, surpris loin de son logis par un orage épouvantable, rentra trempé jusqu'aux os; le lendemain il avait une congestion pulmonaire; il guérit, mais dans la suite on ne put jamais le faire sortir quand le temps menaçait; le chien faisait trois pas, regardait le ciel et voyant des nuages noirs « houap! » faisait-il, et il rentrait; on insistait « houap! houap! » Il est clair que le chien disait : « Non, merci. Je ne veux pas me rendre malade, je ne sors pas par un temps pareil. »

Mais M. Garner prétend que les singes ont un véritable langage se composant de huit sons principaux, qui avec les différentes modulations arrivent à former une trentaine de mots; seulement il est obligé de reconnaître la pauvreté de cette langue qui n'a qu'un mot pour désigner tout ce qui se mange, un autre pour désigner tout ce qui se boit, etc.

Voilà un langage bien rudimentaire et qui ressemblerait beaucoup à celui des autres animaux.

VIII

Le public voit surtout dans le Muséum un lieu de promenade et de distraction ; s'il sait vaguement que de certains cours ont lieu à de certains jours dans les galeries ou dans des salles spéciales, il ignore certainement quels sont ces cours et quelle est leur importance ; quant aux noms des professeurs, combien peu les connaissent !

Cet oubli, les savants ne s'en préoccupent pas outre mesure, peut-être même ne s'en aperçoivent-ils pas ; les uns passent leurs journées au fond de la mer avec les poissons ou dans les forêts remplies de bêtes féroces, les autres vivent parmi les insectes, les plantes ou les fossiles, et il leur arriverait l'aventure qui arriva à Lacépède qu'ils ne s'en formaliseraient pas.

On avait créé pour Lacépède une chaire affectée à l'histoire des reptiles et des poissons, mais si les leçons du professeur étaient très courues, son nom, en revanche, n'était guère connu que des savants, et l'on prétend qu'un membre du gouvernement du Directoire étant venu visiter le Muséum répondit, lorsqu'on lui demanda s'il avait vu Lacépède : « Non, je n'ai vu que la girafe. ».

Le Muséum est avant tout un lieu d'études. Un grand nombre de cours ayant trait à l'histoire naturelle ont lieu en plus des cours de dessin appliqué que nous avons déjà passés en revue.

Ces cours se partagent en deux séries correspondant aux deux semestres de l'année scolaire.

Les leçons du second semestre ne sont pas la suite des leçons du premier : de nouveaux professeurs enseignent de nouvelles parties des sciences.

M. Milne Edwards est chargé du cours de zoologie (mammifères et oiseaux) ; son cours se complète par des conférences faites dans la ménagerie et par des leçons sur nature qui attirent une très grande affluence d'auditeurs ; beaucoup d'instituteurs et de professeurs de l'enseignement

Un cours de zoologie au Muséum.

secondaire y amènent leurs élèves. M. Milne Edwards est du reste un de nos savants privilégiés et son nom est depuis longtemps célèbre.

Le nouveau directeur du Muséum a pris l'initiative de recherches importantes, qui ont fait faire à la science des découvertes considérables.

Le fond de l'Océan avait été exploré lors de la pose des câbles électriques, mais les ingénieurs, tout entiers à leurs travaux, ne s'étaient occupés que de la configuration du sol.

En 1860, le câble qui traverse la Méditerranée entre la Sardaigne et la Sicile se rompit. On trouva de nombreux animaux fixés sur les tronçons qu'on ramena d'une profondeur de 2 000 mètres.

M. Milne Edwards, consulté à ce sujet, remarqua que ces animaux étaient complètement inconnus ou n'avaient jamais été trouvés qu'à l'état fossile dans les terrains les plus anciens du globe.

Dès lors le savant naturaliste poursuivit avec énergie un but qu'il ne devait atteindre que bien des années plus tard : obtenir le concours indispensable de l'État pour entreprendre des recherches dans les profondeurs de la mer. Ces recherches, en effet, nécessitaient une forte dépense; il fallait d'abord un grand navire bien outillé et ayant un équipage de choix; des machines à vapeur installées à bord pour descendre quelquefois jusqu'à 5 000 mètres dans la mer d'énormes filets et les remonter ensuite tout chargés de butin.

Ce n'est qu'en 1880 que M. Milne Edwards put enfin entreprendre son premier voyage; il était entouré de MM. Vaillant et Perrier, professeurs au Muséum, de M. le marquis de Follin, connu par ses recherches dans le golfe de Gascogne, et de MM. Marion, Sabatier et Filhol, professeurs de la Faculté.

M. Milne Edwards a raconté, dans le discours qu'il prononça en 1882, à la séance publique des cinq Académies, quelle émotion lui et ses compagnons éprouvaient lorsque le grand filet chargé de trésors inconnus remontait à la surface des eaux : « Ces opérations sont difficiles à conduire; il faut qu'elles se fassent par une mer calme. Aussi la grande préoccupation, à bord du *Travailleur*, était l'état du ciel, la direction du vent, la marche du baromètre. Nos engins entraînaient avec eux jusqu'à 6 ou 7 000 mètres d'un câble fort lourd et assez solide pour résister à une traction de 2 000 kilogrammes. Il est facile de comprendre les précautions avec lesquelles on procédait; notre dragage d'un fond de 5 100 mètres n'a pas duré moins de treize heures : commencé vers le milieu du jour, il n'était terminé qu'à trois heures du matin.... Aussi, quand, après des heures d'attente, la lourde drague remontait lentement, c'était avec une vive émotion que nous cherchions à deviner de loin, à travers la transparence de l'eau, les surprises qui nous étaient réservées. Nous avons eu des déceptions cruelles, et jamais je n'oublierai une journée néfaste où la drague, chargée jusqu'aux bords de limon et de cailloux, sortait peu à peu de la mer : déjà nous pouvions distinguer des animaux bizarres et inconnus enchevêtrés dans les mailles du filet, quand, brutalement enlevée par une vague énorme, elle retomba de tout son poids, brisa les amarres qui la retenaient et alla retrouver les abîmes qu'elle venait de quitter. Les pêcheurs à la ligne supportent mal les déconvenues de ce genre, on se figure facilement ce qu'elles devaient être pour nous. D'autres journées suffisaient à payer toutes nos peines, et plus d'un heureux coup de filet nous a apporté la révélation de tant de faits nouveaux, qu'au milieu de nos richesses nous ne savions de quel côté diriger d'abord notre attention.

« La vie abonde dans ces vallées sous-marines restées si longtemps fermées aux investigations. Ce ne sont pas les animaux des côtes qui descendent s'y réfugier; elles sont habitées par d'autres espèces dont les formes étranges étonnent les naturalistes. La population des gouffres de l'Océan n'a rien de commun avec celle des eaux superficielles. Il y a là deux couches sociales superposées l'une à l'autre; elles se tiennent chacune dans leur domaine, sans se connaître et sans se mélanger. Les couches inférieures n'ont aucune aspiration à s'élever pour occuper la place des couches supérieures, et ces dernières ne peuvent changer de milieu; leur organisation s'y oppose....

« Les conditions de la vie des unes ne sont pas celles des autres; c'est ce qui en rend l'étude doublement instructive.

« Pour recevoir les innombrables espèces que les explorations sous-marines ont fait connaître, les zoologistes ont dû beaucoup élargir les cadres de leurs classifications. Ils voyaient, avec surprise, des centaines de formes animales nouvelles s'intercaler entre des types organiques que l'on supposait fort distincts et que ces jalons intermédiaires rattachaient, au contraire, étroitement. Ce ne sont pas des représentants déshérités du règne animal qui sont ainsi relégués dans les abîmes; on y trouve des êtres très parfaits, et les poissons sont loin d'y être rares. Sur la côte du Portugal, à peu de distance de l'embouchure du Tage, le *Travailleur* avait jeté ses lignes sur un fond de 1 500 mètres. En quelques heures, vingt et un requins furent capturés; non pas des monstres énormes comme ceux qui suivent les navires à la recherche d'une proie, mais des poissons d'une taille encore fort respectable et de plus d'un mètre de longueur. Évidemment ils vivent là en grandes troupes, mais jamais ils ne quittent leurs retraites, jamais on ne les voit près de la surface ou sur les rivages. Les crustacés, les mollusques, les zoophytes sont abondants, et quelques-uns atteignent des dimensions colossales comparées à celles des espèces des mêmes groupes zoologiques qui habitent la surface.

« La nature semble avoir oublié dans le fond des mers certains animaux qui vivaient déjà aux époques géologiques et qui constituent aujourd'hui les derniers survivants d'une faune ancienne. On peut suivre fort loin la généalogie de quelques-unes de ces espèces; on a même cru un instant qu'on trouverait, cachés sous les eaux, les êtres dont les dépouilles se sont conservées dans les dépôts des époques secondaire et primaire, et que les bélemnites, les ammonites, peut-être même les trilobites, habitaient quelques coins ignorés de l'Océan. On a dû renoncer à l'espérance de les y découvrir; néanmoins il est impossible de ne pas être frappé des analogies qui existent entre les dépôts actuels de nos vallées sous-marines les plus profondes et ceux qui datent de la période crétacée. Des organismes infiniment petits, que l'on nomme des foraminifères, s'y accumulent en nombre tellement considérable qu'ils constituent de puissantes assises ayant tous les caractères des bancs de craie du bassin parisien. Les dragues du *Travailleur* rapportaient souvent des milliards de ces êtres microscopiques à enveloppe rigide d'une remarquable élégance, et, dans le golfe de Gascogne, près de la côte d'Espagne, un centimètre cube de limon, puisé à 1 100 mètres de la surface, contenait plus de 100 000 de ces foraminifères. Peu à peu, leurs dépouilles forment des masses épaisses qui ensevelissent les animaux vivant sur le fond; c'est ainsi que les étoiles de mer, les oursins, les éponges et tant d'autres sont enfouis peu à peu et préparent les fossiles de l'avenir.

« Quelques naturalistes, frappés de la puissance des manifestations de la vie dans les abîmes de l'Océan, avaient pensé que le berceau de la matière animée s'y trouvait caché. Ils avaient cru le découvrir, et leur imagination avait assigné un rôle des plus importants à une sorte de gelée molle et assez semblable à du blanc d'œuf, que les dragues ramassent parfois sur le limon des grandes profondeurs. A leurs yeux, cette gelée était de la matière vivante en voie d'organisation spontanée ; c'était un intermédiaire entre les corps inertes et les corps animés, c'était une ébauche grossière qui, plus tard, à la suite de transformations graduelles, devait produire des épreuves plus parfaites. Ils lui avaient donné un nom, celui de Bathybius, et une place dans leurs classifications, à côté des Monères.

« A bord du *Travailleur*, on s'était promis de ne rien négliger pour trouver et étudier le Bathybius. La recherche n'a pas été difficile. Souvent, au milieu de la vase, nous avons vu cette substance énigmatique ; nous l'avons soumise à l'examen du microscope, et nous avons dû reconnaître qu'elle ne méritait pas l'honneur qui lui avait été fait et les pages éloquentes qui lui avaient été consacrées. Le Bathybius n'est qu'un amas de mucosités que les éponges et certains zoophytes laissent échapper quand leurs tissus sont froissés par le contact trop rude des engins de pêche. Le Bathybius, qui a beaucoup trop occupé le monde savant, doit donc descendre de son piédestal et rentrer dans le néant.

« La lumière solaire pénètre difficilement à travers les couches de l'eau la plus transparente, et, au-dessous de quelques centaines de mètres, l'obscurité doit être complète. Comment donc se dirigent les animaux si variés qui y vivent? Les uns sont aveugles; ils marchent à tâtons et ils n'ont pour se guider que les perceptions du toucher, de l'odorat ou de l'ouïe; aussi remarquons-nous que, par un juste système de compensation, certains organes se développent outre mesure ; les antennes de plusieurs crustacés dépourvus d'yeux sont d'une longueur extraordinaire : c'est le bâton de l'aveugle. D'autres animaux ont au contraire des yeux énormes et resplendissants de phosphorescence; ils portent ainsi partout avec eux un foyer lumineux qui explique le développement de leur appareil visuel. Cette phosphorescence s'étend souvent sur presque toute la surface du corps, et beaucoup d'espèces, surtout les étoiles de mer, les polypiers branchus et bien d'autres, étincellent dans l'obscurité.

« Une nuit, notre filet remontait à bord, chargé de zoophytes rameux

Le cours d'anatomie comparée.

de la famille des Isis. Ils émettaient des lueurs d'un admirable effet, des éclairs verdâtres s'allumaient tout à coup pour s'éteindre et se rallumer encore, courant sur les tiges des coraux et s'y succédant avec une telle rapidité et une telle intensité, qu'il nous était possible de lire à la clarté de ce singulier flambeau.

« On admet généralement que la couleur est inséparable de la lumière et que les êtres qui ne voient jamais le soleil sont de nuances sombres ou pâles et effacées. Il n'en est pas toujours ainsi, car dans les parties les plus obscures de l'Océan habitent des animaux dont les teintes brillent d'un vif éclat; le rouge, le rose, le pourpre, le violet et le bleu sont répandus avec profusion.

« La plupart des crevettes qui foisonnent au fond des eaux sont d'une riche couleur carminée. Des holothuries énormes ont l'aspect de l'améthyste, et une grande étoile de mer dépasse en beauté celles qui sont répandues sur nos côtes : l'élégance de ses formes, ses vifs reflets orangés en font une véritable merveille. Découverte dans les mers du Nord par un naturaliste norvégien, qui est aussi poète distingué, elle a reçu de lui le nom de Brisinga. Ce nom, dans les légendes scandinaves, est celui de l'un des bijoux de la déesse Fréja, et c'est en effet un charmant bijou que cette étoile des fonds de l'Océan.

« Si les animaux pullulent jusque dans les régions les plus reculées des mers, les plantes en sont exclues; ces algues aux frondes vertes, rouges et violettes, si communes près des rivages, ne sauraient vivre dans l'obscurité, et elles cessent de se montrer dès qu'on descend au delà de 250 mètres. Où donc les animaux des abîmes puisent-ils leur nourriture puisqu'ils ne sauraient la constituer de toutes pièces aux dépens des aliments minéraux? Les végétaux seuls peuvent, avec les gaz de l'air et les corps inertes, élaborer les matières organiques qui servent ensuite à l'alimentation des animaux herbivores et, par leur intermédiaire, à celle des espèces carnassières. Il faut donc que la nourriture, préparée à la surface, sous l'influence des rayons solaires, tombe peu à peu comme une sorte de manne dans les déserts sous-marins où aucune plante ne peut croître. »

Le *Travailleur* fit trois expéditions : la première en 1880, dans le golfe de Gascogne; la seconde, en 1881, dans la Méditerranée; enfin la troisième, en 1882, dans l'océan Atlantique, qui fut exploré jusqu'aux îles Canaries. Ces explorations, bien que très fructueuses, ne furent pas complètes.

Le *Travailleur*, un aviso à roues, n'avait pas été construit pour faire d'aussi longs voyages; il ne pouvait guère s'éloigner des côtes, et il était de plus insuffisamment outillé pour les pêches.

En 1883, M. Milne Edwards obtint de l'État qu'un plus grand navire fût mis à sa disposition, et le *Talisman*, un excellent navire à hélice, fut aménagé en vue d'une exploration de l'Océan jusqu'au Sénégal, avec arrêts aux îles Canaries, aux îles du Cap-Vert et aux îles Açores.

Cette fois les richesses recueillies par l'expédition furent innombrables, chaque coup de filet était heureux et comblait de joie les naturalistes qui voyaient leurs trésors grossir tous les jours : poissons, crustacés, mollusques, zoophytes, emplissaient les laboratoires installés à bord et étaient immédiatement analysés, classés, préparés, conservés dans l'alcool, ou reproduits par la photographie ou par le dessin. Au retour de cette campagne, les animaux conservés, les dessins, les photographies ainsi que les appareils de pêche des expéditions du *Travailleur* et du *Talisman* furent réunis et exposés dans une des salles du Muséum.

IX

Il existe en dehors du cours de M. Milne Edwards trois autres cours de zoologie.

Dans le premier, M. Perrier étudie les annélides, les mollusques et les zoophytes.

Dans le second, M. Blanchard traite de l'organisation, des mœurs, des métamorphoses et de la classification des insectes, des arachnides et des crustacés.

Dans le troisième, M. Vaillant, directeur de la ménagerie des reptiles, s'occupe de l'organisation, de la physiologie et de la classification des poissons; ses leçons sont complétées par des conférences dans le laboratoire des reptiles et dans les nouvelles galeries.

Un nettoyage.

M. Vaillant, qui a fait partie des expéditions du *Travailleur* et du *Talisman*, a récolté à bord de ce dernier bâtiment une quantité très abondante de poissons, mais ces curieux spécimens arrivaient tous asphyxiés, leurs écailles ne tenaient plus à leur peau visqueuse, leur corps mou se déformait facilement et il était souvent impossible de les préparer et de les conserver dans l'alcool, il fallait se hâter d'en faire une aquarelle, un simple croquis, ou même avoir immédiatement recours à l'appareil photographique.

Rien ne manquait, en effet, sur le *Talisman*, pas un coin qui ne fût utilisé. On n'avait laissé aux marins que juste l'espace nécessaire pour les manœuvres, et tout le reste avait été accaparé par les naturalistes. Le laboratoire était encombré d'instruments et de bocaux ; les murs, les plafonds disparaissaient sous les objets de toutes sortes qui y étaient accrochés. Pendant les premiers jours, le roulis, qui envoyait de droite et de gauche pinceaux et scalpels, avait bien un peu ralenti le travail, mais on s'était vite habitué à ce va-et-vient continuel. M. Vaillant avait établi une chambre noire qui lui permettait de développer ses clichés, et l'on put ainsi avoir la reproduction des principaux épisodes du voyage : la descente du chalut, le dragage, l'arrivée du filet à bord et les vues des côtes, des îles et des îlots que les savants explorèrent ; explorations toujours intéressantes et dont l'une, celle de l'îlot Branco, fut particulièrement mouvementée.

« Notre intention, dit M. Milne Edwards, était d'étudier sur place les grands lézards du genre *Macroscincus*, qui n'existent sur aucune autre terre et qui sont à peine connus des zoologistes. Cet îlot n'est qu'un rocher volcanique qui surgit brusquement de la mer à 5 1/2 milles au sud-est de Santa Lucia ; il n'y a pas de sources, aussi est-il inhabité et inhabitable.

« Aucune relation n'existe entre Saint-Vincent et Branco ; les cartes marines ne donnent que peu de détails sur la configuration des côtes. Le gouverneur, voyant notre embarras, nous fit accompagner par un pilote et par un nègre fort expert, disait-on, à la chasse des lagartos ou lézards. A minuit nous levions l'ancre, et au petit jour nous commencions à voir se dresser les découpures arides de Branco, et d'un autre îlot voisin connu sous le nom de Razo. L'aspect en était peu engageant : partout des pentes raides, des blocs éboulés et calcinés par le soleil, tout autour de l'îlot une ceinture d'écume blanche formant une barre continue. Nous interrogeons le pilote sur le meilleur point de l'abordage ; il nous avoue alors n'avoir jamais été à Branco…. Nous prions le commandant d'envoyer une embarcation reconnaître la côte. Quelques naturalistes y descendent, et, après bien des recherches infructueuses, on finit par trouver, dans la ceinture de rochers, une coupure couverte d'un peu de sable, mais les grosses vagues menacent de rouler le canot, et il faut se tenir à l'ancre à une certaine distance. »

Cela n'était guère du goût de nos explorateurs, qui prirent alors un parti héroïque : ils se dépouillèrent de leurs vêtements et, après en avoir fait un paquet, entrèrent résolument dans l'eau. Un instant plus tard, ils prenaient pied et faisaient sécher au soleil leurs habits légèrement mouillés. Le canot retourna à bord chercher les retardataires ; ceux-ci, par exemple, prirent leurs précautions, ils revêtirent des costumes de bain et c'est dans cette tenue pittoresque, sous un soleil torride, qu'armés de pieux et de piques de fer, professeurs au Muséum et membres de l'Institut commencèrent leur chasse aux lézards.

Si le pilote qu'on leur avait donné ne leur servit guère, le chasseur nègre, si expert à la chasse des lagartos, ne leur servit pas du tout. Son principal défaut était d'avoir une peur horrible des lézards et de se sauver dès qu'il en voyait un. Les marins qui accompagnaient les naturalistes le remplacèrent avantageusement, et au bout de quelques heures plus de trente lézards, soigneusement enfermés dans des sacs, abordaient sur le *Talisman*.

X

L'*École de Botanique* est, au point de vue des études et des essais de culture, la partie la plus importante du Jardin ; elle a été réellement organisée par Brongniart, mais son origine précède en quelque sorte la fondation même du jardin des plantes médicinales.

Sous le bon roi Henri, les dames de la cour raffolaient de broderies à fleurs; on en mettait partout : robes et tapis, meubles et rideaux en étaient ornés, si bien qu'on ne tarda pas à être à court de modèles; toutes les fleurs connues avaient été reproduites de cent façons différentes, et l'on aurait payé au poids de l'or de nouvelles plantes.

C'est ce que savait fort bien le *simpliciste du roi*, le vieux Jean Robin, qui était aussi avare que bon jardinier.

Jean Robin avait acheté, en Hollande, une grande quantité de graines et d'oignons de fleurs rares et exotiques ; il vendait ses fleurs le plus cher possible, mais il n'avait jamais voulu, à aucun prix, se dessaisir de ses graines ou de ses oignons.

Guy Patin, grand amateur d'horticulture, avait essayé, en vain, de corrompre ce *dragon des Hespérides*, comme il appelait le vieux jardinier ; un jour il se présenta chez lui, revêtu de sa grande robe de médecin, sous le prétexte de visiter en détail ces magnifiques collections dont tout le monde parlait ; il se répandit en félicitations et ne se lassa pas d'admirer. Jean Robin acceptait avec plaisir les éloges, mais ne cessait, toujours méfiant, d'observer les allées et venues du docteur.

La visite fut longue, Guy Patin voulait tout voir, il passait et repassait, balayant de la longue queue de sa robe le plancher couvert de graines, pensant bien en remporter ainsi une bonne provision. Par malheur, le malin simpliciste s'aperçut du stratagème, et lorsque son visiteur, tout souriant, fit mine de le quitter, il se saisit d'une maîtresse brosse, brossa et rebrossa l'ample robe du docteur, ne voulant jamais, disait-il, le laisser partir ainsi couvert de poussière. Guy Patin en fut pour sa visite, Jean Robin triomphait.

Lorsque La Brosse fonda le Jardin du Roi, il convoita lui aussi la fameuse collection, et chercha par tous les moyens à se la procurer; mais comment obliger Jean Robin à donner ses fleurs? Il aurait pu répondre : « Mes fleurs sont à moi comme la France est au Roi ».

Il fallait employer la ruse; Guy de La Brosse se montra fort habile, il prit Vespasien Robin, fils de Jean, comme démonstrateur. L'avarice fut vaincue, l'amour-propre l'emporta, et pour fêter l'avènement de son fils, Jean Robin donna au Jardin du Roi plus de 1200 espèces de fleurs, qui commencèrent la collection de l'École de Botanique.

L'École de Botanique s'étend sur une très grande longueur parallèlement aux parterres des plantes d'ornement et des plantes médicinales; d'un côté elle est bordée par une allée de tilleuls, de l'autre par une allée de marronniers qui la sépare de la ménagerie ; elle se compose de deux parties distinctes entourées de grilles et coupées par une allée horizontale ; chacune de ces parties est divisée en plates-bandes rectangulaires bordées de buis et dans lesquelles les plantes sont disposées par familles. Devant chaque plante sont placées plusieurs étiquettes qui indiquent la classe, le genre, l'espèce, le nom vulgaire et le nom scientifique, si la plante est annuelle, vivace ou ligneuse, si elle croît en pleine terre, en serre ou dans l'orangerie, si elle est employée en médecine, dans l'économie domestique, pour l'ornement, ou si elle est vénéneuse.

L'enseignement de la botanique comprend deux cours spéciaux. M. Van Tieghem traite de l'anatomie et de la physiologie des plantes, M. Ed. Bureau les étudie par familles ; ce dernier cours donne lieu à des leçons dans le jardin et même à des herborisations aux environs de Paris.

L'École de Botanique est placée sous la direction du professeur de culture, M. Maxime Cornu. Un jardinier en chef et des aides jardiniers s'occupent des travaux ; ils recueillent les graines à l'époque de leur maturité ou dans l'état qui convient aux expériences, les étiquètent immédiatement pour éviter les confusions, et les portent au *jardin des semis*.

Ce jardin existe depuis 1786 ; il est abrité contre le vent et le soleil, garni de châssis et de couches, et les plantes des régions torrides comme les plantes des régions polaires y trouvent la température qui leur convient.

A la suite du jardin des semis se trouve le *jardin de naturalisation*, qui reçoit pendant l'été la plupart des arbres et des arbustes qui ont passé l'hiver dans la serre tempérée ; ces deux jardins sont creusés dans le sol à une profondeur de trois mètres, comme les fosses aux ours, et sont reliés à l'École de botanique par un passage souterrain qui sert aux professeurs et aux jardiniers ; on ne peut les visiter qu'avec une autorisation, mais il est facile de jouir de la vue générale en regardant par-dessus les murs à hauteur d'appui qui bordent l'avenue et d'où l'on découvre des pistachiers, des jujubiers, des grenadiers, des plantations de thuyas et de tamarix, et la petite cabane où le jardinier en chef prépare ses semis.

Les études de botanique se poursuivent aussi dans le *Labyrinthe*.

Cette colline, qui atteint à son sommet une hauteur de trente mètres

Le tombeau de Daubenton.

environ au-dessus du niveau de la Seine, a une origine bien peu poétique : on venait, sous Louis XIII, déposer là toutes les ordures de la capitale, et le futur labyrinthe était désigné sous le nom vulgaire de *butte des copeaux* ou de *voirie des bouchers*. Maintenant le terrain est couvert par des massifs embaumés de lilas, de seringas et de jasmins que dominent les thuyas et les néfliers, les pins sylvestres et les pins maritimes, le houx ordinaire et le houx panaché, le coudrier de Byzance et le troène du Japon, le cytise et l'érable, et enfin le fameux cèdre du Liban, le géant que Bernard de Jussieu rapporta dans son chapeau.

Au milieu des arbustes et à demi cachée, se dresse une modeste colonne entourée de lierre et de plantes grimpantes ; aucun nom n'est gravé sur la pierre : c'est le tombeau de Daubenton, le célèbre collaborateur de Buffon, qui mourut au Muséum en 1799.

XI

Parmi les pièces les plus importantes de la galerie de paléontologie se trouve l'*Elephas meridionalis*, dont le squelette a été découvert à Durfort (Gard). Ce squelette était placé debout; on suppose que l'animal s'enfonça dans la vase en traversant un marais. Il fallut, pour conserver les os qui tombaient en poussière, prendre les plus grandes précautions et les enduire de blanc de baleine à mesure qu'on enlevait la terre qui les entourait.

Ensuite viennent: le *Megatherium Cuvieri*, qui marchait sur le bord externe de ses pattes comme les fourmiliers; cet immense animal ne se nourrissait que de végétaux, et comme il était trop lourd pour monter aux arbres, on présume qu'il arrachait les racines avec ses griffes, puis, que, se dressant sur ses membres de derrière et sur sa queue, il ébranlait le tronc et renversait l'arbre pour dévorer les fruits et le feuillage ; le *Palæotherium*, intermédiaire entre le rhinocéros et le tapir ; le *Dinoceras mirabile*, avec sa tête ornée de trois paires de cornes ; le *Cervus megaceros*, dont les bois, plus grands que ceux des autres espèces de cerfs, vivants ou fossiles, égalaient presque la longueur du corps; le *Glyptodon typus*, sorte de tatou gigantesque couvert d'une carapace en forme de dôme qui servait aux hommes primitifs à recouvrir les abris qu'ils se construisaient; enfin, l'*ichtyosaure* et le *plésiosaure*, dont la longueur atteignait jusqu'à 6 mètres et 6 m. 50. Ce dernier était certainement le

La galerie de paléontologie.

plus monstrueux de tous ces monstres avec son cou de serpent aussi long que tout son corps et se terminant par une tête de lézard; comme le dit Cuvier, « il semble justifier ces hydres dont les monuments du moyen âge ont si souvent répété les figures ».

Le cours de paléontologie est fait par M. Albert Gaudry qui étudie en ce moment l'histoire des bêtes des dernières époques géologiques (miocène, pliocène et quaternaire).

Pour clore la liste des cours professés au Muséum, nous devons citer encore les cours de physiologie végétale appliquée à l'agriculture, de physiologie générale, de physique, de chimie, de culture, de pathologie comparée, d'anatomie comparée et d'anthropologie.

La galerie d'anatomie comparée et d'anthropologie a été fondée par Cuvier en 1795; elle occupe aujourd'hui deux immenses salles du rez-de-chaussée et presque tout le premier étage d'un vieux pavillon dont l'aspect délabré répond parfaitement aux objets peu récréatifs qu'il renferme.

Cette collection comprend d'abord les squelettes de tous les animaux, depuis le plus grand jusqu'au plus petit, puis, dans les salles réservées à l'anatomie humaine, les squelettes de l'homme fossile, les débris trouvés dans les grottes de Cro-Magnon, des Eyzies, de Bruniquel, etc.; les crânes du camp d'Attila de Châlons-sur-Marne, des cimetières mérovingiens de Crécy-sur-Oise; les momies péruviennes et une interminable succession de squelettes, parmi lesquels se trouve celui de Soliman, l'assassin du général Kléber. A cette série lugubre se joignent des aquarelles, des photographies, des moulages et des dessins qui viennent un peu reposer la vue de tous ces ossements. Voici l'Ours couché (chef des Sioux Yanktous), l'Aigle noir, le Faucon jaune, Mavatanahanska ou le Long Mandane (chef de la bande des Sioux des deux chaudrons). La veste ou la redingote dont sont revêtus ces grands chefs jure un peu avec leurs noms étranges, heureusement que Pied léger et le Renard bleu se sont fait photographier en costume national. Plus loin, le portrait d'un nègre de Ségo doué d'un nez fort respectable; une note inscrite en marge nous apprend que lorsque ce nègre prisait, la première phalange de l'index et la première phalange du pouce disparaissaient dans les narines. Enfin, au milieu d'une série de bustes se distingue la tête d'un individu qui, s'il a mérité son surnom, a dû mener une vie bien malheureuse : Tischco-kal-di, ou Celui qui est toujours assis à la mauvaise place.

Les collections du Muséum débordent absolument de pièces anatomiques et de sujets préparés, les laboratoires en sont remplis, les bocaux s'entassent sur les planches; les squelettes se pressent dans les vitrines; malgré

Un débarras.

cela les savants ne peuvent se résoudre à se séparer même des pièces en mauvais état ou d'une importance très discutable. A la ménagerie des reptiles, les animaux trop encombrants ont été remisés dans un grand hangar qui sert de débarras : tortues énormes, crocodiles et serpents gigantesques, poissons de grande taille sont accrochés sur les cloisons, pendus à des poutres ou déposés pêle-mêle sur le plancher; on cherche machinalement dans un coin la sorcière et son hibou.

Le Muséum a un titre de gloire peu connu et auquel on refuserait d'ajouter foi si des procès-verbaux authentiques ne venaient l'affirmer : en l'an VII de la République française le Muséum comptait parmi ses curiosités anatomiques le corps de Turenne.

M. Alexandre Lenoir, administrateur du Musée des monuments français, et M. Pierre-Claude Binart, conservateur dudit musée, furent chargés par le ministre de l'intérieur de l'exécution de l'arrêté qui ordonnait de transporter au Musée des monuments français le corps de Turenne déposé au Muséum national des plantes et d'histoire naturelle à la suite des exhumations faites en 1793 dans l'abbaye de Saint-Denis.

En conséquence, les citoyens Lenoir et Binart, « désirant mettre à exécution ledit arrêté et retirer les restes d'un guerrier recommandable par sa valeur et ses vertus civiques d'un lieu où ils étaient confondus avec les objets de curiosité publique », se rendirent au Jardin des Plantes :

« Nous étant fait donner connaissance, disent-ils, du lieu où étaient déposés les restes de Turenne, nous fûmes introduits dans un local attenant à l'amphithéâtre servant de laboratoire, au milieu duquel était posée, sur une estrade de bois peint en granit, une caisse en forme de cercueil, aussi de bois peint, vitrée par-dessus, de la longueur de 197 centimètres, dans laquelle on nous a déclaré que le corps de Turenne était renfermé : nous remarquâmes en effet, au travers du vitrage qui couvrait ce cercueil, un corps étendu enveloppé d'un linceul, lequel avait été déchiré et découvrait la tête jusqu'à l'estomac, ce qui, nous ayant porté à le considérer plus attentivement, il nous parut que ce corps avait été embaumé avec soin, ce qui en avait conservé toutes les formes; le visage ne nous parut pas tellement altéré que nous ne pûmes reconnaître les traits que le marbre nous a laissés de ce grand homme : il restait encore des effets du funeste coup qui l'enleva au milieu de ses triomphes, et qui lui causa sans doute une violente convulsion dans la figure ainsi qu'il nous a paru par l'état de la bouche extrêmement ouverte....

« Sur le côté du cercueil était attachée une inscription gravée sur une plaque de cuivre sur laquelle nous lûmes ce qui suit :

« Ici est le corps de sérénissime prince Henri de la Tour d'Auvergne, vicomte de Turenne, maréchal général de la cavalerie légère de France, gouverneur du Haut et Bas Limousin, lequel fut tué d'un coup de canon le XXVII juillet de l'an M. D. C. LXXV.

« Nous fîmes transporter ledit cercueil dans la voiture que nous avions amenée à cet effet et nous accompagnâmes ces vénérables dépouilles audit Musée des monuments français. »

Un autre procès-verbal raconte l'odyssée lugubre du corps de Turenne, qui fut d'abord remis au nommé Host, gardien de l'abbaye de Saint-Denis ; « le gardien conserva cette momie dans une boîte de bois de chêne et la déposa dans la petite sacristie de l'église, où il la fit voir pendant plus de huit mois, moyennant une rétribution ». C'est alors probablement que le corps fut transporté au Muséum. Le 24 germinal an VII, le Directoire exécutif ordonna la translation au Musée des monuments français, où il devait être déposé dans un sarcophage placé dans le jardin élysée de cet établissement. Enfin, « le 1er vendémiaire an IX, conformément à l'arrêté des consuls, les restes de Turenne furent transportés, en grande pompe, dans le temple de Mars, ci-devant l'église des Invalides ».

XII

Les savants ont toujours eu la réputation d'être très distraits, et beaucoup d'entre eux ont mérité cette réputation ; quelques-uns la méritent sans doute encore, quoique les distractions des savants comme les originalités des artistes aient bien diminué d'importance et soient quelque peu passées de mode. On ne croit plus aujourd'hui que des hommes de talent, voire même de génie, ne doivent pas se conduire dans les actes ordinaires de la vie comme de simples mortels.

Le plus distrait des savants fut certainement le fameux chimiste Rouelle. Rouelle était démonstrateur au Jardin des Plantes en 1742.

A cette époque, le professeur faisait une leçon purement théorique : il expliquait, exposait, déduisait,... puis cédait sa place au démonstrateur qui avait charge d'exécuter les expériences découlant de la leçon et de prouver par conséquent la vérité de ce qu'avait avancé le professeur.

Rouelle était le démonstrateur de Bourdelin. D'un caractère calme et tranquille, Bourdelin faisait posément sa leçon, qu'il terminait par les mots sacramentels : « Voici, messieurs, les principes et la théorie de cette opération, ainsi que Monsieur le démonstrateur va vous le prouver tout à l'heure par ses expériences ».

Mais Rouelle, ardent, imbu déjà des idées nouvelles qui commençaient à se faire jour, oubliait qu'il était là pour prouver que Bourdelin avait raison et exécutait le plus souvent des expériences opposées aux théories du professeur.

Les élèves attendaient avec impatience la fin de la leçon de Bourdelin et l'arrivée du démonstrateur dont ils aimaient la parole chaude et vibrante, l'air sans façon et jusqu'aux distractions qui les réjouissaient fort, car Rouelle était, nous l'avons dit, le plus distrait des savants; si ce n'est lui qui, voulant faire cuire un œuf à la coque, jeta sa montre dans l'eau bouillante et s'efforça de compter les secondes sur l'œuf qu'il avait conservé, une telle mésaventure eût bien pu lui arriver.

Il lui en arriva une, entre autres, dont les conséquences auraient pu être des plus graves.

Un jour qu'il démontrait, en exécutant l'expérience, l'inflammabilité de l'huile essentielle de térébenthine par l'esprit de nitre et qu'il insistait sur la nécessité de toujours agiter le mélange, expliquant comme quoi, faute de cette précaution, une explosion se produirait, Rouelle, tout en parlant, s'arrêta; aussitôt l'explosion annoncée se produisit; tubes, cornues, éprouvettes volèrent en éclats, chaises et bancs se renversèrent tandis que les élèves, pris de panique, s'enfuyaient dans le jardin. Le professeur en fut quitte à bon marché : il n'eut que sa perruque et ses manchettes brûlées.

Pourquoi aussi avait-il gardé ce jour-là sa perruque et ses manchettes ? Il arrivait ordinairement à son cours correctement vêtu d'un habit de velours et coiffé d'une perruque soigneusement peignée et poudrée. Cette tenue irréprochable ne durait pas longtemps.

Rouelle commençait ses explications doucement, puis bientôt s'animait, arpentait la salle, s'impatientait, posait son chapeau sur un appareil, sa perruque sur un autre, et, s'échauffant de plus en plus, dénouait sa cravate, déboutonnait son habit, sa veste, finissait par les enlever; alors seulement il redevenait maître de lui et terminait sa leçon en bras de chemise.

Son neveu l'aidait ordinairement dans ses expériences; quand il avait besoin d'un objet, il s'écriait : « Neveu, éternel neveu ! » Mais l'éternel neveu n'était pas toujours là et Rouelle se décidait à aller chercher lui-même l'objet qui lui manquait; seulement, tout en furetant dans son laboratoire, il continuait à parler, finissant devant les alambics et les cornues l'explication qu'il avait commencée devant ses auditeurs; il rentrait alors dans la salle et se montrait très étonné lorsqu'on lui demandait de vouloir bien reprendre sa leçon où il l'avait laissée.

XIII

Les nouvelles galeries de zoologie ont été terminées en 1882 et inaugurées en 1889.

Ici, les naturalistes ne se plaindront pas, l'espace ne leur a pas été ménagé et cependant tout est rempli déjà.

Au rez-de-chaussée, dans un hall immense, se trouvent les plus grands animaux : éléphants, girafes, rhinocéros, hippopotames, buffles, bisons, dromadaires, chameaux, etc., ont été groupés d'une façon originale et artistique qu'on n'est pas habitué à rencontrer dans les collections d'histoire naturelle, où l'on s'occupe surtout de placer les animaux de la façon la plus commode pour l'étude ; cette fois on a cherché, autant que possible, à faire décoratif et on y a réussi.

Dans ce grand espace, baignés par la lumière qui tombe à flots du plafond en vitrage et qui les éclaire comme en plein air, les animaux

Une conférence dans les nouvelles galeries du Muséum.

empaillés donnent pour un moment l'illusion de la vie. Aujourd'hui, du reste, les empailleurs ou, pour parler scientifiquement, les taxidermistes font des merveilles.

La mode de l'empaillage s'en va; il n'y a plus guère que les savants et les artistes qui, dans un but d'utilité plutôt que par goût, possèdent chez eux des animaux empaillés; bien rares sont les personnes qui, ayant perdu un chien, un chat ou un serin qu'elles ont tendrement aimés, tiennent à conserver la pauvre bête bourrée de foin ou d'étoupe et immobilisée dans une pose aussi ridicule que peu naturelle.

Au Muséum, l'empaillage s'appelle la taxidermie, et la taxidermie est un art; il ne s'agit plus de bourrer un animal et de le placer tant bien que mal sur ses jambes.

M. Quantin, le chef de l'atelier de taxidermie, étudie son œuvre autant que le pourrait faire un peintre ou un sculpteur et cherche avec soin la pose, multipliant les croquis. Pour plus de vérité, la charpente de fer ou de bois qui servait autrefois de carcasse est remplacée le plus souvent par le squelette même de l'animal, la bourre de foin ou d'étoupe est abandonnée, et, pour ces travaux de choix, c'est avec une pâte tendre, assez semblable à celle que les doreurs emploient pour fabriquer les feuillages de leurs cadres, que le taxidermiste, devenu sculpteur, modèle les muscles de l'animal; il ne lui reste plus alors qu'à coudre soigneusement la peau.

Le taxidermiste doit avoir aussi certaines connaissances en peinture, connaissances sommaires, il est vrai; mais enfin, l'empaillage une fois terminé, le taxidermiste saisit sa palette et, en quelques touches savantes, fait reluire le nez d'un ours ou d'un tigre et redonne leurs fines couleurs aux pattes roses de l'ibis, au large bec du pélican ou à la gorge et à la face dénudée du marabout.

De chaque côté du hall immense s'étagent trois galeries qui renferment sous des vitrines tous les animaux de la création : au rez-de-chaussée, les quadrupèdes, les quadrumanes et les poissons; au premier étage, les serpents et les oiseaux; au second étage, les annelés, les mollusques et les zoophytes.

Une salle très intéressante est celle qui contient la collection des nids, depuis le nid grossier du héron jusqu'au léger nid si finement travaillé de l'oiseau-mouche ; nid de fauvette traîne-buisson, nid de pouillot siffleur qui semble tenir en équilibre au bout d'une branche ; nids de mésange, de bergeronnette, de fauvette des roseaux, de pinson, nid de chardonneret, en forme de corbeille ou de coupe, garni intérieurement d'un fin duvet de

La dernière retouche.

laine, de crin et de plume, tandis que l'extérieur, recouvert d'une mousse jaunâtre, se confond avec l'arbre auquel il est suspendu ; nid de rossignol, composé d'épaisses couches de feuilles mortes fortement pressées les unes contre les autres ; nid d'hirondelle, maçonné avec de la terre boueuse ; nid de merle, en pisé tapissé de mousse et d'herbes sèches ; nid de grive, en forme de verre à boire ; nid de loriot, masqué en dehors par du lichen

L'atelier de taxidermie.

argenté et fait de laine, de toile d'araignée et de plume. Puis ce sont les nids plus singuliers encore des oiseaux exotiques, nids en forme de poire ou en forme de bouteille, que l'animal suspend à des branches tellement flexibles, que ni singes ni serpents ne peuvent les atteindre; quelques-uns de ces nids sont séparés intérieurement et forment deux chambres : dans l'une, la femelle couve ses œufs, dans l'autre se tient le mâle, qui par ses chants distrait sa compagne ; d'autres sont recouverts de feuilles que l'oiseau coud ensemble avec du coton qu'il arrache au cotonnier, et qu'il file lui-même à l'aide de son bec et de ses pattes.

Au second étage se trouvent les nids des insectes : nids de guêpes, d'une régularité surprenante; nids de frelons ; nids de termites, creusés dans les arbres, dans les charpentes des maisons qu'ils minent peu à peu ; plusieurs vitrines nous montrent les dégâts causés par ces insectes : des feuilles perforées, des poutres énormes complètement coupées, des troncs d'arbres évidés, des morceaux de liège, de plâtre rongés, et enfin un énorme volume, le registre de la Rochelle, absolument ravagé par le termite lucifuge.

Les termites sont de véritables fléaux ; ils ont envahi les maisons dans presque toutes les villes de la Charente-Inférieure; ils respectent les surfaces extérieures et creusent leurs cellules à l'intérieur, de sorte que l'on ne s'aperçoit le plus souvent de leur présence que lorsqu'il est trop tard pour y remédier. A la Rochelle, la préfecture et l'arsenal étaient minés depuis longtemps : « Un beau jour, dit M. de Quatrefages dans ses *Souvenirs d'un naturaliste*, les archives du département s'étaient trouvées détruites presque en totalité, et cela sans que la moindre trace de dégâts parût en dehors. Un carton rempli de détritus informes semblait renfermer des liasses en parfait état.... J'ai vu, dans l'escalier des bureaux, une poutre de chêne dans laquelle un employé, faisant un faux pas, avait enfoncé la main jusqu'au-dessus du poignet. L'intérieur, entièrement formé de cellules abandonnées, s'égrenait avec un grattoir, et la couche laissée intacte par les termites n'était guère plus épaisse qu'une feuille de papier. »

Il existe en Afrique et en Asie d'autres espèces de termites, connues sous le nom de *fourmis blanches*, et qui semblent se rapprocher des *termites belliqueux* des Indes et de Ceylan.

Le Muséum possède plusieurs nids du termite belliqueux ; ces nids, en terre agglomérée, sont de petite dimension et ne donnent qu'une idée fort imparfaite des véritables édifices que ces insectes construisent dans les régions chaudes.

M. de Quatrefages les compare aux plus grands monuments que l'homme ait élevés, et il conclut que, en tenant compte de la taille respective de l'homme et de l'insecte, il s'en faut de 1 450 mètres que la pyramide de Chéops soit proportionnellement aussi haute qu'un de ces nids de termites.

Pour faire une comparaison plus moderne, on pourrait dire que ces nids ont un peu plus de cinq fois la hauteur de la tour Eiffel.

Ces habitations d'insectes sont aussi solides qu'elles sont gigantesques ; bien qu'elles soient creuses et percées de galeries qui serpentent en tous sens, elles supportent aisément le poids d'un homme et même celui d'un buffle.

A côté des nids de termites se trouve la série très complète des grands crustacés : écrevisses, homards, langoustes, crabes de toutes sortes, parmi lesquels plusieurs magnifiques limules, d'une si étonnante structure, avec leur corps recouvert d'un bouclier et terminé par un poignard ; deux énormes araignées de mer, suspendues au plafond, ont presque deux mètres d'envergure.

Les insectes, les crustacés et les coquillages de petite espèce remplissent tout le reste du second étage ; c'est, à première vue, la partie la moins intéressante du musée de zoologie. Elle renferme cependant des spécimens curieux de mouches, de scarabées, de sauterelles et de papillons, mais tout cela a l'air mesquin et semble perdu dans ces vastes galeries ; les collections auraient certainement gagné à être exposées dans des salles de dimensions restreintes.

Piqués sur leurs cartons dans le sous-verre protecteur, les insectes les plus beaux comme les plus curieux n'attirent pas le regard ; on ne se rend pas compte immédiatement de la rareté de tous ces coquillages entassés dans les vitrines le long des murailles ; et quel effet voulez-vous que produise dans ces galeries, où tiendraient les squelettes des énormes cétacés du rez-de-chaussée, ce pauvre petit tourlourou, qui n'a pas toujours deux centimètres de large?

XIV

A droite et à gauche des nouvelles galeries de zoologie sont situés les serres et le musée de géologie et de minéralogie.

Le musée se compose d'un petit vestibule et d'une immense galerie.

Le vestibule contient la collection de l'abbé Haüy qui fut acquise par un décret de l'Assemblée nationale. L'abbé Haüy, laissant un jour tomber un groupe de spath calcaire cristallisé en prismes, remarqua que les morceaux conservaient toujours une forme régulière ; cette observation fut le point de départ de la cristallographie, science qui a pour objet l'étude géométrique des cristaux. La galerie renferme les roches et les terrains qui composent l'écorce du globe ; une collection de météorites, pierres tombées du ciel ; des plans en relief des Hautes-Pyrénées, du Mont-Blanc, des environs du lac de Genève, du Vésuve et du mont Etna ; d'innombrables échantillons de roches et de minéraux d'ornement et des spécimens de tous les fossiles. Dans ce même bâtiment sont installés les herbiers et la bibliothèque.

Toute cette partie du Muséum est surtout fréquentée par les savants. Le visiteur reste froid devant les soixante mille échantillons minéralogiques et géologiques, souvent même effrayé à l'aspect rébarbatif des blocs de grès quartzeux, de schiste bitumineux, de fer oxydulé et de chaux phosphatée qui décorent le portique, il n'ose entrer et s'en va chercher ailleurs un endroit plus agréable à l'œil.

La nouvelle serre, construite en 1881, lui plaît davantage ; ici, du reste, la science a été sacrifiée au goût du public. On a voulu faire joli et on a fait un peu banal ; sans les étiquettes aux noms plus bizarres que latins qu'on a eu soin de placer en abondance, on se croirait dans un jardin d'hiver quelconque.

La plus ancienne des serres, l'orangerie, où le public n'est pas admis, date de 1795. Elle est, pendant le mauvais temps, le refuge des orangers, des lauriers, des grenadiers, du jambosier d'Australie, de l'olivetier jaune du Cap, de l'olivier du Népal, du visnea des Canaries, du podocarpus du Japon, etc.

Dans les premiers jours de mai, vers le 10 ordinairement, lorsqu'on ne craint plus d'être surpris par une gelée tardive, les plantes, les arbustes et les arbres sont transportés dans le jardin, où ils vont orner les allées et les avenues jusqu'au mois d'octobre, époque à laquelle ils reviennent prendre leur place dans la serre.

Le transport des quatre cents caisses environ, dont plusieurs sont de la hauteur d'un homme, demande beaucoup de soins et une grande habileté ; on est arrivé à exécuter ce travail en trois jours : il en fallait dix et même quinze autrefois.

Pour les plantes et pour les arbustes, la manœuvre est assez facile : on approche de la caisse un chariot qui se redresse verticalement ; une fois la plante solidement amarrée, on fait reprendre au chariot sa position horizontale, ce même mouvement couche la plante, que deux hommes peuvent alors traîner sans difficulté.

Pour les arbres, on se sert d'un solide camion auquel on attelle un cheval. Ce camion, spécialement construit pour le Muséum, est muni de fortes chaînes et de plusieurs treuils mobiles qui peuvent être écartés ou rapprochés selon la taille de la caisse ; là encore, le travail est assez facile ; mais où l'opération se complique, c'est lorsqu'il s'agit de faire sortir les deux palmiers qui ont été donnés à Louis XIV par le margrave de Bade-Dourlach. La fragilité de ces arbres, leur taille qui dépasse de beaucoup la hauteur de la porte de l'orangerie, le poids des caisses sont autant de difficultés qu'il semble impossible de résoudre ; le transport s'effectue cependant, mais il ne demande pas moins d'une heure pour chaque palmier. Des poutres que des tiges de fer relient à la caisse et auxquelles l'arbre est attaché par des cordages vont permettre tout à l'heure de l'incliner et de le coucher presque complètement sans le moindre danger.

L'opération terminée, l'arbre est transporté devant l'amphithéâtre où il doit demeurer pendant la belle saison ; une manœuvre inverse redresse le palmier et le dépose à terre sans le moindre choc.

L'orangerie se vide peu à peu ; elle sert alors à faire sécher les graines, qui sont étalées sur de grandes toiles tendues d'un mur à l'autre.

La sortie des orangers.

XV

Lors de sa création, le Muséum n'attirait guère que les savants et les artistes; la surveillance était peu nécessaire, mais lorsque le public commença à arriver en foule, il fallut songer à protéger les visiteurs contre les morsures et les coups de griffes des animaux, et, chose à laquelle on n'avait pas pensé d'abord, à protéger les animaux contre la malveillance d'une certaine partie du public.

C'est par milliers que, pendant les beaux jours, promeneurs et curieux envahissent les allées, et malheureusement il se rencontre souvent dans une foule aussi nombreuse des gens toujours prêts à faire le mal pour le seul plaisir de le faire.

On a trouvé des animaux empoisonnés avec du phosphore, du tabac, de l'alcool; des oiseaux tués à coups de pierre; d'autres blessés à coups de canne; le zèbre a été lardé avec une aiguille à matelas; enfin, un individu a trouvé plaisant d'essayer, avec un journal enflammé, d'allumer les plumes du casoar. Les gardiens ont, on le voit, en dehors des soins qu'ils donnent aux animaux, une police sérieuse à exercer, et ils s'en acquittent avec la plus grande vigilance; mais la ménagerie est vaste, les animaux sont nombreux et le personnel est insuffisant.

Un seul gardien est chargé de la singerie, qui compte environ cent cinquante pensionnaires; cinq autres s'occupent des herbivores, au nombre de quarante; trois, des oiseaux; deux, des bêtes féroces; en tout, quinze gardiens et auxiliaires pour quatorze cents animaux.

Les gardiens ont encore des corvées supplémentaires : un jour, c'est un animal malade qu'il faut panser; un autre jour, c'est un nouvel hôte qu'il faut introduire de gré ou de force dans son nouveau domicile, besognes souvent peu commodes, lorsqu'il s'agit, par exemple, de frotter de pommade soufrée un tigre que de terribles démangeaisons exaspèrent, ou lorsque le nouvel hôte est un lion de forte taille.

Il nous a été impossible, dans ces courts articles, de passer en revue tous les animaux de la ménagerie ; nous avons parlé des principaux, de ceux surtout que le public ne peut toujours voir facilement ; la plupart des autres : loups, renards, zèbres, dromadaires, antilopes, cerfs, bisons, kangourous, vivent en plein air dans leurs parcs et rentrent le soir seulement dans leurs cabanes ; les visiteurs peuvent donc les admirer tout à leur aise.

Il nous reste à dire quelques mots des oiseaux. La magnifique volière, la plus grande de toutes celles qui existent, a été construite en 1888 par les soins de M. Milne Edwards ; elle a 12 mètres de hauteur, 57 de longueur et 25 de largeur, et ne couvre pas moins de 925 mètres de terrain. De grands arbres, un lac, des ruisseaux donnent aux oiseaux qui habitent cette prison magnifique l'illusion de la liberté ; les hérons au long bec vont cherchant partout leur nourriture, les ibis majestueux marchent en élevant et en abaissant en cadence leurs maigres pattes roses, les cigognes volent jusqu'en haut des arbres où elles établissent leurs nids, les canards barbotent dans les ruisseaux, les cygnes glissent sur le lac tandis qu'au bord de l'eau les pingouins et les manchots aux courtes ailes se tiennent figés dans une immobilité stupide ou marchent lourdement en soulevant avec peine leurs grosses pattes palmées.

Non loin de cette volière si gaie, si animée, si vivante se trouve la volière des oiseaux de proie, la fauconnerie, triste, lugubre et menaçant ruine ; elle date de 1825. Les oiseaux de grande taille y sont emprisonnés dans des loges étroites et obscures où ils ne peuvent même pas déployer leurs ailes.

Les aigles perdent leur grand air de majesté et de force : l'œil est éteint, le plumage est terne, les serres semblent n'avoir plus de vigueur et se crispent à peine sur le perchoir. A côté, les vautours, plus repoussants encore qu'effrayants, se consolent de leur captivité en déchiquetant d'énormes quartiers de viande.

La fauconnerie possède aussi des pygargues, des milans, le faucon pèlerin, le busard, le condor des Andes, le secrétaire du Cap, et toute la famille des hiboux : ducs, chouettes, chats-huants, qui se ressemblent tant entre eux et qui se distinguent si nettement des autres oiseaux de proie. Ceux-là sont bien en rapport avec leur triste habitation ; ils se cachent la plupart du temps au fond de leur logette, et quand ils en sortent, c'est pour demeurer immobiles dans un coin, les yeux demi-fermés, éblouis par la lumière du jour.

. . . .

Le Muséum, qui vient de fêter son centenaire, a pu craindre un moment de voir tous ses trésors à jamais perdus.

Pendant le siège de Paris, déjà les animaux les plus rares étaient morts faute de soins et de nourriture, quand le bombardement vint menacer les galeries et les serres; c'eût été la ruine complète, perte irréparable non seulement pour la France, mais pour tout le monde savant : comment remplacer les collections de Cuvier, de Desfontaines, de Levaillant, de Humboldt et de tant d'autres!

L'Académie des Sciences a voulu rappeler ce triste souvenir en rédigeant, sur la proposition de Chevreul, la protestation suivante :

« Le Jardin des plantes médicinales, fondé à Paris par un édit du roi Louis XIII, à la date du 3 janvier 1636, devenu le Muséum d'histoire naturelle le 25 mai 1794, fut bombardé sous le règne de Guillaume roi de Prusse, comte de Bismarck chancelier, par l'armée prussienne dans la nuit du 8 au 9 janvier 1871. Il avait été respecté de tous les partis et de tous les pouvoirs nationaux et étrangers. »

ized by Google

L'INSTITUT PASTEUR

L'INSTITUT PASTEUR

I

Sur la façade d'une petite maison, dans une rue obscure de la ville de Dôle, se détache en lettres d'or cette mention :

Ici est né Louis Pasteur
le 27 décembre 1822.

M. Pasteur vient donc d'atteindre sa soixante-treizième année, et M. Pasteur ne se repose pas encore.

Lorsque la maladie douloureuse dont il souffre depuis longtemps déjà, lui laisse un peu de répit, il se remet à l'étude.

On le voit alors parcourir les salles de travail du palais qu'une souscription publique, spontanément couverte, lui a élevé pour favoriser ses recherches et permettre l'application de sa principale découverte : le remède contre la rage ; il se rend aux laboratoires, surveille les travaux de ses élèves, s'informe des résultats obtenus et s'ingénie, chercheur infatigable, à perfectionner son œuvre, à arracher à la science quelque secret nouveau qui profitera à l'industrie ou qui soulagera l'humanité.

La vieillesse de l'illustre savant est la continuation logique de sa vie et sa vie n'a été qu'un labeur continuel.

M. Pasteur commença par faire d'excellentes études au collège d'Arbois, petite ville où ses parents étaient venus s'établir ; le père de M. Pasteur, un ancien militaire, sans fortune, vivait de son métier de tanneur et fondait sur son fils ses plus chères espérances, espérances bien modestes cependant et qui n'allaient pas au delà d'un avenir de professeur dans un collège communal !

M. Pasteur compléta ses études scolaires par une année de philosophie au collège de Besançon, après laquelle il fut reçu bachelier ès lettres; il avait alors dix-huit ans et débuta aussitôt dans l'enseignement par un emploi de maître d'étude surnuméraire à ce même collège de Besançon.

Pion ! pion dans un collège de province, voilà ce que fut pendant trois années le savant universellement connu aujourd'hui ! Malgré la besogne dont son emploi chargeait ses journées, il trouvait du temps pour travailler et se préparer à l'École normale.

Déclaré admissible la première fois qu'il se présenta, en 1842, M. Pasteur ne voulut pas entrer avec le rang de quatorzième qu'il avait obtenu, et résolut de se présenter à nouveau après une autre année de préparation exclusive; il se fixa à Paris dans une institution dont le directeur, M. Barbet, était son compatriote; là, il put étudier en toute liberté, et à la fin de l'année il fut reçu quatrième.

Depuis plusieurs années déjà, M. Pasteur se sentait attiré vers la chimie et dirigeait du côté de cette science son esprit et ses efforts. A l'École normale, ce goût s'affirma de plus en plus; M. Pasteur devint le meilleur et le plus assidu des élèves de Balard et de Delafosse, qui professaient à l'École, et de Dumas, chargé du cours de chimie de la Sorbonne. En 1846, il était reçu agrégé des sciences physiques, et l'année suivante docteur ès sciences.

M. Pasteur resta à l'École normale jusqu'en 1848, comme préparateur de chimie; il quitta ce poste pour celui de professeur de physique au lycée de Dijon, où il ne fit que passer.

Il venait, en effet, de se faire connaître du monde savant par des recherches heureuses sur la structure des cristaux, et ses découvertes lui avaient valu le titre de professeur suppléant de chimie à la Faculté de Strasbourg; en 1854, il devint professeur titulaire.

Continuant toujours sa marche ascensionnelle vers les hauts grades universitaires, M. Pasteur fut successivement doyen de la Faculté des sciences de Lille en 1854; directeur des études scientifiques à l'École normale en 1857; professeur de géologie, de physique et de chimie à

M. Pasteur.

l'École des Beaux-Arts en 1863 ; enfin professeur de chimie à la Sorbonne en 1867.

Déjà en 1863, il s'était fait entendre à la Sorbonne dans des conférences qui avaient eu un grand retentissement et occasionné de véritables combats à coups de plumes, d'expériences et de contre-expériences ; il exposait le résultat de ses observations et de ses études sur les *infusoires* dont il s'occupait depuis plusieurs années.

Les théories de M. Pasteur étaient en contradiction avec celles d'un grand nombre de savants, à la tête desquels se trouvait M. Pouchet, directeur du Muséum d'histoire naturelle de Rouen.

Tandis que M. Pouchet et ses partisans prétendaient que les infusoires, êtres infiniment petits, naissaient tout d'un coup du milieu même où on les rencontrait, M. Pasteur et ses champions affirmaient que tous ces êtres provenaient de germes, ou *microbes*, ou *ferments*, répandus dans l'air, germes qui, rencontrant des substances propres à les faire vivre, s'y fixaient et s'y développaient.

Ces travaux sur les ferments et sur la fermentation, auxquels M. Pasteur se livrait depuis 1854, l'avaient conduit à des applications pratiques dont l'industrie avait immédiatement fait son profit.

Il avait commencé par rechercher la cause qui faisait tourner le lait, et l'avait trouvée dans un animalcule, un ferment qu'il appela le *ferment lactique* ; ce petit être décomposait le sucre du lait afin d'y prendre les substances nécessaires à sa nourriture et se multipliait avec une rapidité excessive ; M. Pasteur découvrit ensuite le ferment du beurre, puis les ferments du vinaigre et du vin ; ces deux dernières découvertes amenèrent d'importants résultats.

M. Pasteur avait remarqué les conditions dans lesquelles se produit le vinaigre ; du vin abandonné à l'air libre s'aigrit, perd son alcool et se transforme en vinaigre ; le phénomène se produit en même temps qu'une couche blanchâtre et fleurie se montre à la surface du liquide ; M. Pasteur étudia cette couche blanchâtre et vit qu'elle était formée d'un nombre incalculable de petits ferments ; il ne tarda pas à s'apercevoir qu'en déposant un peu de ces ferments — les *mycoderma aceti* — sur du vin, celui-ci se tournait très rapidement en vinaigre. Il répéta son expérience et donna bientôt une méthode sûre et nouvelle pour fabriquer en peu de temps une grande quantité de vinaigre ; jusqu'alors on n'avait obtenu par semaine que dix litres au plus de vinaigre par hectolitre de vin, maintenant on transforme en dix jours cent hectolitres de vin en vinaigre.

Après le vinaigre, M. Pasteur étudia le vin et ses maladies ; il reconnut que celles-ci provenaient toutes de ferments se développant dans le liquide ; ayant découvert la cause du mal, il chercha à la combattre, et après diverses expériences trouva ce procédé fort simple qui consiste à chauffer les vins jusqu'à 60 degrés pour les empêcher de s'altérer, procédé qui permet de les conserver ou de les faire voyager sans crainte, et qui n'enlève rien à leur saveur, à leur parfum ou à leur couleur.

Au moment où il poursuivait ses études sur le vinaigre et sur le vin, M. Pasteur fut amené à porter d'un autre côté ses recherches.

Les départements du Midi étaient, depuis 1849, dans la plus grande désolation : leur principale industrie, l'industrie de la soie, semblait menacée. Les vers à soie étaient en proie à de terribles épidémies qui ravageaient des magnaneries entières ; un grand nombre d'œufs ne valaient rien ; les vers qui résistaient d'abord succombaient pendant les différentes phases de leurs transformations et avant d'avoir pu filer leurs cocons ; chaque année, des millions se trouvaient perdus. Le mal avait gagné toute l'Europe et se propageait avec une incroyable rapidité !

Déjà bien des remèdes avaient été proposés lorsque le chimiste Dumas fut nommé rapporteur d'une commission chargée d'étudier les maladies des vers à soie.

Dumas avait été, à la Sorbonne, professeur de M. Pasteur ; il pensa naturellement à son éminent élève, qu'il décida à s'occuper de l'importante question. M. Pasteur se rendit à Alais trois années de suite, de 1865 à 1868, à l'époque de l'éclosion des vers ; après de patientes recherches, il détermina les causes des maladies et, par une destruction des papillons reconnus malades et des œufs qu'ils avaient pondus, il indiqua les moyens d'empêcher la propagation du fléau et rendit aux populations du Midi la source de richesses qui avait failli leur échapper.

Ces travaux pénibles avaient épuisé le savant qui, en 1868, se sentit frappé d'une attaque d'hémiplégie ; il ne s'est jamais complètement remis de cette atteinte cruelle dont il faillit mourir : il avait alors quarante-cinq ans.

Avant même d'être rétabli, il recommença ses travaux afin de faire une lumière complète sur les causes de la maladie des vers à soie et de convaincre ceux qui doutaient encore de la vérité de la découverte et de l'efficacité des moyens préventifs.

L'année terrible approchait; la guerre était déclarée et M. Pasteur, malade dans sa petite maison d'Arbois, assista tristement au douloureux spectacle de la France vaincue, envahie, amoindrie; le 18 janvier 1871, il renvoya au doyen de la Faculté de Bonn le diplôme qu'il avait reçu en 1868, et qui le faisait membre de cette Faculté allemande.

C'est immédiatement après la guerre qu'il entreprit ses travaux sur la bière et qu'il découvrit le procédé auquel on a donné le nom de *pasteurisation*, procédé qui consiste à chauffer la bière mise en bouteilles jusqu'à 50 ou 55 degrés pour la préserver de toute atteinte.

Ces grands services rendus à l'industrie n'étaient pas restés sans récompense; les distinctions et les honneurs étaient venus de toutes parts au savant.

L'Angleterre l'avait nommé, en 1869, membre étranger de la Société royale de Londres, qui lui avait déjà décerné en 1856 la médaille de Rumfort, en 1861 le prix Jenner, et qui lui donna plus tard, en 1874, sa médaille de Copley; la Société des arts de Londres lui offrit sa médaille Albert en 1882 et lui envoya l'année suivante le diplôme de docteur ès sciences de l'Université d'Oxford.

En 1868, le ministère de l'agriculture de l'empire austro-hongrois offrait à M. Pasteur un prix de 10 000 florins pour ses travaux sur les vers à soie.

La France ne restait pas en arrière.

En 1862, l'Académie des Sciences avait ouvert ses portes à M. Pasteur et, en 1873, l'Académie de Médecine se l'attacha en qualité d'associé libre; cette même année, la Société d'Encouragement lui offrait un prix de 12 000 francs; enfin, en 1874, après avis d'une Commission savante et sur la proposition du ministre de l'Instruction publique, l'Assemblée nationale lui vota une pension annuelle et viagère de 12 000 francs; en 1881, M. Pasteur fut élu membre de l'Académie française en remplacement de Littré; dès 1868 il était commandeur de la Légion d'honneur; aujourd'hui il est grand-croix : il a la plus haute dignité de l'Ordre.

II

Malgré tous ces succès, M. Pasteur n'était encore connu que du monde savant; il ne devint populaire qu'à partir de 1885, après la lecture à l'Académie de Médecine de sa *méthode pour prévenir la rage après morsure*.

Depuis la guerre, M. Pasteur s'occupait des maladies infectieuses, particulièrement du *charbon* et du *choléra des poules*; il reconnut que ces maladies étaient dues à des microbes se développant en quantité prodigieuse chez l'animal atteint, et fut bientôt en mesure de les détruire grâce à la vaccination : il trouva successivement le vaccin du charbon et le vaccin du choléra des poules.

C'est en 1880 que M. Pasteur commença à s'occuper de la rage; il avait, à cette époque, son laboratoire à l'École normale, et le Conseil municipal venait de mettre à sa disposition le jardin de l'ancien collège Rollin, où fut installée la série étrange et lugubre des animaux malades : moutons charbonneux, chevaux morveux, poules cholériques et chiens enragés.

M. Pasteur, pendant cinq années, étudia les cas de rage qu'on lui signalait dans les hôpitaux ou chez les vétérinaires, accumulant les faits et les expériences, n'abandonnant rien au hasard, poursuivant son but avec méthode sans se laisser décourager par des difficultés, des obstacles que tant d'autres savants déclaraient insurmontables. En 1885 il était arrivé à se rendre maître de la maladie, la donnant quand il voulait, la faisant éclater dans un délai de quelques jours, tandis que dans les cas naturels elle couve quelquefois plusieurs mois avant de se manifester, rendant des animaux inaccessibles à la rage et enfin, résultat merveilleux et inespéré, pouvant préserver de la rage des animaux mordus.

Par des essais multipliés et tous couronnés de succès, le savant avait pu se convaincre de l'excellence de sa méthode, mais jusqu'alors il n'avait expérimenté que sur des animaux, particulièrement sur ceux appartenant à la race canine, et, bien que persuadé de l'efficacité du traitement, il disait souvent : « Quelque rassuré que je puisse être par les résultats sur

Le chenil.

des chiens, je sens que le jour où je tenterai l'inoculation sur l'homme, la main me tremblera. »

Aussi quand il vit arriver à son laboratoire de la rue d'Ulm, réclamant ses soins et n'ayant plus d'espoir qu'en lui, un enfant de neuf ans qu'on amenait d'un petit village d'Alsace, il ne put s'empêcher d'hésiter. Le cas était grave : l'enfant, le jeune Meister, portait sur le corps les traces de onze morsures ; il était condamné.

Le pauvre petit raconta la tragique aventure dont il avait été victime : il allait à l'école lorsque, dans le sentier qu'il parcourait en jouant, apparut tout à coup un chien furieux qui se jeta sur lui, le mordant avec un acharnement féroce ; un maçon qui passait avait fait lâcher prise à l'animal et arraché l'enfant à une mort imminente.

Les parents de Meister, justement inquiets, se rendirent chez le médecin d'un village voisin ; ce médecin, le docteur Weber, ne leur cacha pas le danger que courait leur enfant et leur conseilla, comme suprême ressource, d'aller voir un savant qui habitait rue d'Ulm, à Paris, M. Pasteur.

Encouragé par les docteurs Vulpian et Grancher, M. Pasteur se résolut à essayer sa méthode ; il installa son petit malade auprès de lui et eut la joie de le sauver.

Cette guérison produisit une sensation profonde, non seulement chez les savants et chez les médecins, mais encore dans toutes les masses ; aussi, peu de temps après arrivait rue d'Ulm un berger de quinze ans, Jupille, qui avait été mordu six jours auparavant.

Le jeune garçon avait fait preuve, dans des circonstances dramatiques, d'un sang-froid et d'un courage si surprenants que l'Académie française lui décerna un prix de vertu.

Jupille gardait ses troupeaux à Villers-Tarlay, petite commune du Jura ; des enfants jouaient non loin de là ; tout d'un coup le jeune berger vit un chien écumant accourir dans la direction de la bande joyeuse. Jupille pouvait fuir ; pour échapper au danger il n'avait même qu'à demeurer dans l'endroit écarté qu'il occupait ; au lieu de cela, il avance, fait face au chien, qui, trouvant devant lui cette nouvelle proie, se jette dessus ; la main gauche de Jupille est prise entre les crocs de l'animal féroce.

Pendant que les enfants affolés se sauvent en poussant des cris, le jeune berger ne perd pas courage ; il réunit toutes ses forces, parvient à se dégager, et, tandis que l'animal cherche encore une fois à le saisir, il lui entoure la gueule avec la lanière de son fouet, serre fortement, et, d'un de ses sabots dont il frappe à coups redoublés, assomme la bête furieuse et l'étend morte à ses pieds.

Après les traitements du jeune Joseph Meister et du berger Jupille, traitements si heureux et dont tout le monde avait suivi les différentes phases avec un intérêt et une émotion toujours croissants, l'enthousiasme fut indescriptible.

La terrible maladie de la rage était vaincue; le nom de M. Pasteur fut bientôt sur toutes les lèvres et pénétra jusque dans l'intérieur le plus humble, le plus fermé à la science; ses portraits furent répandus par milliers dans les journaux, et les sociétés savantes du monde entier firent un accueil chaleureux à la nouvelle découverte française.

De violentes attaques, venues aussi bien de France que de l'étranger, ne parvinrent pas à diminuer la confiance; chaque jour, de nouveaux malades accouraient au laboratoire de la rue d'Ulm se soumettre aux inoculations. En 1886, dix-neuf paysans russes arrivèrent dans un état épouvantable et qui semblait désespéré : un loup enragé leur avait fait de cruelles blessures à la tête et sur le corps.

Les morsures à la tête sont de toutes les plus dangereuses, car le virus a peu de chemin à faire pour atteindre les centres nerveux, et, le vaccin n'ayant pas le temps de le devancer, la rage se déclare souvent pendant le traitement. Il y avait en outre quinze jours déjà que les malheureux avaient été mordus.

Les inoculations furent pratiquées sans retard : seize de ces dix-neuf paysans furent sauvés; les trois qui succombèrent avaient la tête couverte de morsures; dans le crâne de l'un d'eux se trouvait même un morceau de la dent du loup.

Les guérisons multiples qu'opérait la nouvelle méthode étaient la meilleure réponse à ceux qui doutaient encore et qui, du reste, formaient une bien petite minorité.

De toutes parts, de Paris, de la province, de l'Europe et des pays les plus reculés, les mordus arrivaient dans des proportions toujours croissantes. Le laboratoire et les annexes que l'on avait dû créer se trouvaient pris complètement par les exigences du service de la rage et s'encombraient de plus en plus; il ne restait pas une place pour les recherches et pour les études.

C'est alors que M. Pasteur eut l'idée de provoquer une souscription publique à l'effet d'établir et d'entretenir un établissement affecté principalement au traitement des malades, mais permettant aussi de continuer les travaux et les recherches sur les causes des maladies infectieuses et sur les moyens de les combattre.

La souscription atteignit bientôt un chiffre considérable; l'argent arrivait de tous les pays : le tsar de Russie, l'empereur du Brésil, le sultan s'inscrivaient parmi les souscripteurs. On recueillit en deux ans près de trois millions et l'on put construire à Vaugirard, sur un terrain de 11 000 mètres carrés, un immense bâtiment qui reçut le nom d'*Institut Pasteur* et qui fut inauguré solennellement le 14 novembre 1888, en présence du Président de la République.

Les constructions sont simples; aucun luxe ni à l'extérieur ni à l'intérieur, mais des laboratoires et des salles bien disposés, bien aérés et abondamment éclairés.

Le principal service de l'Institut Pasteur est naturellement celui de la rage. Ensuite viennent le service de la *Microbie générale* et le service de la *Microbie technique*, où l'on étudie tous les microbes bons ou mauvais, leur forme, leurs mœurs, leurs qualités ainsi que les différents milieux qui leur sont favorables ou qui les tuent; puis les laboratoires d'études et les laboratoires de recherches.

III

La salle où se tiennent les malades en attendant leur tour de passer devant le médecin est une vaste pièce dallée, éclairée par de hautes fenêtres et meublée simplement de banquettes de bois et d'une large table; au mur, les photographies de l'Institut Pasteur de Rio-de-Janeiro, des cartes de géographie et de larges affiches contenant les renseignements suivants :

« L'Institut Pasteur a été fondé et est entretenu par souscription publique.

« Le traitement antirabique est gratuit.

La salle d'attente.

« Les dons ou libéralités des personnes traitées sont reçus de dix heures à midi au bureau de M. l'économe.

« Toutes les personnes mordues doivent prendre un bain le jour de leur arrivée et tous les deux ou trois jours pendant le traitement.

« Les personnes en traitement sont informées qu'aucun hôtelier n'est autorisé à se dire chargé par l'Institut Pasteur du logement des personnes mordues.

« Aucun hôtel n'est patronné par l'Institut Pasteur. »

L'Institut Pasteur, en effet, s'est vu obligé de défendre ses malades de la province et de l'étranger contre la rapacité de certains industriels qui, par des promesses alléchantes, attiraient ces malheureux dans quelques hôtels où on leur faisait payer très cher une mauvaise chambre et une piètre nourriture.

Le traitement antirabique dure dix-huit jours, pendant lesquels les malades doivent vivre à Paris; nombre d'entre eux sont loin d'être fortunés et, pour venir se faire soigner, se voient non seulement obligés d'abandonner leur métier pendant ce laps de temps assez long, mais encore de faire un voyage fort coûteux; pour la plupart, un tel arrêt dans le travail joint à une aussi grande dépense serait impossible, aussi les communes se chargent-elles, en général, du voyage de leurs administrés trop pauvres pour y subvenir eux-mêmes, et leur donnent-elles en outre une allocation qui leur permet de séjourner dans la ville le temps nécessaire au traitement.

Parmi les personnes que reçoit tous les jours l'Institut Pasteur, beaucoup se trouvent dans ces conditions; il y avait là une jolie somme à récolter pour les hôtels du voisinage, et voilà comment fut créée la profession de *racoleur d'enragés*.

Lorsqu'un malade arrive pour la première fois, il entre d'abord dans la salle d'inscription, où il subit un interrogatoire en règle. Ses réponses sont consignées sur un registre spécial que l'on conserve dans les archives et qui contient, jour par jour, depuis sa mise en vigueur, l'histoire du traitement de la rage, des résultats qu'il a donnés et des cas curieux qui se sont présentés. On trouve d'abord les nom, prénoms, âge, profession et domicile des personnes mordues et les renseignements répondant aux demandes suivantes :

« Quelle est la date des morsures, leur nombre, leur siège, leur état ?

« La cicatrisation a-t-elle été faite au fer rouge ou à l'aide d'agents chimiques ?

« A quelle date ? »

Viennent ensuite les indications fournies par le vétérinaire qui a pu voir ou abattre l'animal auteur de la morsure.

Puis les renseignements particuliers :

« A qui appartient le chien ?

« Qu'est-il devenu ?

« Avait-il été mordu par un autre chien ?

« Combien de temps avant sa maladie ?

« Avait-on observé un changement de la voix ou du caractère de l'animal ?

« A-t-il mordu d'autres personnes ou d'autres animaux ? »

Ici les réponses, faites par les malades eux-mêmes, sont souvent curieuses. En regard de la question : « A qui appartenait le chien ? » on peut lire : « C'était un chat, son chat ! » et plus loin : « C'était un âne attaché à un arbre ; il est mort le soir même après avoir refusé de boire ; il se mordait les jambes, le ventre et tous les objets qui se trouvaient à sa portée ».

En dernier sont inscrits les renseignements donnés par le laboratoire : la date de la remise du chien enragé ; les conclusions fournies par l'autopsie et enfin les résultats de l'inoculation.

Les personnes traitées à l'Institut Pasteur sont divisées en trois groupes : dans le premier sont celles qui ont été mordues par des animaux reconnus enragés à la suite d'expériences faites au laboratoire, soit en observant des animaux mordus en même temps que la personne traitée, soit, possédant l'animal mordeur, en lui faisant mordre un autre animal que l'on observe à son tour.

Le deuxième groupe contient les personnes qui ont été mordues par un animal qu'un vétérinaire a reconnu enragé.

Dans le troisième groupe on range les personnes mordues par des animaux que l'on n'a pas été à même d'examiner et que l'on déclare *suspects de rage.*

Beaucoup de gens, en effet, sont mordus par des animaux qui s'enfuient

L'inoculation, à l'Institut Pasteur.

et que l'on ne revoit jamais, ou que l'on tue et dont les cadavres abandonnés ne sont soumis à aucune expérience; d'autres sont mordus par des animaux qui ne sont nullement enragés, qui sont seulement furieux ou excités. Dans l'incertitude où l'on est et dans la crainte de voir un jour la terrible maladie se manifester tout d'un coup, on n'hésite pas à les traiter; si les inoculations sont inutiles, elles ont toujours un résultat important, elles rassurent immédiatement les malheureux et leur rendent la tranquillité et la gaieté.

Les morsures faites par un animal enragé ne sont pas plus longues à guérir que lorsqu'elles proviennent d'un animal en état de santé. Au point de vue de la gravité, elles sont divisées en trois catégories : les morsures à la tête, qui sont les plus dangereuses; les morsures aux mains; les morsures aux membres et au tronc.

Les chances de guérison sont d'autant plus grandes qu'il s'est écoulé moins de temps entre le jour de la morsure et le jour où commence le traitement.

Après avoir satisfait aux interrogations, les malades passent dans la salle d'inoculation.

C'était un élève de M. Pasteur, M. le docteur Roux, qui était, ces derniers temps encore, chargé de pratiquer les inoculations.

L'aspect de la salle n'a rien d'effrayant et on ne croirait pas assister à une série d'opérations aussi importantes.

Debout devant une haute table couverte de petits verres contenant le vaccin à différents degrés, le préparateur remplit de petites seringues dites seringues de Pravaz, les mêmes dont on se sert pour toutes les injections sous-cutanées; il passe une seringue à l'opérateur; celui-ci, assis sur un tabouret, a devant lui, maintenu par un aide, le patient dont les flancs sont à découvert; il pince la peau au-dessous des côtes, de façon à former un bourrelet, enfonce la pointe acérée de la seringue, presse sur le piston, faisant couler ainsi la quantité de vaccin nécessaire, retire aussitôt la seringue et s'occupe immédiatement d'un autre malade.

Le défilé est des plus pittoresques : à un paysan des Landes succède un soldat russe, à une Bretonne un Arabe, un Égyptien ou un Espagnol; tous les départements de la France et toutes les contrées de la terre se trouvent tour à tour représentés.

L'opération est très rapide, et la douleur, comparable à la souffrance produite par une forte piqûre suivie d'une cuisson comme en occasionnerait une brûlure, dure à peine quelques secondes.

Les malades pour la plupart sont assez courageux ; ils affectent de ne pas regarder l'opérateur et fixent vaguement la muraille comme s'ils pensaient à autre chose : une grimace, une petite contraction de la bouche au moment où pénètre l'aiguille, et c'est tout. Quant aux soldats de tous pays qui se rencontrent fréquemment parmi les mordus, ils restent impassibles, font le salut militaire sitôt piqués et pivotent sur les talons.

Les femmes et les personnes nerveuses et impressionnables poussent seules quelquefois des cris et des exclamations de frayeur ; elles ont en réalité plus de peur que de mal.

Les enfants, eux, ne peuvent retenir leurs larmes ; on est obligé de recourir à toutes sortes de ruses ou de promesses pour les amener à se laisser soigner sans trop de résistance ; les tout petits surtout font peine à voir avec leurs figures apeurées, les pauvres bébés ne comprennent pas pourquoi on leur fait ainsi du mal : le docteur les maintient, leurs jambes entre ses genoux. L'enfant pousse un cri : « Pas bobo, monsieur ! » sa maman l'emmène et l'embrasse. C'est déjà fini, il n'y pense plus.

IV

On inocule en moyenne, chaque jour, à l'Institut Pasteur, cent personnes mordues par des animaux enragés : il est donc nécessaire d'avoir des provisions considérables de vaccin. Ce vaccin est fourni par des lapins ou par des cochons d'Inde à qui l'on a préalablement communiqué la rage ; une dizaine de lapins et autant de cochons d'Inde sont ainsi sacrifiés journellement.

Il a fallu dès le début songer à la façon dont on se débarrasserait des dépouilles de tous ces animaux ; et un four crématoire ou plutôt un fourneau a été construit au fond du jardin.

Ces débris dangereux y sont jetés et brûlent mêlés au combustible ;

aucune odeur ne se dégage et les cendres qui restent dans le foyer sont absolument inoffensives.

Le four crématoire ne fonctionne que pendant la belle saison ; l'hiver, il est remplacé sans inconvénient par l'énorme calorifère qui chauffe tout l'Institut.

L'opération qui doit donner la rage au lapin se pratique très rapidement et de telle sorte que l'animal n'éprouve aucune souffrance ; du reste on ne fait pas souffrir inutilement les victimes que la science réclame. Tout animal sur lequel on doit faire une expérience quelconque, est endormi à l'aide du chloroforme et reçoit, avant comme après l'opération, tous les soins nécessaires.

Le lapin est particulièrement bien traité, car pour fournir un bon vaccin, il doit être gras et en parfaite santé.

Quand il est dodu à souhait et qu'il pèse au moins deux kilogrammes, on l'emmène en compagnie de plusieurs de ses congénères dans la salle du supplice. Cette salle est grande, haute et claire ; une large table sur laquelle s'étalent les instruments de torture occupe le milieu, d'autres tables à dessus de faïence et des armoires contenant des bouteilles, des flacons et des entonnoirs sont appuyées aux murs.

Les instruments de torture consistent en une planche percée de trous, en ciseaux, en bistouris et en un outil de la forme d'un vilebrequin, le *trépan*; l'opération elle-même s'appelle la *trépanation* ou perforation du crâne.

Le lapin, saisi par les deux oreilles, est immédiatement couché à plat ventre sur la planche ; un aide lui attache solidement les pattes de derrière. Pendant ce temps, l'opérateur a versé quelques gouttes de chloroforme dans un cornet de papier, il en coiffe la tête de l'animal ; le lapin tressaille, puis reste immobile ; au bout d'un instant le cornet enlevé laisse voir la tête du lapin légèrement inclinée, les yeux sont fermés : le lapin dort.

L'opération commence alors véritablement. L'opérateur coupe un carré de poils sur le sommet de la tête, puis fend la peau sur une longueur de trois centimètres environ ; appuyant ensuite, sur la partie du crâne mise à nu, le trépan dont la base est munie d'une scie circulaire qui se meut à l'aide d'une manivelle, il enlève une rondelle d'os de la largeur d'une pièce de vingt centimes; quelques gouttelettes de sang perlent à la surface de la blessure, l'opérateur, prenant alors une seringue Pravaz remplie de virus rabique, inocule le virus au cerveau même du lapin; il rapproche les chairs, recoud la peau tant bien que mal avec une aiguille et un bout de ficelle et met l'animal à terre.

Celui-ci reste étourdi pendant quelques secondes, puis il ouvre les yeux, se secoue et se met à trotter vers un coin de la salle où il vient d'apercevoir des croûtes de pain et des feuilles de chou placées là à son intention : la terrible opération n'est pas parvenue à lui ôter l'appétit.

A mesure que les lapins sont inoculés, on les porte dans une autre salle, où ils restent enfermés dans des cages en attendant que la maladie se déclare. Ce n'est pas long; l'animal est peu à peu envahi par la paralysie et au bout de sept jours meurt enragé. Son corps est alors ramené dans la salle de la trépanation, il faut maintenant enlever le cerveau et la moelle épinière, qui serviront à confectionner le vaccin; on manie les chairs avec des pinces, en prenant les plus grandes précautions, car le virus rabique pourrait pénétrer, par une légère coupure ou une simple écorchure, dans le sang de l'opérateur.

Les moelles, coupées en morceaux, sont suspendues dans des bouteilles qui ont été *stérilisées*, c'est-à-dire débarrassées de tout germe ou microbe; ces bouteilles renferment en outre un peu de potasse caustique qui dessèche l'air qu'elles contiennent; elles sont alors placées à l'abri de la lumière dans une armoire et maintenues à la température de 25 degrés.

Dans cette armoire se trouve toute une série de moelles plus ou moins âgées et qui constituent des vaccins plus ou moins forts.

C'est sur cette question de l'âge des moelles que repose la méthode de M. Pasteur, et voici comment il est arrivé à la découvrir et à se servir des moelles du lapin pour obtenir le virus rabique.

M. Pasteur avait reconnu que, contrairement à ce que l'on prétendait, le virus de la rage n'était pas contenu seulement dans la salive du chien enragé, mais qu'il se trouvait surtout dans la moelle épinière et dans les centres nerveux.

Cela expliquait la marche que suit la maladie dans deux cas parfaitement distincts : chez les personnes mordues aux bras et aux jambes, les accès ne commencent souvent qu'au bout d'un ou deux mois, quand le virus a

La trépanation du lapin.

atteint le cerveau, après avoir été transmis par les nerfs, tandis que chez les personnes mordues à la tête la maladie survient beaucoup plus rapidement, le virus pénétrant plus vite dans le cerveau.

M. Pasteur conclut de cette découverte qu'il était en mesure de donner la rage à coup sûr ; il trépana des lapins et leur inocula sous la dure-mère, à la surface du cerveau, de la moelle de chien enragé : au bout de quatorze à quinze jours les lapins moururent de la rage ; il arriva à réduire ce temps à six jours, en se servant, pour inoculer des lapins sains, de moelles de lapins déjà enragés.

M. Pasteur se demanda alors s'il ne serait pas possible d'atténuer le virus rabique qu'il possédait et qui rendait infailliblement enragé tout animal auquel on l'inoculait.

Après bien des recherches, il enferma les moelles des lapins morts de la rage dans des bouteilles stérilisées contenant de la potasse caustique et maintenues dans l'obscurité à la température de 23 degrés, comme nous l'avons dit.

M. Pasteur essaya ces moelles ainsi enfermées : il vit que de jour en jour elles perdaient de leur force et que le quinzième jour elles étaient tout à fait inoffensives. Il recommença souvent ces expériences et arriva chaque fois aux mêmes résultats. M. Pasteur possédait donc une série de moelles de moins en moins virulentes. Il inocula des chiens bien portants avec la série des moelles atténuées en commençant par la moelle anodine, pour terminer par la plus forte, qui tuait à coup sûr ; cette dernière n'avait plus de prise sur les animaux inoculés successivement par la série de moelles d'âges différents. Ces animaux étaient réfractaires à la rage ; on les fit même mordre par d'autres chiens enragés sans parvenir à leur donner la maladie : ils étaient *vaccinés*.

Le résultat obtenu était grand, M. Pasteur visait à en obtenir un plus grand encore.

La rage, se disait-il, étant très longue à se déclarer chez les personnes ou chez les animaux mordus, la vaccination, au contraire, par l'emploi des virus du plus faible au plus fort, s'effectuant au bout de quinze jours, ne pourrait-on pas, en vaccinant les malades sitôt après les morsures, arriver à les rendre réfractaires à la rage ? le vaccin devancerait le virus dans sa marche.

M. Pasteur mit son idée à exécution et réussit en opérant sur des chiens mordus ; nous avons vu comment, sûr cependant de l'excellence de sa méthode, il fut pris de la plus vive émotion le jour où il dut l'appliquer pour la première fois sur un enfant, le jeune Joseph Meister, et nous avons vu aussi comment il triompha et sauva son petit malade d'une mort certaine....

Si M. Pasteur a connu le succès et la gloire, il a connu aussi la lutte, non pas la lutte toute naturelle du débutant, mais la lutte bien plus pénible de l'homme arrivé, du savant victorieux qui voit cependant son œuvre calomniée et qui, malgré ses victoires, est obligé de recommencer sans cesse le combat. On avait d'abord dit que son traitement était inefficace, on prétendit bientôt que loin de guérir de la rage il la donnait. Les docteurs Grancher, Vulpian et plus tard les docteurs Brouardel et Charcot, prenant en mains sa défense, déclarèrent qu'il avait accumulé les preuves de l'innocuité puis de l'efficacité de sa méthode ; et qu'il avait le droit de rentrer dans son laboratoire « poursuivre désormais l'accomplissement de sa tâche sans s'en laisser détourner un seul instant par les clameurs de la contradiction systématique ou par les murmures insidieux du dénigrement ».

Les chiffres suivants prouvent combien ils avaient raison :

En 1886, sur 2 671 personnes traitées, il en mourait 25 ; en 1887, le chiffre était de 13 morts sur 1 770 malades; en 1888, de 9 sur 1 622 ; en 1889, de 7 sur 1 830, pour s'abaisser encore dans les années suivantes à 5 puis à 3 morts sur 1 500 traités, soit en dernier lieu une moyenne de 0,19 pour 100, tandis que la moyenne de la mortalité chez les personnes mordues qui ne se font pas vacciner est de 13 à 14 pour 100.

V

Les animaux inoculés occupent une salle spéciale où ils demeurent enfermés dans des cages de fer jusqu'à ce que la mort survienne.

Ils sont là en nombreuse et terrible compagnie : chiens en plein accès, chiens mourants, lapins que la paralysie commence à envahir, cobayes à l'œil déjà vitreux....

De temps à autre, un gardien vient visiter les malheureux hôtes de cette

La salle des animaux inoculés.

triste chambre, ouvre une cage et saisit un mort qu'il va porter au laboratoire d'étude ou de dissection. Parfois un médecin ou des élèves étudient sur place les symptômes de la rage ou suivent les différentes phases de la maladie.

Voici un jeune chien dans sa cage ; il paraît calme, doux, un peu triste seulement ; on le croirait bien portant, et pourtant chez la pauvre bête inoculée récemment, la rage commence déjà son terrible travail. Le gardien qui vous accompagne répondra à votre doute sur l'état de l'animal : « Revenez dans trois ou quatre jours et vous verrez ».

Si vous revenez, en effet, quel changement !

Le chien a un aspect effrayant ; il s'agite sans cesse ; ses yeux brillent, sa bouche écume ; il saute à votre approche, mord tout ce qui se trouve à sa portée : les barreaux de fer de sa cage, qu'il couvre d'une bave sanglante, la paille de sa litière, qu'il avale furieusement ; il jette de temps à autre un aboiement lugubre suivi de hurlements rauques ; enfin, épuisé par la violence même de son accès, il s'arrête, s'accroupit, ferme les yeux ; mais bientôt il les rouvre, hagards ; la fureur reprend : « Il mourra demain », dit simplement le gardien.

Il n'y a pas que des chiens enragés à l'Institut Pasteur, il y a aussi des animaux bien portants, mais qui sont également destinés à être sacrifiés pour les expériences : leur mort à tous est certaine. Ils habitent un chenil spécial construit dans le fond du jardin, non loin du four crématoire.

Ce chenil contient de nombreux hôtes et des hôtes bien différents, depuis le chien de luxe aux belles formes jusqu'au roquet des ruisseaux ; ils ont été ramassés sur les routes, conduits en fourrière par les agents sans pitié, et la fourrière les a vendus à l'Institut Pasteur pour une somme de 2 francs à 2 fr. 50 en moyenne.

VI

On sait qu'il y a des microbes dans toutes les maladies virulentes, on a pu en examiner un grand nombre, décrire exactement leurs formes, leurs mœurs, leurs mouvements, en isolant chaque microbe, en lui créant un milieu artificiel où il vit et se développe, où il est *cultivé* : microbe du choléra des poules, microbe du charbon, microbe du rouget des porcs, etc.

Le four crématoire.

Mais il y a un microbe qui jusqu'ici est resté invisible, c'est le microbe de la rage.

« En comparant la pulpe fraîche du cerveau d'un animal enragé et en même temps par comparaison la substance d'un animal sain, il est très difficile de faire une différence. Il semble cependant que dans la matière rabique, outre les granulations qui sont à profusion dans la pulpe saine, il existe de petits points d'une extrême finesse, presque imperceptibles avec nos plus forts grossissements.... Est-ce là le microbe de la rage? Quelques-uns n'hésitent pas à l'affirmer. Pour nous, tant que la culture du microbe en dehors de l'organisme n'aura pas été faite et que la rage n'aura pas été communiquée au moyen de ces cultures, nous nous abstiendrons d'en parler. »

Voilà ce que disait en 1883, dans sa thèse de doctorat en médecine, M. Roux, préparateur de M. Pasteur.

M. le docteur Roux nous répétait la même chose en 1894, les essais de culture les plus variés n'ont pas réussi; M. Pasteur a vaincu le microbe de la rage, mais il n'a pu l'apercevoir.

Dès sa fondation, l'Institut Pasteur a ouvert un cours de microbie générale théorique et pratique; ce cours, que faisait autrefois M. Pasteur et que fait aujourd'hui M. le docteur Roux, est divisé en deux parties : la partie théorique, qui dure une heure et à laquelle tout le monde peut assister, comme aux cours ouverts de la Sorbonne, du Muséum, du Collège de France; et la leçon pratique, qui dure trois heures, quelquefois davantage.

Ces leçons pratiques sont très recherchées et les élèves sont inscrits quelquefois deux et trois ans à l'avance. On ne peut en accepter un grand nombre, la place, les appareils nécessaires aux recherches faisant défaut; il serait en outre impossible au professeur de suivre le travail de chacun dans tous ses détails.

Quinze élèves environ sont admis; tous possèdent le titre de docteur en médecine; ce sont le plus souvent des médecins de la marine, des médecins étrangers ou des médecins de province qui viennent s'initier aux difficultés de la préparation des virus atténués et se mettre à même, avant leur départ pour les colonies ou leur retour dans leur pays, de pratiquer l'inoculation de la rage.

Dans la leçon théorique, le professeur passe en revue les microbes.

Qu'on les appelle *microzoaires*, *animalcules*, *monades* (animaux inférieurs), *infusoires* (parce qu'on les rencontre dans les infusions), *ferments* (comme étant la cause des fermentations), *vibrions* (quand ils sont mobiles) ; qu'on les nomme d'après leurs formes : *micrococcus* (arrondis deux à deux ou en chaîne) ; *bactéries* (bâtonnets cylindriques) ; *bacilles* (cylindres allongés) ; *cladothrix* (filaments ramifiés) ; *spirilles* (ondulés) : ce sont toujours des petits corps vivants ayant la propriété de se multiplier très rapidement et que l'on trouve dans l'air, dans l'eau, dans la terre, dans les organes de l'homme, des animaux et des végétaux.

Les uns sont inoffensifs ; le plus grand nombre est la cause des maladies infectieuses, des fermentations, des putréfactions et, en général, de toutes les décompositions.

Sur une longue table de marbre, dans des bocaux ou sous des cloches de verre, se trouve une série de produits des moins engageants : poires pourries, oranges lépreuses, fromages gâtés, eau croupie, vin fleuri, bière fermentée. Ces différents spécimens renferment la majeure partie des microbes dont vient de parler le professeur et vont servir aux expériences de la leçon pratique.

Pour faire de bonnes observations il faut de puissants microscopes, des microscopes grossissant au moins mille fois.

Cependant avant l'invention de ce précieux instrument on connaissait déjà l'existence de quelques microbes ou infusoires ; pour leurs observations, les savants se servaient alors de boules remplies d'eau, ou de gouttes de verre fondu superposées et formant microscope ; c'est avec un appareil aussi imparfait que Leeuwenhoeck trouva des petits êtres s'agitant dans l'eau croupie.

Les études furent continuées après Leeuwenhoeck ; en 1773, Muller donna aux corpuscules le nom d'*Infusoria crassicula*.

Les avis étaient bien partagés sur la place qu'il convenait de donner aux infusoires dans les classifications scientifiques ; beaucoup de savants, au milieu de notre siècle, les considéraient encore comme des végétaux et les rangeaient non loin des algues, puis parmi les champignons ; on en fit ensuite un groupe intermédiaire entre les animaux et les végétaux.

L'eau contient une proportion considérable de microbes, non seulement l'eau croupie, qui en est littéralement peuplée, mais aussi l'eau pure, l'eau des rivières, des lacs, des fleuves, la vapeur d'eau qui forme les brouillards ; tout un monde s'agite dans une goutte d'eau : on a trouvé dans un millimètre cube d'eau vaseuse jusqu'à 2 500 millions de petits êtres dont les proportions variaient entre un dix-millième de millimètre et deux millièmes de millimètre de diamètre.

On sait les terribles épidémies dont on attribue la cause à ces habitants de l'eau.

Les fleuves et les rivières, pendant leur parcours à travers les grandes villes, charrient toutes sortes de corps étrangers, des débris d'animaux et de végétaux, des immondices, des détritus, et servent de déversoirs aux égouts ; ils sont alors absolument infestés. Un litre d'eau de Seine pris à Asnières est chargé d'environ 12 800 000 microbes, pris à Bercy de 4 800 000, tandis qu'un litre d'eau de pluie n'en contient que 248 000. Ces eaux sont impropres à la boisson et à l'alimentation, à moins, comme le recommandent les médecins et les hygiénistes, qu'on ne les ait préalablement fait bouillir, car les microbes ne résistent pas à une température de 100 degrés.

L'air est encore plus peuplé de microbes que l'eau, l'air confiné surtout en recèle des proportions considérables ; l'atmosphère des salles de danse, des théâtres, des ateliers, des casernes, des hôpitaux, des rues étroites, obscures et de tous les endroits ou habitations où il y a une agglomération d'individus, est absolument surchargée de microbes.

On a installé au parc de Montsouris un service micrographique ; d'après M. Miquel, le directeur, 1 mètre cube d'air du parc contient de 1 500 à 1 700 microbes, tandis que 1 mètre cube d'air provenant d'un hôpital en présente 5 000, parfois même jusqu'à 11 000. Plus on s'élève dans l'air, moins on rencontre de ces petits êtres : à 2 000 mètres, on n'en rencontre plus.

Le nombre de ces habitants de l'air est, du reste, très variable ; il s'élève avec la température : l'été est la saison où l'augmentation est la plus forte ; en mai 1885, au moment de l'épidémie de choléra qui fit tant de victimes à Paris, on comptait près de 12 000 microbes par mètre cube d'air.

Les microbes ont des modes différents d'existence : M. Pasteur a reconnu que, tandis que les uns avaient besoin d'air pour vivre, d'autres mouraient dans l'air, tués par l'oxygène ; il appela les premiers *aérobies*, les seconds *anaérobies* ; un troisième groupe enfin vit et se développe aussi bien dans l'air qu'à l'abri de l'air.

La table des microbes.

VII

Grâce à ces observations sur le genre d'existence des microbes, M. Pasteur est arrivé à fabriquer pour chacun des microbes qu'il a étudiés et qu'il a découverts un milieu favorable dans lequel il le fait vivre et se reproduire, où il le cultive et l'obtient à l'état de pureté; ce milieu, liquide composé de certains principes, s'appelle un *bouillon*.

La préparation des bouillons est l'un des points les plus importants de la leçon pratique.

Les élèves apprennent à confectionner ces bouillons en même temps qu'ils suivent les cours oraux.

Chaque élève paye une indemnité de cinquante francs à l'Institut, indemnité qui couvre à peine les frais de toutes sortes que les manipulations exigent; à son arrivée au cours, il prend possession d'une petite armoire contenant les instruments qui lui seront nécessaires, éprouvettes, flacons, tubes, entonnoirs, ballons de culture, pinces; une liste indiquant le nombre, la nature et le prix de chaque chose se trouve fixée sur l'armoire afin que l'élève qui a détérioré, cassé ou égaré quelque objet puisse le remplacer.

A leurs débuts les élèves commencent par apprendre à *stériliser* les appareils dont ils se servent, c'est-à-dire à rendre l'air de ces appareils absolument pur : les ballons, les bouteilles, les éprouvettes, les récipients quelconques destinés à contenir le *bouillon* où on élèvera le microbe choisi pour l'expérience ne doivent contenir aucun autre microbe étranger qui, par son développement, nuirait au développement du premier; les entonnoirs à l'aide desquels le bouillon sera transvasé doivent être également stérilisés; comme les microbes ne résistent pas à une température de 100 degrés, on fait subir cette température aux appareils préalablement bouchés avec du coton; quant aux entonnoirs, ils attendent, suspendus deux par deux dans une cuve remplie d'eau bouillante, le moment où ils devront servir.

Pendant que ces préparations préliminaires s'accomplissent, le bouillon cuit dans un réservoir de métal hermétiquement fermé.

La nature du bouillon varie suivant la nature du microbe que l'on veut cultiver ; la température à laquelle il doit être chauffé varie également.

Un *thermomètre* surmonte le réservoir et renseigne les élèves sur le degré de cuisson du bouillon.

Quand le moment est arrivé, un grand émoi règne parmi les opérateurs ; il ne faut pas perdre une minute : le bouillon serait manqué.

Chaque élève s'empare d'une boîte à lait, la remplit de bouillon fumant, et, l'enveloppant de serviettes, accourt vers la table à expériences où se trouvent les entonnoirs plongés dans les cuves d'eau bouillante ; les deux orifices sont à découvert ; par la grande ouverture on verse le bouillon de la boîte à lait et celui-ci tombe goutte à goutte par l'orifice inférieur de l'entonnoir dans le ballon de culture, l'éprouvette ou la bouteille que l'on a eu soin de placer en dessous.

Prenant alors à l'aide d'un tube effilé une goutte de liquide ou une parcelle de matière contenant le microbe que l'on veut étudier, on l'introduit dans ce ballon, cette éprouvette ou cette bouteille, qui est ensuite rebouchée avec soin ; le microbe ne tarde pas à multiplier.

On ne se sert naturellement pour ces études que de microbes dont la manipulation n'offre aucun danger.

Le virus de la rage ne se cultive pas dans un bouillon, puisque son microbe n'a pas encore pu être isolé ; il se cultive, comme nous l'avons vu, dans le corps de certains animaux, les lapins ou les cochons d'Inde de préférence, dont les moelles virulentes sont employées comme vaccin.

La préparation des moelles pour obtenir le vaccin antirabique, ainsi que la préparation du sérum pour fournir le vaccin du croup, dont nous allons parler tout à l'heure, forment la partie principale des travaux de l'Institut Pasteur.

En dehors de ces travaux, une large place est faite aux études proprement dites ; une plus grande est encore laissée aux recherches des savants, car la microbie réserve de nombreuses découvertes ; chaque maladie virulente : le choléra, la fièvre typhoïde, la tuberculose, la fièvre jaune, la peste... ayant son microbe connu ou à connaître doit avoir son vaccin : il s'agit de le trouver.

Le bouillon.

VIII

« Vous verrez, disait M. Pasteur après sa découverte du vaccin du charbon, vous verrez comme tout cela s'agrandira plus tard. Ah! si j'avais encore le temps. »

M. Pasteur a eu le temps; il a vu quelques-unes de ses prédictions se réaliser et il a pu s'écrier en assistant à son propre triomphe dans cet Institut :

« La voilà donc bâtie, cette grande maison dont on pourrait dire qu'il n'y a pas une pierre qui ne soit le signe matériel d'une généreuse pensée. Toutes les vertus se sont cotisées pour élever cette demeure du travail.

« ... Notre Institut sera à la fois un dispensaire pour le traitement de la rage, un centre de recherches pour les maladies infectieuses et un centre d'enseignement pour les études qui relèvent de la microbie. Née d'hier, mais née tout armée, cette science puise une telle force dans ses victoires récentes, qu'elle entraîne tous les esprits.

« Cet enthousiasme que vous avez eu dès la première heure, gardez-le, mes chers collaborateurs, mais donnez-lui pour compagnon inséparable un sévère contrôle. N'avancez rien qui ne puisse être prouvé d'une façon simple et décisive.

« Ayez le culte de l'esprit critique. Réduit à lui seul, il n'est ni un éveilleur d'idées, ni un stimulant de grandes choses. Sans lui, tout est caduc. Il a toujours le dernier mot. Ce que je vous demande là, et ce que vous demanderez à votre tour aux disciples que vous formerez, est ce qu'il y a de plus difficile à l'inventeur.

« Croire que l'on a trouvé un fait scientifique important, avoir la fièvre de l'annoncer, et se contraindre des journées, des semaines, parfois des années à se combattre soi-même, à s'efforcer de ruiner ses propres expériences, et ne proclamer sa découverte que lorsqu'on a épuisé toutes les hypothèses contraires, oui, c'est une tâche ardue.

« Mais quand, après tant d'efforts, on est enfin arrivé à la certitude, on éprouve une des plus grandes joies que puisse ressentir l'âme humaine. »

M. Pasteur a encore eu la joie de voir le succès couronner la découverte du vaccin du croup par M. le docteur Roux.

Le docteur Roux, chargé de pratiquer les inoculations sur les personnes atteintes de la rage et de suppléer M. Pasteur dans le cours de microbie générale théorique et pratique, était déjà connu comme un des plus brillants disciples de l'illustre savant.

Quelque illustre et quelque savant qu'il soit, M. Pasteur n'est pas médecin, il est chimiste, et ce furent de beaux cris dans le camp de ses adversaires lorsqu'il voulut appliquer son remède contre la rage : de quel droit allait-il et soigner et guérir? M. Pasteur cherchait donc un jeune docteur de beaucoup de savoir et assez amoureux de la science pour s'attacher complètement à ses travaux, lorsque M. Vulpian, doyen de la Faculté de médecine, lui désigna le docteur Roux.

M. Roux n'avait guère alors que vingt-sept ans ; de disciple il devint vite collaborateur de son maître ; il y a quinze ans de cela et le voilà maître à son tour.

On apprit avec une grande émotion vers la fin du mois de septembre 1894 que dans le congrès d'hygiène tenu à Budapest un savant français venait de faire une communication de la plus haute importance : il s'agissait d'une méthode nouvelle préventive et curative pour combattre le croup. Le succès de cette méthode était indiscutable : la statistique du 1er février au 24 juillet offrait dans la mortalité des enfants une diminution de 50 pour 100.

De toutes les maladies qui effrayent les mères de famille, celle-là est bien la plus terrible. Combien, dans leur sollicitude inquiète, pâlissent au moindre mal de gorge qui vient à frapper leur enfant et, la nuit, se relèvent anxieuses pour venir écouter la respiration du pauvre petit ! Les paroles rassurantes du médecin ne les rassurent même pas. S'il se trompait et si c'était le croup !... Elles ne peuvent sans trembler songer à cette atroce maladie qui pardonne si rarement.

La méthode employée par M. Roux est très simple : elle consiste en des injections sous-cutanées de sang de cheval immunisé, c'est-à-dire vacciné contre la diphtérie.

La diphtérie est produite par un bacille ou plutôt par le poison sécrété par cet infiniment petit, le plus terrible de tous. Ce bacille une fois isolé et placé dans un milieu favorable à son développement, en un mot une fois *cultivé*, on était en possession de la toxine diphtérique et il ne restait plus qu'à intoxiquer, par des injections graduées, un animal qui, à son tour, donnerait le vaccin.

M. Roux a choisi le cheval de préférence, sa force le rendant plus apte à supporter les saignées répétées et à fournir ainsi une plus grande quantité de sérum.

Si la méthode est simple, l'exécution n'est pas toujours des plus faciles. L'inoculation se pratique ordinairement dans l'écurie même. Cette façon d'opérer offre un grand avantage : on fait sortir à moitié le cheval, dont le train de derrière reste engagé dans le box, et les ruades sont ainsi évitées.

La seringue employée, devant contenir 30 centilitres de toxine, est trois fois plus grande que la seringue Pravaz qui sert aux injections du virus rabique. C'était là une difficulté : l'opérateur ne pouvant manier l'instrument d'une seule main, et l'opération, au lieu d'être instantanée, ayant lieu forcément en deux temps, l'animal pouvait se dérober sous la piqûre. On a remédié à cet inconvénient en ajoutant un tube de caoutchouc entre le corps de la seringue et la pointe.

L'opérateur, saisissant la peau du cheval de la main gauche, fait d'abord la piqûre, puis, reprenant la seringue de la main gauche, il appuie la droite sur le piston ; au moindre mouvement du cheval, le tube de caoutchouc se déroule, mais l'aiguille reste dans la peau et en trois ou quatre secondes l'inoculation est terminée.

Après plusieurs inoculations, lorsque ces empoisonnements à petites doses ont rendu l'animal réfractaire au poison, on procède à la saignée.

Cette fois la séance est plus longue et plus dramatique.

Le docteur, revêtu d'une large et longue blouse blanche que tachent quelques éclaboussures de sang, arrive accompagné de deux aides portant de grands bocaux de verre et, presque toujours, de quelques curieux privilégiés qui ont obtenu l'autorisation d'assister à ce spectacle.

Le palefrenier amène le cheval dans la petite cour que bordent d'un côté le pavillon des animaux inoculés et de l'autre les écuries ; un tablier bleu jeté et noué sur la tête du cheval cache entièrement les oreilles et les yeux, ne laissant à découvert que les narines et la bouche dont la lèvre supérieure, pincée par une corde fixée à un court bâton, se retrousse formant comme une énorme loupe; l'animal se trouve ainsi immobilisé, il n'ose bouger, car le moindre mouvement resserrerait davantage le lien.

Ce n'est pas la première fois que la pauvre bête subit son supplice, et ses jambes sont agitées d'un léger tremblement.

Le docteur s'approche, à l'aide de ciseaux il rase la place qu'il a choisie sur la veine jugulaire, la lave à l'eau phéniquée et, rapidement avec une sûreté de main étonnante, d'un coup de bistouri, fend la peau. Il introduit alors une longue sonde en argent dans la blessure, la sonde pénètre de plus de dix centimètres, le cheval a un court frisson, et, par le tuyau de caoutchouc qui relie la sonde à un tube de verre, le sang coule lentement dans le bocal. Après le premier bocal on en remplit un second, après le second, un troisième; un cheval peut fournir deux litres de sang tous les vingt jours.

La saignée dure un grand quart d'heure, on fait ce qu'on peut pour adoucir au cheval ce moment désagréable et on lui présente continuellement des poignées d'herbes fraîches qu'il broie lentement; l'opération terminée, il est reconduit à l'écurie où la veine jugulaire se cicatrise d'elle-même.

L'Institut Pasteur ne possédait d'abord, à la rue Dutot, que quatre chevaux immunisés; dix autres chevaux subissaient le traitement préparatoire dans les écuries de Villeneuve-l'Étang qui, ainsi qu'une partie du parc, ont été affectées à l'Institut Pasteur en 1884.

Tout cela était bien insuffisant si l'on songe que le nombre de chevaux nécessaires à la fourniture du sérum, pour le département de la Seine seulement, est d'une vingtaine environ et que les frais d'entretien de chaque cheval s'élèvent à mille francs par an.

Mais de nombreuses souscriptions s'organisèrent de toutes parts: cinquante mille francs furent votés par le Conseil municipal, qui donna en outre des écuries situées aux abattoirs municipaux de Grenelle et de Villejuif; le ministre des Finances, d'accord avec le ministre de la Guerre, mit à la disposition de l'Institut Pasteur un certain nombre de chevaux de réforme. Les immenses écuries de Villeneuve-l'Étang qui, dans les dernières années de l'empire, étaient réservées aux chevaux des cent-gardes et qui, depuis la fondation de l'Institut Pasteur, n'avaient abrité

L'inoculation du cheval.

que quelques chiens et toute une population de cochons d'Inde, renferment de nouveau une centaine de chevaux de troupe, parmi lesquels se trouve le dernier cheval du maréchal Canrobert.

Pendant les trois derniers mois de l'année 1894, l'Institut Pasteur a

L'Institut Pasteur à Villeneuve-l'Étang.

fourni gratuitement plus de cinquante mille doses de sérum. Ces doses étaient renfermées dans de petits flacons qui du soir au matin étaient expédiés dans la France entière ; et maintenant presque toutes les pharmacies peuvent mettre à la disposition du public le remède antidiphtérique.

Le gouvernement, tenant à joindre ses félicitations aux hommages qui n'ont cessé d'arriver aux laboratoires de la rue Dutot, a remis au docteur Roux la croix de commandeur de la Légion d'honneur.

M. Roux n'a pas voulu que ceux dont les travaux avaient précédé les siens et lui avaient en quelque sorte préparé la voie fussent oubliés, et, après avoir constaté que tous les succès obtenus par les méthodes bactériologiques doivent remonter jusqu'à M. Pasteur, il a ajouté qu'il serait injuste de ne pas rappeler le nom de M. Lœffler et celui de M. Behring, qui eurent une large part dans les découvertes qui ont abouti à la guérison du croup par la sérothérapie.

LA SORBONNE

LA SORBONNE

I

Le 24 octobre 1250, le roi Louis IX concédait à maître Robert de Sorbon, chanoine de Cambrai, son chapelain, pour servir de demeure aux pauvres écoliers, « une maison qui avait appartenu à Jean d'Orléans et les écuries de Pierre Pique-l'Ane, situées dans la rue Coupe-Gueule, devant le palais des Thermes ».

Robert de Sorbon, né en 1204, à Sorbon, près de Rethel, d'une famille sans fortune, avait vécu la vie misérable à laquelle étaient condamnés les écoliers de cette époque.

Vêtus de longues robes déchirées, les joues creuses, les lèvres pâles, les yeux cerclés de noir, les écoliers erraient à travers la ville, demandant l'aumône, balayant les rues et ramassant les ordures pour gagner quelques sous; le plus souvent sans pain, sans feu, sans lumière, ils profitaient, la nuit, des rayons de la lune pour étudier dans leur grabat et s'estimaient bien heureux de pouvoir assister, couchés sur la paille, aux leçons qui se donnaient en plein air, sur le parvis Notre-Dame, entre le palais épiscopal et l'Hôtel-Dieu.

Lorsque Robert de Sorbon était écolier, l'Université, encore dans son enfance, venait de se diviser en plusieurs groupes qui, suivant l'objet de leur enseignement, avaient pris les noms de *Faculté de Théologie, Faculté de Décret, Faculté des Arts, Faculté de Médecine*.

La Faculté des Arts était la plus fréquentée, elle servait de préparation aux Facultés supérieures de Théologie, de Décret et de Médecine; elle comptait à elle seule autant d'élèves que ces trois Facultés réunies.

Les écoliers arrivaient sans cesse de tous les pays; la misère toujours croissante fut bientôt telle, que pour y remédier dans une certaine mesure, les maîtres et les écoliers de la Faculté des Arts se réunirent en Association; ils se divisèrent en *nations* au nombre de quatre : la nation de France, celle de Picardie, celle de Normandie et celle d'Angleterre qui, plus tard, sous Charles VII, après le supplice de Jeanne d'Arc, prit le nom de nation d'Allemagne.

Les membres de chaque nation devenaient en quelque sorte membres d'une même famille et devaient se prêter un mutuel secours. Le remède était insuffisant.

Bienfaisant et charitable, Robert de Sorbon, devenu chapelain ordinaire du roi, songea à secourir d'une manière plus efficace les malheurs qu'il avait partagés.

Avec l'aide de Guillaume de Bray, archidiacre de Reims ; de Robert de Douay, chanoine et médecin de la reine; de Geoffroy de Bar et de Guillaume de Chartres, il voulut former « une société d'ecclésiastiques séculiers qui, vivant en commun et ayant les choses nécessaires à la vie, ne fussent plus occupés que de l'étude et enseignassent gratuitement » ; il devait également procurer les secours nécessaires aux écoliers malheureux.

En 1553 le collège de Sorbonne était fondé.

Si ce n'était plus la misère pour les étudiants que recueillit Sorbon, c'était encore une vie bien pauvre et la maison porta longtemps le nom de *pauperrima domus*.

Tous les collèges du treizième siècle rivalisaient, du reste, de pauvreté. Les écoliers étaient de plusieurs catégories; on comptait ordinairement des boursiers, des portionnistes, des caméristes, des martinets, des galoches et des domestiques.

Les boursiers composaient la minorité; logés et nourris, ils appartenaient à la ville, au diocèse, ou à la province qui avait fondé le collège.

Les portionnistes ou pensionnaires étaient ceux dont les parents payaient pension.

Les caméristes, jeunes gens riches placés sous la direction d'un précepteur, habitaient la ville, à leurs frais.

Les martinets ou externes libres, pauvres mais intéressants, étaient

Ancienne porte de l'Académie de Paris.

passionnément épris de l'étude; ils venaient on ne sait d'où et vivaient on ne sait de quoi.

Les galoches étaient les écoliers hors d'âge, ce que nous appelons maintenant les étudiants de trentième année.

Enfin les domestiques, balayeurs, laveurs de vaisselle, accomplissaient avec plaisir leur besogne grossière qui leur permettait de vivre et de s'instruire tant bien que mal en assistant aux classes quand ils pouvaient et en travaillant à leurs rares moments de liberté.

Tous les écoliers, en signe d'humilité, étaient assis ou vautrés pêle-mêle sur le sol, recouvert de paille en hiver, d'herbe fraîche en été; le maître seul possédait une table et un siège.

La classe avait un aspect étrange avec ses murs nus, son absence totale de meubles et la masse de ses habitants vêtus d'une longue robe traînante et coiffés d'un bonnet douteux qui cachaient imparfaitement une malpropreté révoltante.

Personne ne veillait à la toilette des écoliers, aussi était-elle sommairement faite et le plus souvent n'était-elle pas faite du tout; la chevelure inspirait si peu de confiance qu'il était défendu, au réfectoire, « de porter la main à son bonnet ».

Les repas se prenaient en commun : il y avait une table pour les autorités, et d'autres tables pour les élèves sous la direction d'un *architriclin* ou semainier; l'architriclin, comme signe de ses hautes fonctions, portait sa serviette nouée sous le menton.

Le dîner durait une heure; il préludait par la prière et se terminait également par la prière. Les boursiers, les pensionnaires, les riches enfin avaient un plat de viande et un plat de légumes; quant aux pauvres, ils devaient se contenter parfois d'un demi-hareng saur ou de deux œufs durs; on ne leur donnait jamais de viande; ils recevaient leurs légumes cuits à l'eau et avaient droit chacun à une demi-once de beurre pour assaisonner leur plat à leur guise ; ce maigre repas se complétait par du pain bis et de l'eau.

Le collège de Sorbonne comprenait d'abord les écoliers pauvres, puis des docteurs, des bacheliers boursiers et enfin des bacheliers non boursiers; ces derniers payaient cinq sous et demi par semaine. Pendant le règne de saint Louis, plus de cent écoliers pauvres furent admis gratuitement.

On n'obtenait les grades de bachelier et de licencié qu'après de très

La cour de l'ancienne Sorbonne.

sérieuses épreuves; pour être nommé docteur en Sorbonne, il fallait avoir fait dix années d'études dans ce collège et avoir soutenu victorieusement diverses thèses, divisées en mineure, majeure, sabbatine, tentative, petite et grande sorbonique. Le candidat soutenait cette dernière thèse sans boire ni manger, répondant depuis six heures du matin jusqu'à six heures du soir aux vingt *ergoteurs* qui se relayaient de demi-heure en demi-heure et le pressaient de questions.

Enfin le nouveau docteur était déclaré *dignus intrare*, et, pour payer sa bienvenue, il faisait cadeau d'un bonnet à chacun des docteurs qui avaient présidé à son admission.

La pauvre maison prospéra rapidement, car, du vivant même de son fondateur, de nouveaux bâtiments étaient devenus nécessaires. On la divisa en deux parties : la petite Sorbonne, où furent logés les écoliers, et la grande Sorbonne, qui fut réservée aux maîtres. Une pièce d'un procès que les Sorbonistes soutinrent en 1281 contre leurs voisins du cloître Saint-Benoît nous a laissé un portrait assez rébarbatif de la maison de Robert : « C'était une maison en pierres de taille, percée de trente-six fenêtres étroites comme des meurtrières ».

Rien n'a subsisté des bâtiments primitifs. En 1627, Richelieu en décidait la reconstruction, qui était confiée à l'architecte Lemercier, et le 1ᵉʳ mai 1635 le cardinal posait lui-même la première pierre de la chapelle.

En 1791, les écoles de la Sorbonne furent supprimées; l'enseignement ne fut rétabli qu'en 1821. Pendant ce laps de temps, les bâtiments avaient été utilisés de façons diverses. Loués d'abord par un entrepreneur et transformés en logements particuliers, ils furent repris en 1801 par l'État, qui y logea gratuitement une centaine de gens de lettres et d'artistes, peintres, sculpteurs ou architectes.

Ces bâtiments, construits par Richelieu, viennent à leur tour de disparaître; la chapelle seule, qui dans sa simplicité et ses proportions restreintes est un modèle d'élégance et d'harmonie, a été conservée.

Il est regrettable qu'on n'ait pas cru devoir conserver aussi la charmante petite porte, surmontée des bustes de Richelieu et de Rollin, qui conduisait aux bureaux de l'Académie de Paris.

A part cela, tout pouvait être démoli sans remords. Les amphithéâtres et les laboratoires qu'on avait installés tant bien que mal en 1821, et qui étaient de la plus grande simplicité, devenaient par trop incommodes. Les salles sombres, basses et enfumées se trouvaient en nombre insuffisant, et il fallait passer des examens un peu partout, jusque dans les couloirs et sur les paliers. Quant à l'ancien grand amphithéâtre, on ne peut se faire une idée d'une salle aussi horrible ; les tribunes n'étaient que des soupentes sombres et sans air et le plafond disparaissait sous des ornements mesquins au milieu desquels figuraient d'affreux personnages qui, dans des poses ridicules et des accoutrements grotesques, avaient la prétention de représenter les poètes, les philosophes et les savants de tous les âges.

II

« Les escuries deviendront ruches », s'écriaient les écoliers en apprenant que le roi saint Louis leur donnait comme logement les écuries de la rue Coupe-Gueule.

L'avenir leur donna raison. La vieille Sorbonne ressemblait assez à une ruche avec toutes ses petites salles obscures, tous ses petits laboratoires superposés, pressés les uns contre les autres et auxquels on accédait par de petits escaliers tortueux.

Aujourd'hui la ruche est devenue un palais.

La façade principale de la rue des Écoles donne accès sur un long et beau vestibule conduisant à l'escalier d'honneur et au grand amphithéâtre. La décoration, bien que d'une grande richesse, est en même temps sobre et harmonieuse : peintures, sculptures, dorures sont distribuées avec goût ; il faut dire aussi que l'architecte a été merveilleusement secondé par ses peintres. Puvis de Chavannes avec son admirable toile qui orne l'amphithéâtre, Flameng et Chartran avec leurs compositions qui se développent tout le long de la galerie du premier étage, semblent avoir toujours eu en vue l'effet général et ne s'être jamais préoccupés d'attirer les regards sur leur œuvre propre ; il en résulte une harmonie parfaite qui, d'ailleurs, ne se dément nulle part dans le vaste édifice construit par M. Nénot.

L'architecte ne s'est pas contenté, en effet, de décorer avec soin les parties

L'escalier d'honneur de la nouvelle Sorbonne.

du monument réservées aux réceptions officielles; les amphithéâtres de botanique, de géologie, de physiologie, de chimie, etc., sont ornés de peintures de Montenard, de Lhermitte, de Besnard et de Gervex. Les murailles et les boiseries des salles de travail et des escaliers sont revêtues des tons les plus fins : le bleu tendre, le gris perle et le rouge antique jettent partout leurs notes claires et gaies, remplaçant les murailles à la chaux qui jusqu'alors avaient eu le privilège de décorer les salles réservées à l'étude.

On a même, à ce sujet, critiqué quelque peu M. Nénot : toute cette finesse de ton n'allait-elle pas bientôt disparaître sous les profanations des élèves?

Les collégiens ont, il est vrai, l'habitude de traiter avec le plus grand sans-gêne le mobilier scolaire et les murailles de leurs lycées : les canifs et les encriers se chargent de sculpter les tables et de décorer les murs; mais les étudiants ne sont plus des enfants; quant aux collégiens que leurs examens appellent à la Sorbonne, espérons qu'ils sauront respecter le palais qu'on leur a construit et que c'est M. Nénot qui aura raison.

C'est le 22 août 1884 que la reconstruction et l'agrandissement de la Sorbonne avaient enfin été décidés. Les nouveaux bâtiments devaient comprendre les bureaux de l'Administration académique, la Faculté de Théologie catholique, la Faculté des Sciences, la Faculté des Lettres et la Bibliothèque de l'Université. La nouvelle Sorbonne englobait ainsi tout le terrain compris entre la rue Cujas et la rue des Écoles d'une part, la rue de la Sorbonne et la rue Victor-Cousin d'autre part; les frais étaient fixés à 22 200 000 francs.

Il y avait seulement soixante ans et six mois que cet agrandissement avait été réclamé. Il est vrai qu'avant de reconstruire la Sorbonne, il avait fallu savoir à qui elle appartenait; était-ce au Domaine, était-ce à l'Université? Vingt années ne furent pas de trop pour trancher la question. L'Université l'emporta; il ne lui restait plus, semble-t-il, qu'à prendre possession de son bien; il avait fallu vingt ans pour décider que la Sorbonne appartenait à l'Université, il fallut sept années encore pour que les bâtiments lui fussent remis; on était alors en 1852.

Dès 1857, les Facultés réclamaient la reconstruction de leurs locaux. Le laboratoire de chimie était insuffisant : on manquait chaque jour d'y mettre le feu; la zoologie et la physique n'avaient pas de laboratoires; la salle des examens était trop petite et trop humide; deux amphithéâtres donnaient

Le vestibule de la nouvelle Sorbonne.

sur la rue près d'une station d'omnibus; les chevaux de relais étaient attachés sous les fenêtres mêmes de l'un d'eux; le hennissement des chevaux, les querelles des cochers couvraient la voix du professeur, et la trépidation du sol faisait danser sur la table les flacons et les éprouvettes.

On avait nommé des commissions chargées d'examiner les réclamations, on avait fait des rapports et présenté des projets; mais c'était tout. En 1846, nouvelles réclamations, nouvelles commissions, nouveaux rapports; ce fut encore tout.

En 1855 le décret approuvant la reconstruction des bâtiments est enfin signé; les travaux commencent aussitôt : la première pierre est posée! La joie est telle dans l'Université, que, d'un commun accord, on donne aux candidats à l'agrégation, comme sujet de composition en vers latins : « La pose de la première pierre de la Sorbonne ». Malheureusement l'État s'aperçoit qu'il n'a pas les millions nécessaires pour continuer les travaux commencés; les concurrents ont fait d'excellents vers latins, mais la pose de la seconde pierre est remise à des temps plus prospères.

Les choses en restent là jusqu'en 1871; alors les négociations recommencent; on s'en occupe sérieusement en 1874; on fait de nouveaux plans en 1876; on les porte à la Chambre des députés en 1878; on les discute en 1879; la reconstruction complète est décidée en 1881 et la première pierre est solennellement posée le 3 août 1885, en présence de M. Jules Grévy, président de la République; de M. René Goblet, ministre de l'Instruction publique, des Beaux-Arts et des Cultes; de M. Gréard, vice-recteur de l'Académie de Paris; de M. Poubelle, préfet de la Seine, et de l'architecte auteur du projet couronné, M. Paul Nénot.

Un concours avait en effet été ouvert, après que la reconstruction des bâtiments avait été décidée par les Chambres. Le plus grand nombre des architectes connus y prirent part, et, chose assez curieuse, ce fut un tout jeune homme, sorti depuis cinq ans de l'École des Beaux-Arts avec le prix de Rome, qui, à son retour d'Italie, après avoir pour ainsi dire fait le concours au débotté, remporta le prix.

Les travaux furent vivement menés par le jeune et habile architecte, et le 5 août 1889 on pouvait inaugurer la nouvelle Sorbonne.

A trois heures, le président Carnot, accompagné de sa maison militaire, faisait son entrée dans le Grand Amphithéâtre. Sur l'estrade avaient déjà pris place les présidents de la Chambre des députés et du Sénat; les ministres, les ambassadeurs, le préfet de la Seine; MM. Duruy, Jules Simon, Jules Ferry, anciens ministres de l'Instruction publique; les députations de l'Académie française, de l'Académie des Sciences, de l'Académie des Inscriptions et Belles-Lettres, de l'Académie des Beaux-Arts, de l'Académie des Sciences morales et politiques; la délégation de l'Académie de Médecine; les directeurs de l'Enseignement; les inspecteurs généraux de l'instruction publique, etc.

Dans l'hémicycle, en face l'estrade présidentielle, se tenaient le vice-recteur de l'Académie de Paris, les recteurs des Académies des départements, les délégations des Facultés de Paris et des départements, les professeurs du Collège de France et du Muséum; à droite se trouvaient les sénateurs et les députés; à gauche, les directeurs et les professeurs des Universités et des Écoles étrangères; enfin, sur les gradins de l'amphithéâtre, au nombre de quinze cents, les étudiants français et les étudiants étrangers, avec leurs bannières et leurs insignes, apportaient à cette fête leur jeunesse et leur enthousiasme.

M. Gréard, vice-recteur de l'Académie de Paris, s'exprimait en ces termes :

« Il y a quatre ans, presque jour pour jour, en posant la première pierre de la Sorbonne restaurée et agrandie, nous exprimions l'espoir que le centenaire de 1789 en verrait l'inauguration. Grâce à la remarquable diligence avec laquelle les travaux ont été conduits, nous sommes prêts. Et parmi les satisfactions que nous devons à cette heureuse échéance, pourrais-je omettre le concours si empressé des représentants des Universités étrangères? Saisissant l'occasion de l'Exposition universelle et de ses Congrès, ils ont eu à cœur de se joindre ici aux délégations des Universités françaises : qu'ils soient assurés que nous sentons tout le prix de ces gages de confraternité.

« L'une des premières en date, sinon la première, l'Université de Paris fut, au moyen âge, la plus renommée sans contredit et la plus hospitalière. Les érudits du temps qui, dans la recherche des origines, se piquaient moins d'exactitude que d'imagination, la considéraient comme la souveraine dépositaire des trésors de la science par droit régulier d'hoirie. L'Université dont toutes les autres procèdent, écrivait l'évêque Tilon de Mersebourg, est celle de Babylone, fondée par Ninus; à Babylone succéda la cité des Pharaons, Memphis; à Memphis, Athènes, œuvre de Cécrops; à Athènes, Rome; à Rome, Paris. Bologne était à juste titre en crédit pour l'enseignement du droit; nul ne contestait à l'Université de Paris la suprématie dans les lettres sacrées et profanes. Dix collèges étaient groupés autour d'elle comme autour de la mère commune : collège de Danemark, collège des Anglais, collèges des Écossais, des Allemands, des Lombards, des Grecs.... Les rois y envoyaient leurs fils pour se former à la dialectique et aux belles façons. Du treizième au seizième siècle l'Université de Paris a contribué à élever la plupart des hommes, poètes, savants, philosophes, venus des diverses régions du monde connu, dont la postérité a conservé le souvenir et consacré le nom.... »

Et, parlant des trésors que la philosophie, la poésie, l'histoire, les sciences... légueront à l'avenir ;

« Jeunes gens, s'écriait M. Gréard, cet avenir, c'est à vous qu'il appartient, c'est vous qui le ferez. Plus favorisés que vos aînés, rien n'est épargné pour vous préparer à payer votre dette à votre pays et à l'humanité. Ce qui a fait défaut à la France d'avant 1789, écrivait Guizot en 1815, c'est une instruction supérieure qui eût permis de diriger la Révolution, sinon de la prévenir. Aujourd'hui ni les chaires ne manquent aux enseignements, ni les maîtres aux chaires, ni l'autorité du savoir et du talent à ceux qui les remplissent. N'oubliez pas, mes amis, que c'est pour vous qu'ont été multipliées ces précieuses ressources. Travaillez à devenir capables et montrez-vous toujours dignes d'en recueillir le bienfait. Soit que, pressés par les nécessités de la vie, vous n'ayez que le temps d'acquérir une éducation professionnelle, soit que l'ambition vous saisisse de devenir, vous aussi, des maîtres, maintenez et propagez les traditions de l'esprit français. Portez haut l'objet de vos pensées; aimez la science : elle est bonne conseillère.... »

Lorsque le vice-recteur eut terminé son discours, le Président de la République donna successivement la parole au vice-président de l'Académie des Sciences, au président du Conseil municipal, et enfin au ministre de l'Instruction publique et des Beaux-Arts.

Ce fut un spectacle inoubliable quand, la cérémonie terminée, les étudiants français et les étudiants étrangers se formèrent en cortège, par nation, bannières en tête, et défilèrent devant le Président de la République en le saluant et en saluant la France entière de leurs acclamations. On se serait cru revenu aux temps qu'évoquait tout à l'heure M. le vice-recteur de l'Académie de Paris, aux temps où toutes les nations de l'Europe fraternisaient dans la science et se réunissaient sur la montagne Sainte-Geneviève dans les bras de leur mère commune, l'Université de Paris.

III

Un grand changement a eu lieu dans l'enseignement. On ne se contente plus aujourd'hui d'étudier dans les livres, on approfondit, on analyse tout, et la théorie est toujours accompagnée de la démonstration pratique.

Dans le laboratoire de physique, les élèves sont exercés au maniement des instruments et font une série d'expériences relatives à l'étude de la chaleur, de la lumière, de l'électricité, du magnétisme et de l'acoustique.

Dans le laboratoire de minéralogie, ils s'occupent de la détermination des espèces minérales et des formes cristallines au moyen du chalumeau, du goniomètre et des appareils de polarisation.

Au laboratoire de géologie, les élèves étudient les roches et les fossiles caractéristiques des différents dépôts géologiques.

La Faculté des Sciences compte encore un grand nombre de laboratoires : laboratoires de chimie, de chimie organique, de chimie minérale, de botanique, de culture, de zoologie, d'anatomie comparée, de physiologie expérimentale, d'anthropologie, de physiologie végétale, d'histologie normale et pathologique, d'ophtalmologie, de physique biologique, de psychologie physiologique, etc. Il n'y en a pas moins de quatorze pour la physique et la chimie, huit pour la physiologie, six pour la zoologie, cinq pour la botanique et deux pour la géologie.

La majeure partie de ces laboratoires sont installés à la Sorbonne ; les autres se trouvent répartis entre le Muséum, le Collège de France, la Faculté de Médecine et l'Institut Pasteur.

Ces leçons pratiques que la Faculté des Sciences réclamait depuis 1846, étaient très difficiles à l'ancienne Sorbonne, où les amphithéâtres étaient mal disposés et insuffisants et où la place manquait même pour installer les collections; de plus, l'esprit public n'y était pas encore préparé, et lorsque le premier laboratoire de recherches scientifiques fut créé, cela étonna beaucoup d'abord; comme l'on commence par rire de tout en France, on plaisanta ce laboratoire, ces cheminées, ces fourneaux : l'École des hautes études ne s'appelait plus que l'École des hauts fourneaux.

Quant aux études de physiologie expérimentale, on ne peut croire aujourd'hui combien de difficultés de toute nature il fallait vaincre pour s'y livrer.

Non seulement les expérimentateurs étaient mal logés, mais ils étaient mal vus des autorités et détestés de leurs voisins, de leur propriétaire et de leur concierge; lorsque le secret de leurs études avait transpiré, ils se voyaient dénoncés sans pitié aux commissaires de police. Claude Bernard a raconté à ce sujet comment en faisant des expériences sur un chien il devint l'ami d'un commissaire :

« C'était vers 1844; j'étudiais les propriétés digestives du suc gastrique à l'aide du procédé découvert par M. Blondot (de Nancy), qui consiste à recueillir du suc gastrique au moyen d'une canule ou d'une sorte de robinet d'argent adapté à l'estomac des chiens vivants, sans que leur santé en souffre d'ailleurs le moins du monde.... Je fis l'expérience sur un chien dans un laboratoire de chimie, rue Dauphine. Après l'opération, on renferma l'animal dans la cour, afin de le revoir plus tard. Mais, le lendemain, le chien s'était sauvé malgré la surveillance, emportant au ventre la canule accusatrice d'un physiologiste. Quelques jours après, de grand matin, étant encore au lit, je reçus la visite d'un homme qui venait me dire que le commissaire de police du quartier de l'École-de-Médecine avait à me parler et que j'eusse à passer chez lui. Je me rendis dans la journée chez le commissaire de police de la rue du Jardinet. Je trouvai un petit vieillard d'un aspect très respectable, qui me reçut d'abord assez froidement et sans rien me dire; puis, me faisant passer dans une pièce à côté, il me montra, à mon grand étonnement, le chien que j'avais opéré dans le laboratoire de M. Pelouze, et me demanda si je le reconnaissais pour lui avoir mis l'instrument dans le ventre. Je répondis affirmativement, en ajoutant que j'étais très content de retrouver ma canule, que je croyais perdue. Mon aveu, loin de satisfaire le commissaire, provoqua probablement sa colère, car il m'adressa une admonestation d'une sévérité exagérée, accompagnée de menaces, pour avoir eu l'audace de lui prendre son chien pour l'expérimenter. J'expliquai au commissaire que ce n'était pas moi qui étais venu prendre son chien, mais que je l'avais acheté à des individus qui les vendaient aux physiologistes, et qui se disaient employés par la police pour ramasser les chiens errants. J'ajoutai que je regrettais d'avoir été la cause involontaire de la peine que produisait chez lui la mésaventure de son chien. Ces dernières paroles firent changer le commissaire de langage ; elles calmèrent surtout complètement sa femme et sa fille. J'enlevai mon instrument, et je promis, en partant, de revenir. Je retournai, en effet, plusieurs fois rue du Jardinet. Le chien fut parfaitement guéri au bout de quelques jours ; j'étais devenu l'ami du commissaire, et je pouvais compter désormais sur sa protection. »

Tous les laboratoires de la Faculté des Sciences sont interdits au public, les amateurs qui suivent irrégulièrement les cours ne pourraient que gêner les travailleurs sérieux. On autorise cependant les amateurs à se joindre aux excursions qui ont lieu chaque année à Roscoff, à Banyuls et à Fontainebleau, ainsi qu'à toutes les autres excursions qui, pendant la belle saison, accompagnent les cours de botanique et de physiologie du Muséum d'histoire naturelle.

Les laboratoires et les stations de laboratoires forment le complément des études.

Les études, pour la Faculté des Lettres comme pour la Faculté des Sciences, comprennent des cours et des conférences. Le corps enseignant se divise en professeurs, en chargés de cours, et en maîtres de conférences.

La Faculté des Lettres compte actuellement vingt-deux professeurs, quatorze chargés de cours et douze maîtres de conférences ; la Faculté des Sciences a vingt et un professeurs, trois professeurs adjoints et treize maîtres de conférences.

Les chargés de cours suppléent les professeurs en congé ou représentent un enseignement particulier qui n'est pas compris dans les chaires ; l'enseignement des maîtres de conférences a un caractère pratique.

Chaque professeur, chargé de cours, ou maître de conférences, professe,

Un laboratoire de recherches à l'ancienne Sorbonne.

en général, trois heures par semaine. Les conférences commencent dans la première semaine de novembre, les autres cours dans la première semaine de décembre; tous cessent dans la première semaine de juillet.

Il existe une grande différence entre l'enseignement donné à la Sorbonne et celui que donnent le Collège de France et même quelques chaires du Muséum. Le Collège de France ne se soucie nullement du résultat des études et des grades à conquérir, c'est en quelque sorte un enseignement de luxe; la leçon est une causerie faite par un savant, quelquefois beaucoup trop savant pour la majeure partie de son auditoire; cela explique pourquoi quelques-uns de ces cours, malgré tout leur intérêt, sont fort peu suivis. Au Muséum, la rareté des auditeurs à quelques cours est due à ce que ces cours présentent un enseignement trop spécial et trop avancé pour être d'une utilité directe aux étudiants. L'enseignement de la Sorbonne, au contraire, tout en s'adressant au public comme aux étudiants, a surtout en vue la préparation à l'examen de licence et aux concours d'agrégation.

Pour être admis à se présenter à l'examen de la licence, il faut être bachelier et avoir pris quatre inscriptions à la Faculté. Les droits pour chaque inscription sont de trente francs.

Au moyen âge, les frais d'examen n'étaient exigés que pour le baccalauréat; pour la licence, on ne payait rien, mais les nouveaux licenciés étaient tenus d'observer le *statut des tartes*.

Ces *tartes* désignaient le repas que le nouveau maître payait comme bienvenue aux maîtres en exercice : la tarte en formait le principal ornement.

Il faut croire qu'à cette époque — le statut des tartes date de 1319 — les années n'avaient pas assagi les maîtres et qu'ils conservaient dans l'âge mûr toute la fougue de la jeunesse, car cette coutume fut bientôt supprimée à cause des désordres auxquels elle donnait lieu. A peine à table, les discussions commençaient, se transformaient bien vite en querelles, puis en rixes; bref, l'heure de manger la tarte n'était pas encore arrivée que les convives, retroussant leurs larges manches, donnaient et recevaient force horions, et, le lendemain, à l'ouverture des cours, on voyait arriver les maîtres clopin-clopant, l'œil recouvert d'un bandeau ou le bras en écharpe; on trouva que cela manquait de prestige et on n'eut pas tort.

Il fut alors décidé que le nouveau maître n'offrirait plus de tarte à ses collègues et qu'il payerait au procureur seize sous parisis; ces seize sous furent plus tard transformés en deux livres comme droit de robe au profit du recteur. La robe du recteur était d'écarlate violette avec une ceinture de soie de même couleur ornée de glands de soie et d'or et à laquelle pendait une escarcelle en velours violet garnie de boutons et de galons d'or; avec le mantelet d'hermine et le bonnet carré, cela constituait un costume assez cher, que le recteur ne pouvait pas toujours payer lui-même. Les différents droits qu'il percevait sur les lettres de scolarité, sur les assemblées et sur la vente du parchemin dans Paris arrivaient tout juste à lui rapporter 1 000 livres par an; la transformation du droit de la tarte en droit de robe lui fut donc d'un grand secours.

Le pauvre recteur avait en effet plus d'honneurs que de profits et son titre mettait plus d'or sur sa robe que dans sa bourse. C'est lui qui haranguait le roi, qui allait à cheval ouvrir en grande pompe la foire du Landit, le moindre de ses mandements était publié en latin, il portait le titre d'amplissime; mais, comme nous venons de le voir, bien maigres étaient les bénéfices de sa charge.

IV

En dehors des leçons faites par les quatre-vingt-cinq professeurs, maîtres de conférences ou chargés de cours de la Faculté des Lettres ou de la Faculté des Sciences, la Sorbonne ouvre quelquefois ses amphithéâtres à des cours libres qui ne se rattachent pas directement à l'enseignement universitaire.

Ces cours faits, non par un professeur en titre, mais par un littérateur ou par un savant d'une valeur indiscutable, attirent une grande affluence de public mondain; toutes les places sont prises d'assaut, et, malgré les remontrances de l'huissier, les auditeurs enthousiastes viennent s'asseoir aux pieds mêmes de l'orateur.

Les cours libres ne se passent pas toujours dans le calme le plus parfait.

Un cours libre.

Le conférencier émet, en général, des idées neuves et très arrêtées qui, si elles ont le pouvoir de ravir une grande partie des assistants, ont le don

Un fantaisiste.

de déplaire à l'autre partie. Parfois les mécontents protestent, l'orateur réplique ; après deux ou trois séances tapageuses, le cours est suspendu ; puis, les passions calmées, les leçons reprennent sans encombre.

Il nous faut encore mentionner, en terminant, les cours de l'*Association pour l'enseignement secondaire des jeunes filles*, association fondée en 1867 et qui a pour but de compléter l'instruction des jeunes filles en leur fournissant le moyen de s'élever au-dessus des connaissances primaires.

Ces cours sont payants; les jeunes filles y sont seules admises. Les mères peuvent cependant y assister; des places leur sont réservées dans l'amphithéâtre; et si la grammaire historique, la philosophie ou la littérature ne les charment pas, elles se livrent, en toute liberté, aux douceurs de la tapisserie ou du crochet.

Aux divers cours que nous avons passés en revue, viennent s'ajouter des excursions annoncées longtemps à l'avance par voie d'affiches. Ces excursions se font sous la conduite d'un professeur et ont pour but de compléter les études faites en vue de la licence ou de l'agrégation; elles sont publiques, et pour en faire partie, il suffit de se faire inscrire au laboratoire du professeur dans les délais fixés : des amateurs, jeunes ou vieux, que nul examen ou concours ne préoccupe, viennent souvent se joindre aux étudiants, attirés par la perspective d'une promenade agréable et intéressante. Le jour choisi est naturellement le dimanche : le rendez-vous est donné à la gare pour le premier train du matin.

La gare de Lyon est la plus fréquentée par les excursionnistes : la forêt de Fontainebleau, lieu de nombreuses excursions, offre aux botanistes, à une distance assez rapprochée de Paris, des sujets d'études très variés et très complets.

Le dimanche matin, dans la belle saison, il n'est pas rare de voir la salle d'attente remplie, dès la première heure, par des groupes pittoresques formés de plusieurs réunions d'étudiants appartenant les uns au Muséum, les autres à la Sorbonne; beaucoup profitent de la circonstance pour arborer des guêtres magnifiques, des souliers ferrés et des piques que ne dédaigneraient pas des alpinistes avérés; d'autres, plus simples, ont seulement retroussé le bas de leur pantalon, mais alors ils portent en bandoulière une énorme boîte peinte en vert, destinée à recevoir la récolte de la journée et qui, pour le moment, renferme une bêche et une pioche minuscules.

Il est à remarquer que plus le costume est recherché, moins la boîte a d'importance, et vice versa.... Mais les conversations s'interrompent.

En forêt

un sourire court sur toutes les lèvres pendant que quelques mains se tendent vers un nouvel arrivant : le voilà, l'excursionniste, le vrai, le voilà bien! Les lauriers de Rodolphe, de la *Vie de Bohême*, l'empêchaient de dormir ; ne peut-on être naturaliste et aimer la fantaisie? Pourquoi les rapins tiendraient-ils le record de l'excentricité?

Notre excursionniste est coiffé d'un large béret d'où s'échappent des cheveux rebelles ; à sa bouche que décorent une moustache et une barbiche en pointe, pend une longue pipe ; sa main tient un énorme gourdin à bec recourbé, et tandis que sa poche droite laisse passer un pain et un rouleau de papier qui répand une odeur telle que le nez le moins délicat n'hésite pas à y deviner un saucisson, de l'autre poche sort le goulot majestueux d'un litre rempli de cognac sur lequel notre fantaisiste appuie souvent la main comme sur la garde d'une épée.

Et la boîte?... car enfin celui-là aussi est venu pour herboriser. La boîte, on finit par l'apercevoir : une petite boîte, toute petite, que son propriétaire a fabriquée lui-même avec des morceaux de carton recouvert de papier vert, et qu'il porte gravement au milieu du dos comme les chambellans portaient leur clef.

Ne faites pas à cet homme de précaution l'injure de croire qu'il prétend vider seul son litre de cognac ; à peine les poignées de main données, il sort son litre et un petit verre épais et solide comme les verres de marchands de vin, et la tournée commence. Le pain et le saucisson sont destinés à faire paraître la route moins longue et ne seront entamés que dans le wagon.

Si tous les excursionnistes ne possèdent pas un aussi robuste estomac, ils ne se laissent toutefois pas mourir de faim ; la promenade est calculée de façon à ce que tout le monde soit, à midi, dans un coin de la forêt, où se trouve un restaurant qui, prévenu à l'avance, tient en réserve un déjeuner tout prêt pour les voyageurs.

Le travail reprend après déjeuner, mais le professeur n'est plus entouré que d'un petit nombre de fidèles ; les autres fument plus qu'ils n'herborisent et ont l'air de trouver que s'il est intéressant de doter leurs herbiers du plus grand nombre possible des échantillons de la forêt, il est bien agréable aussi de faire sa digestion à demi étendu sur un rocher couvert de mousse en contemplant un gracieux paysage.

V

En 1889, M. Gaston Bonnier, professeur de botanique, proposait d'établir à Fontainebleau un laboratoire de recherches sur la *biologie végétale* ; depuis longtemps M. Bonnier rêvait ce laboratoire en pleine campagne qui lui fournirait toutes les ressources nécessaires aux travaux les plus divers et lui permettrait enfin d'étudier la nature sur nature.

Quelle ressemblance existe-t-il en effet entre une plante vivante et cette même plante coupée depuis dix ou douze heures et qui vient de passer ce laps de temps dans une boîte de zinc surchauffée par le soleil? Si cette plante n'est pas morte, elle est du moins bien malade, et que penser d'un médecin qui n'étudierait les phénomènes de la vie que sur des malades?

Par ce temps de méthodes expérimentales, l'idée de M. Gaston Bonnier devait être appréciée; elle le fut, et dès le mois de mai 1890, grâce au ministère et à M. Liard, directeur de l'enseignement supérieur, un laboratoire de biologie végétale était installé à Fontainebleau; les travaux commençaient immédiatement :

« Nous n'avons pas besoin d'insister sur la nécessité d'une telle fondation, disait M. Bonnier. La science des végétaux, en effet, ne se borne plus aujourd'hui à recueillir et à décrire des fleurs. Tout ce qui concerne les plantes dans leur vie, leur structure, les phénomènes multiples et complexes dont elles sont le siège, sont du ressort de la botanique moderne.

« ... Mais la biologie végétale ne doit pas rester cantonnée dans des études purement spéculatives, elle doit en outre servir de guide à l'agriculture et lui fournir, sur les points les plus variés, des renseignements précis, par l'emploi de méthodes rigoureuses. C'est à elle, par exemple, d'étudier les maladies des plantes, le mode de vie de tous ces parasites qui causent de si grands dommages à nos vignes, nos arbres fruitiers, nos céréales, et, une fois l'ennemi connu, d'apprendre à le détruire.

« La botanique dirige maintenant ses investigations vers des problèmes scientifiques susceptibles d'applications pratiques. Comme ses aînées, la

Étude sur la sève.

physique et la chimie, elle commence déjà à fournir, dans cette voie, son contingent de découvertes précieuses.

« A cette manière toute moderne d'envisager la science des végétaux.

correspondent des besoins nouveaux et la nécessité d'installations nouvelles. Quand la botanique était purement descriptive, elle n'avait besoin que de locaux pour classer ses collections ; quand elle est devenue anatomique, il lui a fallu des instruments d'optique perfectionnés ; maintenant qu'elle est expérimentale, elle exige des champs de culture, des instruments de toutes sortes, qu'elle emprunte aux autres sciences, et dont elle se sert pour arriver à la solution des problèmes qu'elle doit étudier. »

Le laboratoire de biologie végétale est établi à trois cents mètres de la gare de Fontainebleau, il occupe un terrain de trois hectares faisant partie de la forêt même et qui a dû être défriché en partie pour permettre de construire le bâtiment et de préparer le sol destiné aux cultures expérimentales. Le laboratoire a été construit par M. Nénot, l'habile architecte de la Sorbonne, qui s'est reposé de ses grands travaux en tirant le meilleur parti possible de ce petit coin de terre.

Le rez-de-chaussée est occupé par le logement du gardien, la salle des recherches, le cabinet du directeur et la bibliothèque.

La salle des recherches est assez vaste ; deux galeries auxquelles on accède par des escaliers de bois, la parcourent dans toute sa longueur à droite et à gauche, augmentant ainsi l'espace dont peuvent disposer les travailleurs.

Le premier étage comprend le cabinet du directeur adjoint et quatre chambres réservées aux expérimentateurs, qui peuvent y demeurer et surveiller jour et nuit, si besoin est, leurs travaux en train.

Le jardin est composé de massifs d'arbustes au milieu desquels sont placés des instruments enregistreurs donnant à tous les instants la température et l'état hygrométrique de l'air ; des tentes mobiles, dressées de loin en loin, abritent du soleil ou de la pluie les professeurs qui ont à expérimenter en plein air.

Un large espace de terrain a été réservé aux cultures expérimentales.

« On a constitué des terrains de composition exactement connue, et l'on y sème les mêmes plantes, plantes de culture principalement, colza, sarrasin, etc., pour voir l'influence de la nature du sol sur le rendement en quantité et en qualité, et en même temps sur leur structure.

« Là sont d'autres carrés, les uns très fréquemment arrosés, les autres maintenus très secs, afin d'étudier l'influence de l'humidité du sol.

« D'un autre côté nous apercevons une série de petits tonneaux enfoncés

Une expérience en plein air.

dans la terre et remplis d'eau. Au fond sont disposés des lits de feuilles entremêlés de lits d'argile ou de sable, etc.

« On se propose d'étudier la manière dont progressivement les feuilles se décomposent, quels sont les agents inorganiques ou organisés qui les détruisent peu à peu, et par quel moyen elles marquent lentement leur empreinte sur le sol qui les entoure. A côté, des lits de feuilles ont été disposés de la même manière, alternant avec des lits de calcaire ou d'argile; seulement, pour avoir d'autres conditions, le tout est maintenu sec. Au bout de quelques mois la feuille subsiste encore, mais son empreinte est déjà très visible; on assiste au phénomène de la fossilisation.

« Non loin de là, voici alignés une série d'abris derrière lesquels on a placé des plantes qui sont ainsi préservées du soleil et poussent à l'ombre tandis que d'autres, à côté, sont en pleine lumière. On se propose d'étudier la différence qui se produira dans les fleurs, les fruits et les graines.

« Une partie du terrain est restée boisée; mais elle n'en est pas moins utile pour cela; il est des plantes qui ne se développent bien qu'à une lumière faible. Divers arbres de ce bois servent eux-mêmes à des expériences; un certain nombre d'entre eux, par exemple, ont des manomètres, des thermomètres enfoncés à diverses profondeurs. On étudie de la sorte comment varient la pression de la sève et la température aux différentes heures du jour, aux diverses saisons, et aussi dans les zones successives de l'arbre. »

Depuis cinq ans qu'il est créé, le laboratoire de Fontainebleau a déjà acquis une grande importance; de nombreux travailleurs s'y sont succédé; ce sont, non seulement des élèves de la Faculté des sciences se préparant à la licence ou à l'agrégation, et pour qui les excursions en forêt sont en même temps un travail et un délassement, mais encore des professeurs de Paris, de Bordeaux, de Toulouse ou de plusieurs universités étrangères.

Tous ces travaux ont donné lieu aux expériences les plus curieuses, faites en plein air ou dans les salles d'étude, sur la transpiration des plantes; sur l'influence des anesthésiques sur les végétaux; sur la production des piquants; sur la respiration des plantes grasses et sur la respiration des plantes maigres; sur le mode de production du parfum des fleurs; sur la physiologie des lichens. C'est ainsi que l'on a découvert que la respiration n'était sensible que jusqu'à 10 degrés, tandis que l'assimilation persistait jusqu'à 40 degrés.

M. Bonnier a recherché les changements de forme et de structure qu'éprouvent des plantes de plaine placées dans un sol de même nature, mais à un certain degré d'altitude. La plante de plaine qui s'élance d'une courbe élégante perd les deux tiers, les trois quarts même de sa taille lorsqu'elle est placée dans un terrain plus élevé; elle se recroqueville et devient en quelque sorte difforme; ses racines augmentent, ses feuilles deviennent plus petites, plus épaisses, prennent une teinte d'un vert plus foncé, tandis qu'au contraire la couleur des fleurs est plus vive.

De patientes études ont permis de connaître l'influence qu'exerce la lumière électrique sur la structure des plantes herbacées, et de suivre les variations de pression dans la sensitive.

Enfin des recherches morphologiques et physiologiques sur la greffe ont démontré que la greffe, que l'on ne pratique ordinairement que sur des portions de végétaux situées hors du sol, peut réussir parfaitement quand elle est faite sur des parties souterraines.

Des racines de fenouil ont été greffées sur des racines de carottes; des racines de céleri, sur des racines de panais; une tige de chou sur une racine de navet, et un chou de Milan sur un chou navet; dans le produit de cette dernière greffe, « la saveur était modifiée et la pomme du chou de Milan avait un léger goût de navet ».

Ajoutons, pour terminer, qu'un savant étranger a fait l'étude anatomique d'un haricot.

Voilà des études potagères qui, il y a six cents ans, auraient fait venir l'eau à la bouche des pauvres escholiers de la pauvre Sorbonne!

VI

Le laboratoire de zoologie expérimentale de M. de Lacaze-Duthiers comprend les deux stations maritimes de Roscoff et de Banyuls-sur-Mer.

Le semestre d'hiver, à la Sorbonne, est consacré aux conférences et aux manipulations ordinaires. Le professeur désigne, d'après leur demande et suivant leur travail, les élèves qui seront admis aux laboratoires de Roscoff et de Banyuls pour y compléter leurs études.

Ces deux laboratoires sont dus à l'initiative et à la longue persévérance de M. de Lacaze-Duthiers, qui n'a pas reculé devant des années de lutte et de fatigue pour doter l'enseignement de ces deux stations organisées avec le plus grand soin et où les études zoologiques peuvent se poursuivre dans les conditions les plus favorables.

« Ce fut au lendemain de nos désastres, a écrit le savant professeur dans ses *Archives de zoologie expérimentale*, que la première des deux stations fut créée et cela si modestement, qu'aujourd'hui, en se reportant aux premiers temps de Roscoff, on s'étonne à bon droit qu'on ait pu se contenter d'aussi peu....

« A son origine le laboratoire de Roscoff a été fort modeste. Il était installé dans une maison meublée; chacun travaillait dans sa chambre; un petit bateau de 300 francs, avec deux matelots engagés pour la campagne seulement, devait suffire à nos recherches : dans un petit jardin bordant la mer, un hangar abritant nos cuvettes servant d'aquarium, une pompe actionnée à bras par les matelots nous alimentait d'eau. Tout cela était bien primitif, mais il y avait alors bien peu de travailleurs.

« Très promptement et malgré de notables améliorations, le laboratoire devint insuffisant, et il fallut songer à acquérir une maison avec jardin spacieux donnant sur la grève; l'installation devint alors définitive. »

Cette installation est ce qu'on peut trouver de plus parfait; dans ces conditions l'étude devient une récréation et les élèves, penchés sur leurs tables dans le laboratoire de la Sorbonne, doivent rêver à Roscoff comme à une terre promise.

Là-bas, en effet, chaque élève a une stalle spéciale éclairée par une large fenêtre qui donne sur la mer; devant la fenêtre est placée la table de travail avec le microscope et une loupe montée; à gauche se trouve une autre table, supportant tous les vases de verre nécessaires, et à droite, sur une cloison, se dressent trois étagères remplies de livres et d'une quantité de bouteilles contenant tous les réactifs indispensables. Des portes donnant sur la grève permettent de s'y rendre directement, et lorsque à marée basse un élève veut aller pêcher les animaux dont il a besoin, il n'a qu'à monter à sa chambre — car il est logé — revêtir un costume de circonstance et prendre ses outils.

Des viviers où l'on peut conserver les animaux vivants permettent, en outre, d'étudier dans les plus grands détails les mœurs et le caractère des sujets soumis aux expériences.

Les élèves ayant demandé à venir à la station même préparer leurs examens, il fallut songer à organiser l'enseignement; c'est ce que fit M. de Lacaze-Duthiers :

« Alors les différents maîtres de conférences de la Sorbonne qui se sont succédé auprès de ma chaire, dit-il, ont, pendant les mois d'août et de septembre, régulièrement fait des conférences, et toujours pendant les grandes marées ils ont conduit les étudiants à la grève sur les lieux mêmes où vivent les animaux. C'est là qu'ils ont fait les meilleures, les plus utiles leçons, car c'est au milieu de la nature même qu'il est intéressant de voir et d'apprendre à étudier les êtres qui sont si difficiles à connaître en ne s'en tenant qu'aux descriptions des livres. »

On arrive à Roscoff vers le commencement de juillet et les études se continuent jusqu'à la grande marée, qui a lieu vers le 22 septembre. A cette époque le temps devient mauvais, les pluies fréquentes rendent les recherches difficiles : on quitte alors le laboratoire de Roscoff pour le laboratoire Arago à Banyuls-sur-Mer.

C'est afin de ne pas être obligé d'interrompre les travaux pendant la mauvaise saison que M. de Lacaze-Duthiers avait songé à créer une station d'hiver qui devait compléter Roscoff et permettre aux travailleurs d'étudier sous des climats différents.

Après plusieurs hésitations l'endroit choisi fut Banyuls. La ville offrait un emplacement, un grand bateau de pêche et une subvention de 25 000 francs; elle demandait en retour que le laboratoire renfermât un aquarium indépendant des salles de travail et qui pût être ouvert au public.

Le terrain que donnait la ville était en très bonne situation, sur un promontoire qui, s'avançant profondément dans la mer, permettait aux trois bateaux destinés aux différentes espèces de pêche de mouiller sous les murs mêmes de l'établissement.

A Banyuls, en effet, il n'y a pas de marée et c'est à l'aide du chalut, de la drague ou du faubert que les bateaux doivent aller pêcher à une certaine distance pour faire des excursions fructueuses.

L'aquarium n'est pas seulement un objet de curiosité : par suite de son excellent aménagement, il a permis de conserver très longtemps certains animaux, dans des conditions parfaites de vitalité ; c'est ainsi que l'on a pu faire des remarques très curieuses sur le corail, sur l'éponge, sur les pennatules, sur les gorgones, et entre autres sur les étoiles de mer, que leur voracité porte à livrer aux oursins des combats acharnés dont elles sortent souvent victorieuses, mais en conservant les traces nombreuses des morsures de leurs adversaires.

Une autre remarque a été faite par le fondateur du laboratoire sur les ilyanthes, qu'on ne rapporte que par des dragages d'assez grande profondeur :

« A l'aquarium les ilyanthes vivent indéfiniment. Dans l'un des bacs peu profonds placés à l'intérieur devant les grandes croisées, ayant un fond de sable de 5 centimètres d'épaisseur, ils se sont terrés, disparaissant complètement pendant le jour. Dès que le soleil se couche et que la nuit arrive, il n'est pas possible d'imaginer un plus beau tapis de fleurs que celui du fond de ce bac. Tous les ilyanthes s'épanouissent à ce moment et prennent des développements dont on n'a aucune idée en les observant dans les cuvettes de travail. On nourrit ces animaux en leur donnant de petits morceaux de mollusques ou de poissons. »

Les laboratoires des stations maritimes ne sont pas mis seulement à la disposition des élèves. Avec le désintéressement que nous montrons toujours en France, les portes sont ouvertes toutes grandes non pas exclusivement, ce qui semblerait tout naturel, aux savants français, mais encore aux savants étrangers quels qu'ils soient.

« Qu'un savant demande à être admis à Roscoff, et en partant le soir ou le matin à huit heures de Paris, il sera rendu au laboratoire à dix heures, après avoir passé une nuit ou un jour en chemin de fer ; il sera logé dans une chambre au premier ou au second, simple mais suffisamment confortable, et s'il a fait connaître d'avance le sujet de ses recherches, il trouvera sur la table de l'une des stalles de travail qui lui aura été attribuée, les animaux procurés par le gardien, à la condition toutefois de tenir compte pour sa demande des hauteurs de marée. »

Ce qui se fait à Roscoff se fait aussi à Banyuls.

Peut-on offrir plus large hospitalité ? Américains, Anglais, Écossais, Irlandais, Hollandais, Belges, Russes, Roumains, Grecs, Suisses, Autrichiens, Serbes, Égyptiens, il vint des savants de tous les pays !

Que leur demandait-on en échange de toutes les facilités qu'on leur donnait pour leurs recherches, rien. L'administration n'exprimait qu'un désir, c'était qu'un échantillon des animaux curieux que les zoologistes pouvaient récolter restât dans les collections du laboratoire et que la primeur des articles qu'ils pourraient publier sur leurs travaux fût, en partie du moins, donnée aux archives de ce laboratoire.

C'est bien peu de chose, et cependant le plus grand nombre de ceux qui arrivent remplis d'enthousiasme et protestant de leur reconnaissance pour la façon dont on les accueille, oublient en partant leurs plus belles promesses.

Cela n'empêche pas de recevoir avec la même courtoisie les nouveaux hôtes qui se présentent.

« Les bateaux et le personnel du laboratoire, dit M. de Lacaze-Duthiers, pêchent pour tous et conduisent les travailleurs partout où la récolte peut être fructueuse. Rien n'est caché, rien n'est secret. »

VII

Nous avons passé en revue l'historique de la Sorbonne ; nous avons assisté aux travaux de ses laboratoires, à ses conférences, à ses cours qui mènent à la licence, à l'agrégation et au doctorat; nous venons de visiter les colonies scientifiques qu'elle a fondées à Roscoff, à Banyuls et à Fontainebleau ; il ne nous reste plus qu'à parler du baccalauréat et du concours général.

La Sorbonne est entièrement consacrée à l'enseignement supérieur; elle est cependant le théâtre du concours général qui a lieu chaque année entre les lycées et les collèges de Paris, et du baccalauréat, sanction des études secondaires.

Le concours général commence dans les premiers jours du mois de juin pour se terminer au mois de juillet.

Dès le matin, les combattants partent de leur lycée et se dirigent vers la Sorbonne, terrain de la lutte ; les bandes rivales se rencontrent et, d'un côté à l'autre de la rue, se toisent dédaigneusement ou s'observent avec méfiance.

Bientôt la place de la Sorbonne est noire, bruyante et animée; mais la porte est toujours hermétiquement close et tous, les Louis-le-Grand, les Saint-Louis, les Henri IV, les Charlemagne, les Condorcet... ont le temps de s'examiner à l'aise; on se montre les vétérans, les forts et jusqu'aux bouche-trous, facilement reconnaissables à leur air insouciant et dégagé; ceux-là, malgré quelques rares exceptions, savent bien qu'ils n'ont aucune chance de réussir.

Enfin la porte s'ouvre, les lycéens s'engouffrent dans la cour et de là dans la salle où chacun prend place à une table.

Au milieu d'un silence recueilli, les grandes enveloppes sont décachetées et les sujets dictés viennent apporter l'espoir chez les uns, le découragement chez les autres; puis tous les candidats, tristes ou joyeux, se mettent à l'ouvrage, et bientôt l'on n'entend plus que le grincement des plumes sur le papier.

Autrefois cela durait ainsi jusqu'à l'heure du déjeuner, seul moment de détente, qui venait heureusement couper cette journée de fatigue et d'énervement.

Comme personne ne devait quitter la salle, on se préparait à déjeuner à sa place; papier, plumes et dictionnaires, refoulés dans un coin, étaient bien vite remplacés par les provisions sorties une à une du filet ou du panier; saucisson, pain, pâté s'étalaient sur les tables; on fraternisait d'une place à l'autre; les demandes et les réponses se croisaient tandis que quelques piocheurs continuaient à écrire, ou relisaient leurs copies tout en avalant fiévreusement une bouchée de pain et en buvant à la hâte une gorgée d'abondance.

Maintenant le déjeuner est supprimé, les séances commencent à sept heures du matin et sont pour la plupart terminées avant midi; la plus longue ne dure que jusqu'à deux heures et l'on ne permet aux concurrents dont l'estomac ne peut supporter un jeûne aussi long que des petits pains et des tablettes de chocolat.

Le moment arrive où toutes les compositions vont être relevées; déjà les surveillants se promènent à grands pas, pressant les uns, encourageant les autres à relire, rendant fous ceux qui n'ont pas terminé, qui se voient dans l'impossibilité de finir à temps et qui se hâtent, écrivant les dernières lignes d'une écriture indéchiffrable.

« Les copies, les copies.... »

On n'entend plus que cela; il faut se fâcher et les enlever de force, achevées ou non.

Enfin toutes les feuilles sont sur le bureau; les élèves quittent peu à peu la salle; pas un n'est complètement satisfait.

Le long de la route, on commente les sujets, on se passe les brouillons; arrivé au lycée, on les lit tout haut et chaque classe commence elle-même à décerner les prix.

La partie supérieure de la feuille de composition contient les nom, prénoms, âge, lieu de naissance, l'état civil enfin du candidat, accompagné du nom du lycée ou du collège auquel il appartient.

Lorsque les professeurs ont relevé toutes les copies, ils mettent un numéro d'ordre en tête de chacune et reproduisent ce même numéro sur le morceau indicateur qu'ils détachent ensuite pour l'enfermer dans une boîte; le même travail est fait pour toutes les compositions de chaque ordre d'épreuves, et les boîtes, fermées à clef, sont confiées à la garde du vice-recteur de l'Académie.

Les copies sont envoyées aux correcteurs, qui les annotent et les classent sans en connaître les auteurs.

Au jour dit a lieu, en grande solennité, l'ouverture des boîtes.

Les compositions corrigées se retrouvent encore une fois à la Sorbonne. Il s'agit de savoir à qui elles appartiennent et pour cela de restituer à chacune le morceau de papier qui lui a été enlevé; les boîtes sont ouvertes en présence du vice-recteur et de tous les proviseurs.

Pendant que dans la salle on proclame les noms des vainqueurs, dans la cour, les professeurs anxieux et quelques élèves impatients attendent les résultats. Les proviseurs qui sortent sont aussitôt entourés, quelques-uns donnent immédiatement des nouvelles, surtout lorsque ces nouvelles sont bonnes; d'autres, au contraire, demeurent muets et impénétrables comme des sphinx.

Dès sa rentrée au lycée, chaque proviseur rassemble autour de lui les classes intéressées, puis, sa liste à la main, commence sa lecture au milieu de l'émotion générale.

Cette petite proclamation en famille, dans une cour ou dans une salle, est autrement palpitante pour les intéressés que la distribution solennelle des prix, en présence de toutes les autorités ministérielles, universitaires, scientifiques et autres, et de tout un public choisi et paré.

Quels qu'en soient la beauté et le charme, les discours du ministre et du professeur délégué seront écoutés avec moins d'attention que le petit speech du proviseur disant :

« Nous sommes heureux encore cette année, messieurs : notre lycée a remporté un prix d'honneur, dix-sept prix et trente-huit accessits, en tout cinquante-six nominations.... »

Les bravos qui souligneront le nom de chaque vainqueur, pour être moins nourris qu'à la Sorbonne, seront bien plus enthousiastes dans leur spontanéité.

C'est que le jour de la distribution solennelle on sait d'avance quels sont les lauréats, tandis que le soir de l'ouverture des boîtes chaque nom proclamé est une surprise ou la confirmation d'un espoir. Le lauréat couronné, trônant dans sa voiture auprès des vingt volumes qui composent son prix d'honneur, est moins fier et moins heureux que le jour où il peut écrire à ses parents ou leur dire en rentrant au logis : « C'est moi qui ai le prix d'honneur ! »

Le concours général est un héritage du xviiie siècle.

Le premier concours entre les collèges de Paris date de 1747 ; il aurait pu avoir lieu beaucoup plus tôt, puisque c'est grâce aux biens légués par l'abbé Legendre, mort en 1735, qu'il fut institué.

Les héritiers légitimes ayant attaqué le testament, le Parlement fut chargé de l'affaire.

Après dix années de procédure, un arrêt de juillet 1744 nomma comme bénéficiaire du legs de l'abbé Legendre l'Université de Paris, à charge par elle d'employer la rente de 2000 francs à *décerner, après concours, des prix aux étudiants ès arts*.

L'Université ne se fit pas prier pour accepter. Immédiatement le recteur rédigea un programme de concours entre les dix collèges de plein exercice, programme qui reçut l'approbation du Parlement et fut mis à exécution en 1747.

Les écoliers entendirent chaque jour la messe dans l'église du cloître des Mathurins et composèrent en rhétorique sur quatre matières : discours latin, discours français, vers latins, version grecque ; en seconde sur trois

Le vestiaire de la Sorbonne.

matières : thème latin, vers latins, version grecque ; en troisième, sur trois matières également : thème latin, version latine et version grecque.

La cérémonie de la distribution des prix eut lieu en grande pompe dans les écoles extérieures de la Sorbonne, sous la présidence de Maupeou, premier président du Parlement.

Les frais de toutes sortes avaient été réglés comme suit et ne devaient pas dépasser les sommes allouées dans le mémoire : « 27 prix à 20 livres, l'un portant l'autre, 540 livres; — pour l'orateur, 200 livres; — pour tenture de la salle, 500 livres; — pour estrade et autres menuiseries, 60 livres; — pour huit suisses, 48 livres; — pour huit trompettes et timbales, 36 livres; — pour couronnes, 10 livres; — pour invitations, courses en carrosses, 50 livres; — au domestique qui servira aux compositions, à 3 livres par jour, pour son dîner et salaire, 27 livres; — pour menus frais, 24 livres; total 1 495 livres. »

L'abbé Legendre eut presque tout de suite des émules.

Ch. Coffin, membre de l'Université, laissa par testament 50 livres de rente pour créer deux prix de version latine en seconde.

Bernard Collot, un autre membre important de l'Université, affecta une rente de 400 livres à la fondation d'un prix de version grecque pour lequel concouraient les élèves de troisième, de seconde et de rhétorique. Ce prix fut trouvé trop élevé et peu en rapport avec les autres; un arrêt du Parlement le remplaça par dix-huit prix répartis entre les classes de rhétorique, de troisième, de quatrième, de cinquième et de sixième.

Le libraire J.-B. Coignard institua même des prix pour les maîtres; il abandonna à l'Université, qui la lui devait depuis longtemps, une somme de 10 000 francs, à condition que la rente en fût employée à décerner un prix de discours latin entre les maîtres ès arts de l'Université de Paris et de quelques autres villes.

VIII

Dans les premiers jours de juillet, la Sorbonne semble abandonnée. Les cours sont terminés ainsi que les compositions du concours général; on ne rencontre plus dans les longs couloirs que de rares visiteurs et quelques élèves inquiets qui viennent rôder autour de l'amphithéâtre. C'est vers la fin du mois seulement que l'on connaîtra les résultats. La distribution solennelle des prix du concours général a lieu dans les premiers jours du mois d'août.

Ce jour-là, les portes de la Sorbonne restent fermées toute la matinée. A l'aide de tentures et de plantes, les tapissiers s'empressent de transformer en salon la loge du concierge destinée à donner asile pendant quelques instants à Son Excellence M. le ministre de l'Instruction publique et des Beaux-Arts.

A l'intérieur on décore et on met en état le grand amphithéâtre où doit

La table des prix.

avoir lieu la cérémonie : des garçons de bureau et des employés du secrétariat apportent des piles de volumes aux reliures éclatantes et placent les prix d'honneur dans l'hémicycle sur des tabourets de velours rouge ; les autres prix sont disposés sur une table où ils sont confiés à la vigilance d'un gardien de la paix.

L'heure approche; un détachement de gardes de Paris prend position dans le vestibule pour former la haie sur le passage des ministres et des personnages officiels, tandis que d'autres gardes sont postés au bas de l'escalier et aux portes des tribunes.

Pendant que la foule des élèves et des invités encombre les portes encore closes de la rue des Écoles, la porte latérale de la rue Victor-Cousin laisse pénétrer un grand nombre de personnages d'âge respectable, presque tous vêtus de noir et décorés, et portant tous à la main un carton ovale et un carton carré semblables aux cartons que portent si gracieusement les modistes; mais si le carton est pareil, la différence est grande dans la manière de le porter; comme ces messieurs graves ont l'air embarrassé de leur léger fardeau! Ils passent rapidement dans une des salles d'examen ou de cours transformée pour la circonstance en vestiaire; des toques et des robes rouges, noires, jaunes ou violettes encombrent déjà les tables et les vitrines au milieu des bustes, des mappemondes et des pièces d'histoire naturelle.... Les petits cartons sont ouverts: de nouvelles toques et de nouvelles robes s'étalent à côté des autres. Bientôt, majestueux dans leurs longues robes aux manches flottantes, les inspecteurs, les proviseurs, les censeurs et les professeurs traversent les couloirs pour se rendre dans l'amphithéâtre aux places qui leur sont réservées.

L'amphithéâtre s'emplit rapidement; il ne reste plus d'inoccupés que les places officielles et les premiers rangs de banquettes réservés aux inspecteurs et aux Facultés. Les dernières banquettes sont occupées par les élèves groupés par lycées; toutes les places des gradins et des loges sont mises à la disposition des invités; on réserve cependant les travées de gauche et de droite aux proviseurs et aux censeurs; dans une loge de la troisième galerie est installée la musique de la garde républicaine.

Dans le vestibule, les gardes de Paris sont à leur poste, l'arme au pied. La porte d'honneur ne s'ouvre plus que pour laisser passer les personnages qui, avec le ministre, vont présider à la solennité. Voici des généraux représentant le Président de la République et le ministre de la Guerre; un capitaine de vaisseau délégué par le ministre de la Marine; des membres de l'Institut choisis parmi les cinq Académies; le président de la Chambre des députés; le ministre de l'Intérieur; le préfet de la Seine; des ambassadeurs; des députés; des membres du Conseil supérieur de l'Instruction publique et du Conseil académique; les professeurs des Facultés des Lettres, des Sciences, de Droit et de Médecine. C'est un mélange étincelant d'uniformes et de robes de toutes les couleurs.

Une voiture s'arrête devant la porte; les tambours battent aux champs; les gardes présentent les armes: le ministre, en habit noir, descend et entre dans la Sorbonne. A peine a-t-il pénétré dans le salon d'attente

L'arrivée de la Faculté de Médecine.

improvisé, que, suivi des quatre massiers portant les masses d'argent insignes des quatre Facultés, le vice-recteur de l'Université en robe violette et en rabat de dentelles vient le chercher et se rend avec lui dans l'amphithéâtre.

L'assistance tout entière se lève; la musique de la garde républicaine joue la *Marseillaise*, que tout le monde écoute debout.

Le ministre donne ensuite la parole au professeur chargé du discours d'usage. Ce discours se faisait autrefois en latin ; comme, à part les professeurs et les élèves des classes supérieures, bien peu de personnes parmi l'auditoire étaient capables de comprendre, on a remplacé, depuis plusieurs années déjà, le discours latin par un discours français.

Après avoir répondu au discours du professeur par un autre discours, le ministre fait procéder à la lecture du palmarès. Le défilé des lauréats commence; les vainqueurs sont tour à tour couronnés par le ministre et par les principaux personnages de l'assemblée.

La cérémonie terminée, la foule s'écoule lentement; le grand amphithéâtre est vide. Les robes éclatantes vont dormir dans leurs cartons. La Sorbonne rentre pour quelques mois dans le silence et dans la tranquillité.

IX

Les salles de la nouvelle Sorbonne qui sont réservées aux examens du baccalauréat sont beaucoup plus vastes que celles qui avaient la même destination à l'ancienne Sorbonne; malgré cela, le nombre des candidats étant presque toujours de douze à quinze cents, il est impossible de faire subir les épreuves écrites à tout le monde à la fois, il faut faire plusieurs fournées et donner forcément des questions différentes à chaque fournée. Ce système a provoqué de nombreuses réclamations : telle question très difficile faisant échouer la plupart des candidats de la première série, tandis que telle autre, plus facile, avantageait la série suivante.

On a cherché, pour le baccalauréat ès sciences, à satisfaire les jeunes gens, et tous, à une session, ont passé l'écrit en une seule séance. Pour parvenir à caser un aussi grand nombre de concurrents, on avait transformé en salle d'examen la grande galerie de l'Exposition universelle de 1889 qui mène du dôme central à la galerie des machines.

Dès le matin, le Champ de Mars était occupé par la garde de Paris, et les candidats étonnés se demandaient s'ils ne s'étaient pas trompés, et si on n'allait pas les faire assister à une revue.

Les soldats au commandement de leurs chefs disparurent subitement dans la galerie, et quand les jeunes gens à leur tour y pénétrèrent, ils purent voir avec quel soin minutieux ils seraient gardés : quinze cents petites tables noires étaient alignées d'un bout à l'autre de la galerie, et, de chaque côté, les gardes, immobiles, l'arme au pied, faisaient la haie; les candidats prirent place et, leurs questions une fois reçues, travaillèrent sous l'œil inflexible de la force armée.

Pas moyen de glisser un papier d'une table à l'autre, de jeter par terre une réponse enveloppée dans un mouchoir, ou de se passer les fameuses règles creuses dites « règles de baccalauréat » qui contiennent des *notes* soigneusement roulées à l'intérieur..., pas moyen enfin d'employer aucune de ces petites fraudes que quelques-uns commettaient avec tant de calme, avec une conscience si tranquille, dans les anciennes salles où l'on se coudoyait presque et où l'on pouvait facilement tromper les *tangentes* ou, si vous aimez mieux, les surveillants.

Cet appareil militaire avait un peu étonné les candidats et pouvait leur faire craindre que l'administration ne se fût inspirée des mœurs chinoises; c'est qu'on ne plaisante pas dans le Céleste-Empire : chaque candidat est enfermé dans une sorte de cabine et gardé à vue par un soldat, la lance au poing; si deux candidats se communiquent leurs compositions, ce qui paraît impossible avec les précautions prises, ils sont condamnés à mort et exécutés devant tous leurs camarades..., si un candidat emporte des notes, il est puni du supplice de la cangue, supplice qui, comme chacun sait, consiste à tenir pendant de longues heures le patient à genoux, immobile, la tête et les mains emprisonnées entre de lourdes planches.... On ne punit pas que les fraudes, en Chine : on ne permet d'être refusé que dans de certaines conditions, et le candidat qui s'est montré par trop insuffisant reçoit cinquante coups de bâton sur la plante des pieds pour s'être présenté à l'examen quand il y était mal préparé.

L'arrivée du ministre.

Fort heureusement pour nos aspirants bacheliers, nos règlements ne présentent pas cette rigueur ; les « ajournés » en sont quittes pour perdre une partie de la somme déposée comme frais d'examen et pour se représenter, s'ils le veulent, à la session suivante.

L'oral se passait un peu partout dans l'ancienne Sorbonne : au rez-de-chaussée, au premier étage, dans les salles de cours, dans les bureaux inoccupés ; les couloirs et jusqu'aux paliers étaient bons pourvu qu'on y pût placer un tableau noir, une table et quelques chaises.

Sur les portes des salles et dans la cour, au bas des escaliers, étaient accrochées des pancartes blanches portant les mots : « Baccalauréat ès sciences », ou « Baccalauréat ès lettres » suivis du numéro de la série. Les candidats se rendaient dans leurs séries respectives pour subir les différentes épreuves, et le public, qui est admis à l'examen oral, se casait tant bien que mal. Aujourd'hui les nouvelles salles ne laissent rien à désirer.

On passait déjà le baccalauréat au moyen âge, mais le baccalauréat portait le nom de *déterminance*.

On pouvait se présenter à la déterminance dès l'âge de quatorze ans, pourvu que l'on eût suivi, pendant deux ans au moins, un cours de logique à la Faculté des Arts.

Les examinateurs, dans lesquels, paraît-il, on n'avait pas une entière confiance, à cette époque, juraient d'abord qu'ils enseignaient depuis trois ans, puis ils promettaient de recevoir ceux qui répondraient bien, de refuser ceux qui répondraient mal, et surtout, enfin, de ne pas *taxer les bourses* des candidats en l'absence du procureur. La bourse était la somme des dépenses faites par le candidat pendant son examen ; c'était d'après cette somme qu'on fixait ce qu'il devait payer à la nation comme frais d'examen.

De son côté, le candidat devait jurer qu'il avait au moins quatorze ans, qu'il était dans sa troisième année de logique, qu'il payerait la bourse fixée par le maître — cette bourse variait de six livres à quatre sous, — qu'il payerait aussi le loyer des écoles et le salaire du bedeau ; qu'il répondrait aux questions, qu'il ne chercherait pas à tromper l'examinateur, qu'il assisterait à la déterminance des autres candidats, qu'il n'insulterait pas ou ne laisserait pas insulter les candidats ou l'examinateur ; il ne devait aussi se présenter à l'examen que vêtu d'une robe et d'un capuchon de drap noir sans aucun ornement, et ne porter ni souliers à la poulaine ni ceinture de couleur.

Il promettait, en outre, de payer ses dépenses de vin et de viande, de n'offrir un verre à ses amis que le premier et le dernier jour de la déterminance, enfin, s'il était reçu, de ne pas faire d'illuminations en plein jour, c'est-à-dire de ne pas suivre l'exemple des écoliers tapageurs qui, pour célébrer leur succès, se promenaient avec des chandelles allumées dans la rue du Fouare.

On n'a plus maintenant de costume spécial pour passer les examens; seuls les candidats de la Faculté de Médecine et de la Faculté de Droit revêtent la robe pour se présenter devant les membres du jury, qui eux-mêmes portent le bonnet et la toge.

Le costume a néanmoins une certaine importance; un examinateur ne refusera certainement pas un élève à cause de la couleur de sa cravate ou à cause de la coupe de sa redingote, mais il est certain qu'un candidat dont la tenue est trop recherchée ou trop négligée disposera mal en sa faveur.

Le baccalauréat est une invention française.

Il a été institué par le décret du 17 mars 1808 pour former le premier grade universitaire.

On s'en occupa peu d'abord, et ceux-là seuls le recherchaient qui se destinaient au droit, à la médecine ou qui aspiraient à entrer dans les séminaires diocésains de Paris.

La Faculté des Lettres de Paris qui, en 1810, délivrait soixante-sept diplômes de bacheliers, en décernait ces dernières années de mille à douze cents; et la Faculté des Sciences qui avait débuté, en 1810, avec six diplômes, est arrivée maintenant à en donner plus de mille annuellement.

C'est l'ordonnance du 13 septembre 1820 qui provoqua le premier mouvement en faveur du baccalauréat en décidant que le grade de bachelier allait « ouvrir l'entrée à toutes les professions civiles et devenir pour la société une garantie essentielle de la capacité de ceux qu'elle admettrait à la servir ».

L'OBSERVATOIRE

L'OBSERVATOIRE

I

La fondation de l'Académie des Sciences par Colbert en 1666 amena un résultat heureux et inattendu dans le domaine de l'astronomie : Louis XIV, sur les instances de son ministre, se décida à construire pour les savants de son Académie, et en particulier pour les astronomes, un lieu où ils pussent se réunir, étudier et se livrer à leurs expériences et observations en toute liberté et tranquillité. Ce fut le premier observatoire public vraiment important que l'Europe posséda.

Les Chinois avaient établi des observatoires dès les temps les plus reculés ; les Chaldéens, les Égyptiens et les Grecs en avaient élevé de célèbres ; plus tard, vers la fin du xe siècle, les Arabes se mirent à en construire qui devinrent bientôt très renommés.

Il faut cependant attendre au xvie siècle pour trouver en Europe un observatoire créé par ordre d'un gouvernement : ce premier observatoire est celui de Cassel, dû au landgrave de Hesse-Cassel qui le fit bâtir en 1561.

Quelques années après, en 1576, se fondait un autre observatoire qui, pendant dix-sept années, jouit d'une très grande réputation ; c'est *Uranienborg* — le palais d'Uranie — que Tycho-Brahé éleva dans une île du détroit du Sund, l'île de Hven ; malheureusement, à la mort de Frédéric II qui protégeait le savant astronome, cet observatoire fut saccagé et détruit par les Danois ; Tycho-Brahé était d'origine noble : les préjugés et la jalousie de la noblesse le forcèrent à abandonner ses travaux et à chercher un refuge en Allemagne.

Il existait en Europe à la fin du xvie siècle de nombreux observatoires ; mais aucun n'avait d'importance réelle ; c'étaient des observatoires particuliers que des savants ou des amateurs d'astronomie avaient fait construire à leurs frais et qui étaient fort incommodes, incomplets et ne possédaient, pour la plupart, que des instruments rudimentaires, incapables de fournir de sérieuses indications.

A cette époque, du reste, l'astronomie confinait encore de bien près à l'astrologie, et Tycho-Brahé lui-même, malgré son mérite, n'avait jamais pu détacher complètement son esprit de certaines croyances dont la science a depuis longtemps fait justice.

L'amour du surnaturel et du merveilleux dominait toutes les études, et si l'on ne voyait plus dans le soleil une pierre enflammée, pierre énorme, grande au moins... comme le Péloponèse, si l'on ne croyait plus la terre creuse et flottant sur les airs ou portée par quatre éléphants placés eux-mêmes sur le dos d'une immense tortue nageant dans la mer, plusieurs hypothèses transmises par les anciens avaient encore toute créance.

L'une d'elles, basée sur la loi de précession des équinoxes, voulait que tous les trente mille ans les astres se retrouvassent dans la position qu'ils occupaient trente mille ans plus tôt et que les mêmes faits fussent accomplis dans le même temps par les mêmes personnes.

On raconte, à ce propos, que plusieurs étudiants célébraient un soir la fin de leur dernière année d'études ; ils avaient, pour la circonstance, invité leur hôte à souper. Le souper fut gai ; comme le moment de se séparer approchait, on vint à parler de cette existence future ; c'était donc vrai, on revivrait ensemble ces années charmantes qui venaient de s'écouler, et dans trente mille ans on se retrouverait là, comme aujourd'hui, levant gaiement son verre. Tous le croyaient. L'hôte, qui devait à sa qualité de s'intéresser à la science, le croyait aussi et le proclamait hautement. Les flacons circulaient et les étudiants allaient solder la note qui montait à un prix respectable, lorsque l'un d'eux, s'adressant à l'hôte : « Puisque nous nous reverrons dans trente mille ans, dit-il, vous pouvez bien nous faire crédit jusque-là, nous vous payerons la prochaine fois ». L'hôte, stupéfait, y consentit sans enthousiasme, mais, se ravisant presque aussitôt : « Puisque tous les trente mille ans les mêmes choses se reproduisent, il y a trente mille ans nous nous sommes déjà trouvés tous ensemble comme aujourd'hui, et vous m'avez comme aujourd'hui demandé de vous faire crédit ; alors, payez-moi le dîner d'il y a trente mille ans, j'attendrai pour celui-ci ».

Les erreurs scientifiques devaient disparaître peu à peu avec les progrès de l'astronomie, mais les croyances et les superstitions astrologiques qui avaient pénétré dans les masses furent si longues à déraciner qu'en 1705, quarante ans même après la fondation de l'Observatoire, les astronomes du grand roi étaient poursuivis jusqu'au seuil de l'Académie des Sciences par des gens qui venaient les consulter et leur demander de leur prédire l'avenir.

II

M. Wolf, membre de l'Institut, astronome de l'Observatoire, a eu la gracieuseté de nous offrir pour notre ouvrage une notice inédite dont nous citons textuellement dans ce chapitre un des principaux passages et à laquelle nous emprunterons divers renseignements pour les chapitres suivants :

« Le 21 mai de l'an 1682 la rue Saint-Jacques était en grand émoi : le roi Louis XIV, accompagné de toute sa cour, allait visiter l'Observatoire qu'il avait nouvellement fait bâtir à l'extrémité du faubourg Saint-Jacques.

« Les carrosses de la cour, partis des Tuileries, traversaient le Petit-Pont, puis l'étroite porte du Petit-Châtelet, passaient sous la porte Saint-Jacques qui devait être détruite deux ans plus tard, sortaient de la ville par la porte du faubourg, et entraient dans l'enceinte de l'Observatoire par une porte donnant dans cette rue. Contournant la terrasse, ils déposaient le royal cortège devant la porte de la façade méridionale du palais astronomique. Suivons le grand roi dans cette visite : nous sommes conduits par Jean-Dominique Cassini, l'astronome le plus en renom de cette époque, que Colbert avait fait venir d'Italie pour l'attacher au nouvel Observatoire ; par

Philippe de la Hire, et par l'abbé Picard, savant plus modeste alors, mais que le jugement de la postérité a remis à sa vraie place au-dessus de l'astronome italien, plus brillant mais moins sérieux. Traversant une magnifique salle dallée de 54 mètres de long, nous en sortons par une porte latérale et nous sommes au premier palier du grand escalier qui conduit du rez-de-chaussée à la plate-forme supérieure de l'Observatoire. C'est l'œuvre toujours admirée de Claude Perrault, ce savant si original, à la fois médecin, physicien et architecte, le créateur de la colonnade du Louvre et le frère de l'auteur du *Petit Chaperon rouge*, de *Peau d'Ane* et du *Petit Poucet*. La belle rampe en fer forgé de cet escalier est l'ouvrage de Thomas Juret; elle a été payée plus de 8 000 livres, à peu près 40 000 francs de nos jours.

« Arrivé sur la plate-forme, le roi put juger exactement de la forme de l'édifice et de l'heureux choix de son emplacement. Tout autour s'étendaient d'immenses jardins ; c'étaient : au nord les jardins des religieuses de Port-Royal et au delà ceux des Chartreux, à l'est ceux des Capucins, à l'ouest ceux des Pères de l'Oratoire. Enfin, au sud s'étendait la campagne, égayée par de nombreux moulins à vent.

« L'emplacement avait donc été bien choisi, de manière à dominer tout l'horizon. Il avait de plus cet avantage, nous dit Perrault dans ses mémoires, « qu'on y arrive par les deux plus grandes rues qu'il y ait à Paris, la rue « Saint-Jacques, en continuant tout le long du faubourg du même nom, et « la rue de la Harpe, en continuant par le faubourg Saint-Michel et la « rue d'Enfer ».

« L'orientation du bâtiment avait été déterminée en grande pompe par MM. les astronomes de l'Académie le 21 juin 1667, jour du solstice d'été, où le soleil arrive à sa plus grande hauteur au-dessus de l'horizon. Ils avaient fixé la position du méridien, c'est-à-dire du plan vertical dans lequel tous les astres atteignent le plus haut point de leur course diurne, et la latitude du lieu. Les murs de l'édifice à l'est et à l'ouest furent élevés bien verticaux et parallèles à la direction du méridien ; de sorte que l'Observatoire forme lui-même comme un grand instrument à l'aide duquel on pourrait déterminer l'instant précis de midi.

« Mais lorsqu'on commença à en creuser les fondations, on trouva que le sol était percé d'une multitude de galeries, les catacombes de Paris, d'où les carriers avaient tiré jadis les pierres nécessaires à l'édification de la ville. Il fallut consolider ces galeries; on fit un escalier de cent soixante-quinze marches en forme de vis pour y descendre ; et ces souterrains devinrent les fameuses caves de l'Observatoire. Il règne dans ces caves une température constante de 11°,86, comme le constate un thermomètre qui y fut placé par Lavoisier en 1784 ; et il y a été fait nombre d'expériences mémorables, depuis celles de l'abbé Mariotte sur la chute des corps jusqu'à celles de Pasteur sur la présence des germes microbiques. La piété des premiers astronomes y a placé une statuette de la Sainte Vierge, Notre-Dame de Dessous-Terre, avec ces deux inscriptions :

PECHEVR·DIEV·TE·REGARDE·ET·TV·NY.
PANSE·PAS·NOSTRE·DAME·DESSOVBS·TERRE.

SY·LA·MOVR·DE·MARIE·EN·TON·COEVR·EST·GRAVÉ.
EN·PASSANT·NE·TOVBLIE·DE·LVI·DIRE·VN·AVE·H·1671.

« Le puits des caves de l'Observatoire est prolongé à travers tout le bâtiment par trois ouvertures circulaires percées dans les voûtes des trois étages, de sorte que du fond des caves on pouvait voir la lumière par ce trou. Germain Brice, dans sa *Description de Paris* (1687), dit que ce trou a été fait exprès « pour voir les astres en plein jour; cependant, ajoute-t-il, « on ne s'en est pas encore aperçu et personne ne les a vus jusqu'à « présent, quoique l'on y ait souvent regardé. Cela vient de ce qu'il ne « passe pas d'astre de conséquence au zénith de Paris. »

« J.-D. Cassini avait transformé ce puits en une immense lunette, en plaçant un objectif à l'ouverture de la terrasse supérieure, et l'oculaire au fond des caves. Lors de la visite de Louis XIV, on avait illuminé l'escalier dans toute sa hauteur, de sorte que le roi put sans fatigue juger de la profondeur de ce puits de 54 mètres. Aujourd'hui ce puits est fermé à la hauteur du rez-de-chaussée.

« De la plate-forme supérieure, le cortège royal redescendit dans la grande salle du deuxième étage où, comme le montre une gravure du temps, étaient rassemblés les divers objets d'étude qui devaient occuper les savants de l'Académie. Bien qu'en effet l'édifice fût surtout consacré à l'astronomie, l'intention de son créateur avait été d'en faire le lieu de réunion de l'Académie des Sciences. Aussi voit-on des squelettes montés, des animaux empaillés, des appareils de chimie figurer au milieu des instruments de mécanique et d'astronomie. On avait même creusé, dans le terre-plein au sud de l'édifice, des caves qui devaient servir de laboratoires aux chimistes. La difficulté de l'accès de l'Observatoire ne permit pas de mettre à exécution ce projet primitif.

« Diverses expériences curieuses furent faites devant le roi ; celle qui excita le plus l'étonnement fut l'expérience du miroir ardent. Ce miroir métallique concave, que l'on voit encore aujourd'hui dans cette même salle, étant exposé aux rayons du soleil, les concentrait en un foyer extrêmement chaud et brillant, où les corps combustibles s'enflammaient instantanément, où une pièce d'or ou d'argent était fondue en quelques minutes.

« Sur le pavé de cette grande salle était tracée du sud au nord une ligne qui figurait la méridienne de l'Observatoire, et qui, restaurée en 1733 par Jacques Cassini, fils de Jean-Dominique, est devenue plus tard la méridienne de France. Un trou percé au sommet de la paroi méridionale laissait pénétrer les rayons du soleil, qui venaient à midi faire leur image sur cette ligne. La méridienne de l'Observatoire, comme celle qu'un astronome du dix-huitième siècle, Lemonnier, établit dans l'église Saint-Sulpice, a servi à démontrer un des points les plus importants de l'astronomie, la variation de l'obliquité de l'écliptique.

« Dans la tour occidentale, au même étage, étaient les instruments au moyen desquels on déterminait le moment où le soleil atteint le plus haut point de sa course journalière, ce qu'on appelle le *midi vrai*. Le roi régla sa montre sur l'observation de ce moment faite par Sédileau, un des assistants de Cassini. A cette époque, on suivait en effet pour la mesure du temps le cours exact du soleil, malgré son défaut d'uniformité, ce qui imposait l'obligation de remettre chaque jour à l'heure du soleil les montres et les pendules. Aussi l'un des problèmes que se posaient alors les horlogers était de construire des horloges qui suivraient les variations du mouvement du soleil. L'Observatoire possède encore, et les visiteurs peuvent y admirer une très curieuse horloge de cette espèce, construite à la fin du règne de Louis XIV par Faxdoil, et ornée de magnifiques ciselures d'après les dessins de Coypel.

« La tour orientale, complètement ouverte par le haut, servait aux

Notre-Dame de Dessous-Terre.

observations de l'abbé Picard et de Philippe de la Hire, qui étaient logés à côté.

« Quels ne durent pas être la satisfaction du grand roi et le légitime orgueil de Cassini et de ses collaborateurs, lorsqu'ils lui firent voir dessiné sur le pavé de la tour occidentale de l'Observatoire, au premier étage, un planisphère, une mappemonde, où était enfin tracée une carte exacte de plus de la moitié de la terre! Et les corrections n'étaient pas petites, que nos astronomes avaient dû apporter aux cartes géographiques les plus estimées à cette époque.

« Pour n'en donner qu'un exemple, dans la carte de France qu'avait dressée un célèbre géographe, Sanson, pour l'instruction du Dauphin, la méridienne de Paris allait passer par Marseille au lieu d'aboutir à Perpignan; Marseille était placée à plusieurs lieues trop au sud et Brest à 30 lieues en pleine mer.

« Si Louis XIV, à la vue du résultat de tant d'efforts, put répéter aux astronomes ce qu'il avait dit quelques années auparavant aux académiciens : « Messieurs, je n'ai pas besoin de vous engager à travailler, je vois « que vous vous y portez assez de vous-mêmes », il put aussi se plaindre plaisamment de ce que les travaux de ses astronomes lui réduisaient considérablement l'étendue de ses États.

« Revenant dans la grande salle du milieu, par où il était entré dans l'Observatoire, Louis XIV y trouva disposée une grande lunette semblable à celles dont les astronomes faisaient usage pour observer le soleil et les planètes. Elle avait toute la longueur de la salle, à peu près 33 mètres. Aussi était-ce une lunette sans tuyau ; l'objectif était placé à la fenêtre nord, et l'oculaire, ou l'ensemble des lentilles auquel on applique l'œil, sur un support devant la grande porte donnant sur la terrasse. Le roi put ainsi examiner le palais du Luxembourg, les toits du Louvre et la colline de Montmartre; et on lui fit voir qu'il était possible de promener l'œil et l'oculaire dans toute la largeur de la porte sans déranger l'objectif de façon à explorer successivement un grand champ de vue.

« Cette exhibition n'était pas tout à fait désintéressée de la part de Cassini. Avec cette lunette horizontale, l'observation d'objets terrestres était assez facile. Mais lorsqu'il s'agissait d'observer les astres dans le ciel il fallait porter l'objectif à une grande hauteur au-dessus du sol, et l'astronome, l'oculaire à la main, devait se promener jusqu'à ce que son œil se trouvât en ligne droite avec le milieu de l'objectif et l'astre. On plaçait donc l'objectif sur le haut de l'Observatoire, ou au sommet d'un mât; mais il fallait sans cesse en varier la hauteur et varier l'orientation de l'oculaire. Il eût donc été commode de posséder un énorme support très solide, le long duquel on pût fixer l'objectif à une hauteur quelconque.

« Or les nouveaux travaux faits à Marly pour élever les eaux de la Seine destinées à alimenter les réservoirs de Versailles venaient de rendre inutile une grande tour en bois primitivement employée à cet usage ; c'est cette tour que Cassini demanda au roi ; elle fut transportée et réédifiée à grands frais au milieu du terre-plein de l'Observatoire, comme nous le montre une gravure empruntée à l'atlas de De Fer.

« C'est avec ces moyens si imparfaits, tellement incommodes qu'aujourd'hui les astronomes seraient incapables de les mettre en œuvre, que la patience des savants du dix-septième siècle, et en particulier de J.-D. Cassini, a su révéler à leurs contemporains étonnés et ravis les principales merveilles du ciel, la rotation du soleil sur lui-même, celles de Vénus, de Mars et de Jupiter, la forme aplatie de cette dernière planète, conséquence de la rapidité de cette rotation, l'existence des nébuleuses, des étoiles variables. C'est avec ces instruments grossiers que Cassini découvrit quatre des satellites de Saturne et montra la division de son anneau. C'est avec de pareilles lunettes que pendant huit années il étudia la figure de la lune sous les aspects si variés que lui fait prendre le changement incessant de sa position par rapport au soleil et à la terre. Il put présenter au roi un atlas de soixante-douze dessins exécutés sous sa direction par un habile graveur, Jean Pakigny, et la première représentation exacte que nous ayons de notre satellite. Philippe de la Hire, de son côté, avait peint une figure très détaillée de la lune, qui se trouve aujourd'hui à la bibliothèque Sainte-Geneviève.

« Cette féconde activité des premiers astronomes de l'Observatoire se soutint jusqu'à la fin du dix-septième siècle. La munificence royale, excitée sans cesse par le zèle de Colbert pour le progrès des sciences et la gloire de son roi, fournissait à l'Observatoire les instruments les plus parfaits de l'époque ; elle y appelait en même temps les savants étrangers les plus en renom. Cassini avait ouvert la marche ; après lui vinrent à l'Observatoire le Hollandais Huygens, l'inventeur des horloges à pendule, le Danois Rœmer, qui paya l'hospitalité de la France par la brillante découverte de la vitesse de la lumière.

« En 1695, le roi avait dépensé pour son Observatoire la somme de 1 064 991 livres, soit 714 226 livres pour les bâtiments, 85 329 livres pour les instruments et 265 436 livres pour le personnel.

« Mais Colbert était mort en 1683. Bientôt les guerres malheureuses avaient épuisé le trésor royal. Dès 1689, les appointements des astronomes avaient été réduits au tiers, Cassini ne touchait plus que 3 000 livres par an. En 1690, ils étaient entièrement supprimés ; on ne payait plus que les gages du portier et de l'horloger chargé de l'entretien des pendules. Aucun fonds n'était assuré à l'achat d'instruments ni même à l'entretien des bâtiments.

« Les astronomes continuaient cependant les observations, mais une question de la plus haute importance pour l'astronomie leur fit bientôt déserter l'Observatoire pour les entraîner à de lointaines expéditions.

« Il a été de mode pendant de longues années en France de dénigrer les travaux de nos astronomes du dix-huitième siècle. J.-D. Cassini lui-même n'a point échappé à ce blâme, dont Biot et Le Verrier se sont faits les échos.

« Tandis qu'à l'Observatoire de Greenwich, Bradley observait des milliers d'étoiles dont les positions ont servi à établir les fondements de l'astronomie moderne, l'Observatoire de Paris ne nous a transmis que quelques observations du soleil, de la lune et des planètes. Cela est vrai, mais nos astronomes ont fait autre chose. Et voici le jugement que portait de leurs travaux le plus grand des astronomes d'Angleterre. Dans des conférences qu'il faisait aux ouvriers d'Ipswich, Airy s'exprimait ainsi : « Vous n'igno-
« rez pas que M. Guizot, qui, avant d'être ministre, fut professeur au
« Collège de France, prétendait, dans ses leçons sur l'histoire de la civi-
« lisation, que la France avait toujours été le premier pionnier de la
« science, que c'était chez elle qu'avaient pris naissance tous les progrès
« de la civilisation. Eh bien, en matière d'astronomie, je suis de l'avis de
« M. Guizot : ce sont les astronomes français qui ont mesuré le monde ! »

« C'est une des plus belles pages de l'histoire de la science française que celle des expéditions entreprises au dix-septième et au dix-huitième siècle par les astronomes de l'Observatoire pour la mesure de la terre et de la distance du soleil à la terre et, par suite, à toutes les autres planètes. Elle commence en 1669 par la mesure d'un degré du méridien par l'abbé Picard, elle se continue par la mesure de la France entière par J.-D. Cassini,

Le musée astronomique.

son fils Jacques et Ph. de la Hire ; ce sont ensuite François Cassini de Thury et l'abbé de la Caille qui reprennent et vérifient cette mesure. J'ai déjà cité les noms des astronomes dont les voyages aux Indes et en Amérique ont fondé la géographie astronomique.

« En 1735 viennent les expéditions de Godin, Bouguer et La Condamine au Pérou, de Maupertuis, Clairaut, Le Monnier et l'abbé Outhier en Laponie, de l'abbé de la Caille au Cap, qui fixèrent la forme exacte de la terre et ses dimensions.

« Déjà les observations simultanées de Richer à Cayenne et de J.-D. Cassini à Paris avaient donné en 1672 une notion assez exacte de la distance du soleil à Mars, et par suite à toutes les autres planètes. C'est cette même distance du soleil à la terre que firent connaître, avec une précision à peine dépassée aujourd'hui, les observations des passages de Vénus sur le soleil en 1761 et 1769, qui furent faites presque uniquement par des astronomes français. En 1716, l'astronome royal anglais Halley, directeur de l'Observatoire de Greenwich, avait montré comment l'observation du passage de Vénus pouvait donner très exactement cette distance. A l'approche de 1761, un académicien français, Delisle, indiquait une autre manière de profiter de ce phénomène, si rare puisqu'il ne se reproduit que deux fois tous les cent vingt ans, qui devait étendre les limites des endroits favorables à l'observation, et il dressait la carte exacte des lieux où l'on pouvait utilement la faire. Dès 1760, les académiciens de l'Observatoire partaient pour leurs stations.

« L'Académie impériale de Russie avait demandé un savant français pour venir, sous les auspices de l'impératrice Catherine, observer le passage de Vénus en tel lieu de l'empire que l'on croirait le plus favorablement situé. L'abbé Chappe d'Auteroche arriva à Tobolsk dès le 16 avril 1761. François Cassini de Thury, petit-fils de Jean-Dominique, se rendit à Vienne en Autriche. Pingré partit pour l'île Rodriguez, et y arriva malgré les croiseurs anglais. Legentil, envoyé à la côte de Coromandel, fut moins heureux. Retenu d'abord à l'île de France par la guerre entre la France et l'Angleterre, il finit par s'embarquer sur une frégate qui faisait voile pour les Indes. Mais, arrivé devant Mahé, il trouve les Anglais maîtres de cette place, il apprend que Pondichéry vient également de succomber malgré les efforts de Lally-Tollendal ; il fallut fuir, et, pendant que la frégate qui le portait retournait à l'île de France, le jour du passage arriva : Legentil put voir Vénus sur le soleil, mais le beau temps ne faisait qu'ajouter à ses regrets de ne faire qu'une observation inutile. Un second passage devait avoir lieu en 1769 : Legentil retourna à Pondichéry, que nous avait rendu le traité de 1763. Il y fit, en attendant, nombre d'utiles observations; mais la malechance le poursuivit jusqu'au bout; au moment du passage, un nuage couvrit le soleil et empêcha toute observation.

« A ce second passage, Pingré avait rejoint à Saint-Domingue Fleurieu qui faisait alors un voyage de circumnavigation pour l'essai des montres marines de Berthoud. Chappe d'Auteroche eût voulu s'établir sur la côte est de l'Amérique méridionale; empêché par la jalousie des Espagnols de se rendre à cette station, il s'embarque sur un brigantin avec un ingénieur hydrographe et un horloger, traverse l'Atlantique, puis le Mexique à dos de mulet, la mer Vermeille sur une barque et vient fixer son observatoire à San José, en Californie.

« Tant d'efforts ne restèrent pas infructueux : la distance du soleil à la terre et par suite toutes les dimensions du système planétaire furent fixées à leur valeur presque exacte, à peu près 57 400 000 lieues de la terre au soleil. Mais ce résultat fut chèrement acheté : en Californie, la fièvre jaune enleva Chappe d'Auteroche et l'horloger Dubois; l'astronome Véron, qui accompagnait Bougainville dans son voyage de circumnavigation, mourut également à Pondichéry.

« Ah! il est bien vrai que, pendant que les astronomes et les instruments de l'Observatoire s'en allaient ainsi à travers la France, à travers les mers et les continents, de la Sibérie à la Californie, des Indes au cap de Bonne-Espérance, du Pérou à la Laponie, dans des voyages où les savants laissaient parfois leur vie, d'où les instruments revenaient rongés par l'eau de la mer ou faussés par les cahots de routes à peine tracées, précieuses reliques que nous conservons pieusement dans nos musées, il est bien vrai que l'Observatoire restait presque désert, et peu à peu s'en allait en ruines.

« Cassini IV, l'arrière-petit-fils de Jean-Dominique, nous a tracé un tableau navrant de l'état du beau monument de Perrault en 1770. Les murs d'enceinte, percés de nombreuses brèches, laissaient entrer, pendant le jour, le public, qui envahissait les salles et détériorait les rares instruments qui s'y trouvaient encore; la nuit, c'étaient les contrebandiers qui traversaient les jardins pour faire entrer en fraude leurs marchandises dans Paris.

« Le séjour de l'Observatoire était si peu sûr, que les académiciens qui l'habitaient réclamaient que des sentinelles y fussent placées pour en éloigner les malfaiteurs. Les écoliers et les séminaristes des Pères Oratoriens, usant et abusant du privilège qui leur était accordé d'entrer dans les maisons royales, venaient s'ébattre dans les jardins et dans les galeries, dont ils brisaient les vitres avec leurs balles. La neige et la pluie, pénétrant par ces ouvertures, eurent bien vite raison des pierres et du ciment, si bien qu'en 1780 Cassini, Jeaurat, Méchain étaient obligés de déménager et d'aller chercher au dehors des habitations où leur vie ne fût plus en danger.

« C'est alors que la direction de l'Observatoire échut à un homme qui, s'il l'eût conservée, aurait cent ans plus tôt rendu à cet établissement l'éclat et l'importance qu'avait un instant rêvés Colbert.

« J.-D. Cassini de Thury ou Cassini IV ne se contenta pas d'obtenir, par d'incessantes réclamations, la restauration complète du monument de Louis XIV. Il voulut le munir d'instruments capables de rivaliser avec ceux de l'observatoire d'Angleterre et d'astronomes attachés réellement à l'Observatoire et y observant suivant une règle invariable, au lieu d'académiciens indépendants, qui y venaient travailler quand et comment bon leur semblait. Et il eut l'heureuse fortune de trouver auprès de ministres tels que le comte d'Angivillers et le baron de Breteuil des appuis éclairés et puissants qui obtinrent du roi Louis XVI la restauration complète de l'Observatoire.

« Des élèves astronomes furent donnés à Cassini ; les constructeurs d'instruments furent protégés contre les prétentions rivales des corporations de métiers, des ateliers furent établis à l'Observatoire même, une fonderie dans la cour, un atelier de construction dans la tour de l'Ouest au deuxième étage. Sur un mur épais et très solide construit à l'origine pour soutenir les terres de la terrasse, s'élevèrent des cabinets d'observation en remplacement des ruines de ceux que l'Académie y avait fait bâtir dès 1732, et l'on y installa les instruments les plus parfaits que purent exécuter les constructeurs français et anglais. »

. . . .

Cassini ne voulut pas accepter les changements que la Révolution apportait dans la direction de l'Observatoire; il donna sa démission.

... « Un décret du 25 juin 1795 constitua le Bureau des longitudes et lui confia l'administration de tous les observatoires français. Sous l'impulsion de géomètres tels que Laplace, Delambre, Legendre, Lagrange, des observateurs tels que Méchain, Arago, Bouvard et son fils, Mathieu, puis plus tard Laugier, Mauduis, Faye, l'Observatoire de Paris reprit bien vite son rang et fournit une masse considérable d'observations.

« Elles eussent été bien plus importantes encore si l'établissement avait possédé les salles d'observation et les instruments nécessaires. Mais il faut avouer que, jusqu'en 1832, les conditions d'installation de notre unique observatoire restèrent bien mauvaises.

« Sans doute, en 1812, sous la direction de l'architecte Vaudoyer, la cour du nord reçut les agrandissements et la forme qu'elle a encore actuellement; l'entrée de l'Observatoire fut reportée devant la façade septentrionale du bâtiment, à l'extrémité d'une belle avenue qui la reliait au Luxembourg, et fermée d'une grille monumentale flanquée de deux petits pavillons. La terrasse, que l'on avait commencé à planter d'arbres vers 1772, mais à laquelle manquait le mur de soutènement du côté de l'est, et une partie du côté sud, fut entièrement achevée, mais les bâtiments d'observation se réduisaient toujours aux petits pavillons que Cassini IV avait élevés à l'est; les instruments eux-mêmes étaient peu nombreux et au-dessous de ceux que possédaient les observatoires étrangers.

« Quant au grand bâtiment de Perrault, il continuait à servir d'habitation aux astronomes Méchain, Delambre, Messier, Jeaurat, Bouvard, Caroché, puis, en 1805, à Arago, Biot et Mathieu. Ces logements, bien que très recherchés des astronomes, étaient pourtant fort incommodes.

« Le palais de Perrault, avec ses immenses salles, ses voûtes élevées, ses murs de 3 mètres d'épaisseur, ne se prêtait guère, je ne dis pas au confort, mais même aux nécessités de la vie.

« Il avait fallu, dès l'entrée de Cassini, établir des cloisons, subdiviser les salles dans leur hauteur par des planchers, construire des escaliers intérieurs, etc. Une embrasure de fenêtre formait une chambre et parfois tout le logement d'un astronome. Les tuyaux de cheminée manquaient complètement; on en avait établi dans les tourelles destinées primitivement au dégagement des eaux pluviales. On avait percé même les voûtes de la tour de l'ouest. Mais il manquait et il manqua toujours des cabinets d'aisances.

« Cette cohabitation des astronomes et de leurs familles n'était pas d'ailleurs sans inconvénients et suscita plus d'une fois des querelles que la grande situation scientifique des intéressés rendait difficiles à apaiser.

« Legentil, après son séjour de huit années aux Indes, occupait l'appartement du rez-de-chaussée où est actuellement logé le secrétaire de l'Observatoire. Il s'était fait devant ses fenêtres et dans la cour un petit jardin qu'il avait entouré d'une haie de sureau et il y cultivait quelques légumes. Les sureaux grandirent et atteignirent les fenêtres du premier étage, qu'habitait Mme Cassini de Thury. Dans son jardin, Legentil étendait parfois les couches de ses enfants. De là plaintes de son éminent voisin, qui trouvait avec raison cette vue peu agréable. Intervention de Cassini, de Montuclo, alors inspecteur général des bâtiments royaux, du ministre même des bâtiments, le comte d'Angivillers. Peu s'en fallut que l'affaire ne fût portée devant le roi. »

III

On ne visite pas facilement l'Observatoire : les portes ne sont ouvertes au public que le premier de chaque mois; encore doit-on demander au secrétariat une lettre d'introduction; une fois l'autorisation obtenue, on pénètre dans la place. Le secrétaire ou souvent même un astronome vous conduit alors et vous explique avec la plus grande complaisance l'usage de tous ces appareils multiples et compliqués.

L'Observatoire forme une masse rectangulaire dont chacune des faces correspond exactement à un des quatre points cardinaux. La construction a été faite tout entière en pierre, sans fer ni bois; elle comprend deux étages, un très grand sur un petit et se termine par une plate-forme surmontée de deux coupoles. Deux tours octogonales, la tour de l'Ouest et la tour de l'Est, accompagnent la façade méridionale du rectangle.

A peine arrivé à Paris, Cassini avait critiqué le monument construit par

Perrault. L'architecte refusa de tenir compte des réclamations de l'astronome ; Louis XIV donna raison à son architecte, mais le temps a donné raison à Cassini.

Aujourd'hui toutes les observations se font dans une des ailes construites en 1834, dans les divers pavillons qu'on a successivement élevés dans le jardin, et sous les coupoles installées sur la terrasse du monument.

Les deux étages de l'Observatoire primitif ne sont plus occupés que par le musée, par la bibliothèque contenant environ 20 000 volumes, par la salle de lecture où les astronomes peuvent consulter les journaux astronomiques du monde entier, par le salon de réunion du Conseil de l'Observatoire, par les salles des archives et par le secrétariat.

Au premier étage, dans la tour de l'Ouest, se trouve le musée astronomique organisé par l'amiral Mouchez ; les murailles de la galerie sont ornées des portraits de Louis XIV et de tous les grands astronomes. Les vitrines renferment : les divers instruments astronomiques des Arabes, des Persans et des savants du moyen âge ; les étalons des mesures françaises anciennes et nouvelles ; quelques spécimens des mesures étrangères ; des instruments ayant servi à des observations célèbres : les anciens objectifs de Cassini, la première lentille à échelons de Fresnel pour l'éclairage des phares, etc.

Ce qui frappe d'abord les regards en pénétrant dans la tour de l'Est, c'est l'immense globe terrestre que l'abbé Bergevin construisit pour Louis XVI et où, dit-on, le roi traça lui-même l'itinéraire du voyage de La Pérouse ; divers instruments ayant servi aux astronomes du dix-huitième siècle, comme le quart de cercle avec lequel Maupertuis mesura un degré de méridien en Laponie, et le sextant que l'abbé La Caille emporta au cap de Bonne-Espérance pour mesurer également un degré de méridien, sont groupés autour du globe de l'abbé Bergevin.

La salle méridienne, située à côté, renferme le cercle méridien d'Eichens, la lunette méridienne et le cercle mural de Gambey.

Deux pendules sont jointes au cercle méridien et à la lunette ; ces pendules battent ensemble et avec la plus grande régularité ; elles ont du reste la concordance la plus parfaite avec toutes les autres pendules de l'Observatoire ; les horloges dans tout le bâtiment marquent rigoureusement la même seconde ; cela vient de ce qu'elles sont reliées par un courant élec-

La lunette méridienne.

trique à une horloge installée dans les caves de l'Observatoire et par

Le cercle mural de Gambey.

conséquent placée dans des conditions de température, d'humidité et de pression constantes.

Mais si l'on compare l'heure fournie par l'une de ces horloges avec l'heure du dehors, on constatera une différence, c'est que la montre ou la pendule du dehors est réglée d'après le soleil, et que les horloges de l'Observatoire sont réglées d'après les étoiles, ce qui est nécessaire aux observations.

« La *lunette méridienne* associée à une pendule, nous dit M. Wolf, sert à déterminer le moment précis auquel un astre passe au méridien du lieu d'observation; le *cercle mural* donne au même instant la distance de l'astre au pôle du ciel. Ces deux observations fixent donc la position exacte de l'astre sur la voûte céleste. Avec ces instruments, on n'observe que dans le plan du méridien; c'est pourquoi la salle qui les renferme est coupée par trois fentes, d'un mètre de largeur environ, depuis l'horizon sud jusqu'à l'horizon nord.

« L'*Équatorial* au contraire doit pouvoir diriger sa lunette vers tous les points du ciel; on l'abrite donc sous un dôme tournant que l'on peut ouvrir suivant une tranche allant du sommet à l'horizon. »

Au second étage se trouve la grande galerie dont le pavé de marbre blanc montre, incrustée, une bande de cuivre; cette bande de cuivre est la *méridienne de France* tracée par Jacques Cassini et qui sert de base pour construire les cartes.

D'autres pays ont pris pour méridien d'origine celui qui passe par leur principal observatoire : le méridien d'origine est en Angleterre, par exemple, le méridien qui passe par l'Observatoire de Greenwich. Ce point de départ est très important, car il sert à déterminer les longitudes et l'heure : il est midi quand le soleil arrive dans le plan vertical de la méridienne de l'Observatoire de Paris; toutes les villes situées sur cette même méridienne ou tout près, comme Dunkerque, Bourges, Carcassonne, Alger, ont midi en même temps; à l'ouest de la méridienne il n'est pas encore midi, à l'est il est plus de midi.

Des calculs permettent de déduire le midi moyen et par suite de déterminer le temps légal pour toute la France. Comme chaque pays calcule son heure d'après le méridien d'origine qu'il a choisi, tous les pays n'ont pas la même heure que nous. A l'ouest les pays retardent sur notre heure, à l'est ils avancent.

C'est encore cette même méridienne de l'Observatoire qui sert à obtenir la longitude, c'est-à-dire la position géographique des villes à l'ouest ou à l'est du méridien d'origine.

La galerie de la méridienne contient des instruments dont la valeur est surtout historique : les règles de Borda à l'aide desquelles Méchain et Delambre ont déterminé la longueur du mètre en mesurant l'axe de méridien compris entre Dunkerque et Barcelone ; les appareils employés à la fixation des unités du système métrique ; le miroir tournant de Fizeau et Bréguet ; le miroir de Foucault....

Plus loin se trouve le bureau des calculs, où l'on trace le catalogue général des observations d'étoiles faites à Paris depuis le commencement du siècle.

En quittant le second étage, l'escalier, que nulle fenêtre n'éclaire plus, semble s'enfoncer dans la haute muraille de pierre et vient se heurter à une porte basse qui ressemble à une porte de cachot ; la clef grince dans la serrure, on se trouve sur la terrasse de l'Observatoire, d'où la vue embrasse Paris et ses environs.

Sur le sommet de la tour orientale se dresse la grande coupole construite par Arago, immense dôme mobile, vulgairement appelée la *calotte d'Arago*. Il existe une seconde coupole sur la tour occidentale ; toutes les deux abritent les grands télescopes destinés à étudier le mouvement diurne des astres, entre autres l'Équatorial d'Yvon Villarceau et d'Eichens, le premier instrument construit en métal et qui a servi de modèle à tous ceux qu'on a construits depuis.

IV

De l'Observatoire construit par Perrault, la plate-forme seule, comme nous venons de le voir, sert aujourd'hui aux expériences et aux observations.

Deux ailes basses avaient été ajoutées en 1834, l'une à l'est, l'autre à l'ouest de l'édifice ; c'est dans cette dernière que fut établi le vaste amphithéâtre dans lequel Arago fit pendant dix-huit années ses fameuses leçons d'astronomie populaire; l'amphithéâtre a été supprimé pour faire place aux appartements du directeur. On a réduit le droit de logement au directeur et au secrétaire agent comptable. Les astronomes ne possèdent à l'Observatoire que de petites chambres où ils peuvent se reposer après leur temps d'observation accompli.

L'aile de l'est est consacrée aux observations méridiennes.

Lorsque, par grâce spéciale, on obtient de pénétrer dans la salle de travail, l'astronome, le secrétaire ou le gardien qui vous accompagne, après avoir ouvert la porte avec précaution et s'être glissé en même temps que vous dans le sanctuaire, fronce les sourcils, plisse les lèvres et lève lentement la main à la hauteur de sa bouche, signes qui chez tous les peuples ont toujours été employés pour recommander le plus profond silence.

Vous faites quelques pas sur la pointe des pieds afin que vos yeux puissent embrasser la salle tout entière.

Alors, à l'extrémité d'une grande lunette pareille à un canon gigantesque braqué sur une cible invisible, vous apercevez un homme étendu sur une chaise longue, couché sur un matelas ou accroupi sur les marches d'un escalier de fer; l'homme, l'œil collé à l'instrument, est immobile : sa main droite seule est quelquefois agitée d'un léger mouvement et semble battre une mesure; il s'arrête un moment pour inscrire quelques chiffres sur des feuillets de papier, puis il reprend sa première position. C'est un astronome qui observe le passage des étoiles au méridien.

Les principaux instruments qui servent à ces observations sont la lunette méridienne, le cercle mural de Gambey et le grand instrument méridien d'Eichens et Secretan.

La lunette méridienne détermine l'ascension droite de l'étoile, tandis que le cercle mural en détermine la déclinaison.

Le grand instrument méridien donne à lui seul et simultanément les indications fournies séparément par la lunette méridienne et par le cercle mural.

Ces observations régulières des passages des étoiles n'ont pas été interrompues à l'Observatoire de Paris depuis le 1er janvier 1837. A la fin de chaque année, elles sont imprimées en un volume de 800 pages qui ne contiennent que des chiffres.

Le grand télescope.

Tous les autres postes d'observation se trouvent maintenant dans le jardin qui entoure l'Observatoire et où sont disséminés des pavillons, des coupoles, des constructions de grandeurs et de formes différentes, qui abritent les instruments.

Le plus important de ces instruments est le grand télescope auquel on ne peut guère comparer que le Léviathan de Parsonstown en Irlande, les télescopes de Common en Angleterre et le télescope de Melbourne.

Le miroir en verre argenté du télescope de l'Observatoire pèse 500 kilogrammes; il a un diamètre de 1 m. 20 et est placé au fond d'un tube de 7 mètres de long; la masse entière ne pèse pas moins de 10 000 kilogrammes, et malgré cela elle peut être mise en mouvement presque sans effort; un mécanisme ingénieux permet, par l'intermédiaire d'une vis, de diriger l'objectif sur le point du ciel que l'astronome veut observer, et même de faire suivre lentement à l'appareil le mouvement du ciel. Seul le télescope est abrité contre les intempéries; l'astronome, pour faire ses observations, doit rester à l'air libre, quelle que soit la saison, quelle que soit la température; il gravit les degrés d'un escalier tournant et c'est du sommet qu'il applique l'œil à l'oculaire du télescope, tandis qu'il note sur un carnet les calculs auxquels il se livre.

« Ah! il est bien vrai, s'écrie M. Wolf, que c'est un rude métier que celui d'observateur par les nuits d'hiver, lorsqu'il faut appliquer l'œil à un tube de métal plus froid que glace, contre lequel l'haleine vient se congeler, si bien qu'il faut parfois un effort pour détacher la figure de la plaque de métal à laquelle elle s'est collée. Mais la précision des observations l'exige : l'instrument doit être à la même température que l'air environnant et l'astronome fait partie de son instrument. »

On a voulu, dans la construction du sidérostat et de l'équatorial coudé, épargner cette fatigue et cette souffrance à l'observateur : les instruments restent à l'air libre, mais leur extrémité, l'oculaire, se trouve dans une chambre bien close où, de son fauteuil, l'astronome peut noter commodément ses observations.

Le sidérostat a été construit d'après les plans de M. Léon Foucault : l'oculaire de la lunette est enchâssé dans un petit pavillon où se tient le savant en train d'expérimenter.

L'équatorial coudé est l'œuvre de M. Lœwy; l'installation de cette lunette géante a nécessité la construction d'une maison de trois étages. Tandis que la partie mobile de l'équatorial reste en plein air, l'autre partie traverse les murailles et vient aboutir à une chambre du troisième étage où l'astronome, tranquillement assis devant une table, a plutôt l'air d'observer un insecte au microscope, que de suivre une étoile dans le ciel.

Dans le jardin se trouve encore un petit pavillon surmonté de deux coupoles.

C'est là que Chacornac a dessiné les cartes de la bande écliptique du ciel. Ces cartes devinrent impossibles à exécuter sincèrement lorsqu'il s'agit de reproduire la grande quantité d'étoiles observées dans la région de la Voie lactée; les frères Henry, continuateurs de Chacornac, recoururent alors à la photographie, et l'amiral Mouchez, directeur de l'Observatoire, approuvant leurs travaux, fit construire un appareil spécial qui permit de photographier les étoiles. Cette idée conduisit à une entreprise d'un intérêt et d'une importance extrêmes : la confection d'une carte photographique du ciel.

Voilà ce que dit à ce sujet M. Tisserand, directeur actuel de l'Observatoire, dans la notice qu'il a consacrée à l'amiral Mouchez, son prédécesseur :

« Il s'agissait de faire, en quelques années, avec le concours d'une dizaine d'observatoires, la carte complète de la voûte céleste, comprenant, au nombre de plus de 50 millions, tous les objets visibles dans les plus puissantes lunettes de notre temps, étoiles fixes, simples et multiples, étoiles variables, nébuleuses, amas stellaires, astres mobiles. Cette carte, qui sera formée des 2 000 feuilles nécessaires pour représenter, à une échelle suffisamment grande, les 42.000 degrés carrés que comprend la surface de la sphère, léguera aux siècles futurs l'état du ciel à la fin du xixe siècle, avec une authenticité et une exactitude absolues. La comparaison de cette carte avec celles qu'on pourra refaire à des époques de plus en plus éloignées permettra aux astronomes de l'avenir de constater de bien nombreux changements en position et en grandeur, à peine soupçonnés ou mesurés aujourd'hui pour un petit nombre d'étoiles seulement, et d'où ressortiront certainement bien des faits inattendus et d'importantes découvertes.

« Immédiatement l'amiral commença sa propagande. Le premier *congrès astrophotographique* fut convoqué à l'Observatoire de Paris au mois d'avril

1887; M. Mouchez en a présidé depuis deux autres. Aujourd'hui l'entreprise est en bonne voie d'exécution, et l'on peut être certain que cet inventaire du ciel, rêvé par lui, sera bientôt une réalité. Il a su assurer à la France l'honneur de cette initiative; et ne revenait-elle pas de droit à la nation qui a découvert la photographie? »

Une fois possesseurs d'excellents clichés d'étoiles, les astronomes pensè-

La compteuse d'étoiles.

rent à mesurer sur ces clichés les positions exactes de toutes les étoiles jusqu'à la onzième grandeur.

Ce travail, qui demande un temps très long et une attention constante, a été confié à des dames qui sont installées dans un pavillon construit au-dessous des équatoriaux du jardin. Elles ont environ deux millions d'étoiles à mesurer; un gros volume in-quarto de 500 pages contient 50 000 positions d'étoiles : l'ouvrage comprendra donc vingt volumes de chacun 500 pages! Et ce n'est là qu'une bien faible partie des travaux qui s'exécutent à l'Observatoire de Paris.

L'existence même de l'Observatoire a été très menacée pendant ces dernières années; la question de sa reconstruction en pleine campagne a été bien souvent agitée et les savants eux-mêmes se sont querellés à ce sujet.

M. Wolf défend en ces termes le vénérable monument qui a abrité depuis plus de deux cents ans tant de savants illustres et qui a vu naître tant d'admirables découvertes :

« L'Académie des Sciences, après mûres discussions, s'est toujours prononcée pour le maintien de l'Observatoire dans son intégrité, et le public éclairé a ratifié sa décision.

« Il semble que depuis quelques années les faits s'accumulent, qui viennent confirmer le jugement de l'Académie.

« Les ébranlements du sol, disait-on, rendent impossibles certaines observations de première importance : eh bien, un des astronomes de l'Observatoire, M. Périgaud, a trouvé le moyen de faire en tout temps ces observations.

« L'air de Paris, disait-on, est chargé de fumées et de vapeurs et ne permet pas de voir les astres un peu faibles. Et voilà que, sur les plaques photographiques des frères Henry, apparaissent les plus petites étoiles, les plus pâles nébuleuses que l'on ait jamais vues. Et ces jours derniers, M. Lœwy mettait sous les yeux de l'Académie des images photographiques de la lune plus grandes, plus détaillées et plus fines qu'aucune de celles qu'ont obtenues les astronomes américains à l'Observatoire du mont Hamilton en Californie, à 1 283 mètres d'élévation.

« Les agitations de l'air, au dire des partisans du transport de l'Observatoire hors Paris, rendent très suspectes les déterminations des positions des étoiles : et voilà que l'illustre secrétaire de l'Académie des Sciences de Berlin, M. Auwers, après comparaison des observations faites dans les premiers observatoires du monde, met au rang des meilleures celles de Paris. »

Voici donc réfutées les principales objections que l'on peut faire contre l'Observatoire de Paris.

Cela ne veut pas dire que son installation soit parfaite ; les astronomes, les plus chauds partisans de sa conservation intégrale, avouent que certaines expériences y sont difficiles ; mais ils n'ont plus maintenant à se préoccuper outre mesure de ces défauts, car le chemin de fer, à leur gré, les transportera vers d'autres cieux plus propices : à Besançon, à Lyon, à Marseille, à Toulouse, à Bordeaux, à Nice où des observatoires sont établis dans les meilleures conditions et tels que l'astronomie de précision l'exige aujourd'hui.

Aussi est-il plus que probable que l'Observatoire de Paris restera à Paris.

FIN

TABLE DES GRAVURES

L'INSTITUT DE FRANCE

Le puits de la cour des Longitudes.	5
La cour de l'Institut.	7
Dans le vestibule.	10
L'antichambre de l'Académie française.	13
Le dépouillement du scrutin.	15
Le vote à l'Académie française.	17
Les habitués.	23
L'amiral Pâris.	25
Avant la séance.	26
Une séance de l'Académie des Sciences.	27
La lecture du procès-verbal.	32
Une séance de l'Académie des Sciences morales et politiques.	33
Une cabine du vestiaire.	46
La feuille d'émargement.	49
Le discours du récipiendaire.	51
La tribune.	55
Après la séance.	61
Le récipiendaire est très entouré.	63
La Bibliothèque de l'Institut.	69
Les bustes.	71

LE COLLÈGE DE FRANCE

L'entrée du Collège de France.	77
L'arrivée du professeur.	79
Le cours de littérature française.	85
Le professeur d'hébreu.	87
Le cours d'histoire naturelle.	91
Le professeur de grec.	95
Le cours de médecine.	97
La leçon de chinois.	100
Le cours de chimie.	101
La sortie.	104

LE MUSÉUM

La maison de Cuvier.	111
L'armoire aux fleurs.	113
Cours de dessin d'après les animaux.	115
Le professeur.	119
Au cours de fleurs.	121
Les griffes du lion.	129
Le dîner du boa.	135
Un envoi de province.	157
Un laboratoire du Muséum.	159

La mort du phoque. 143
Un sauvetage. 147
Edgar 149
Un cours de zoologie au Muséum. 153
Le cours d'anatomie comparée. 159
Un nettoyage. 163
Le tombeau de Daubenton. 169
La galerie de paléontologie. 171
Un débarras. 173
Une conférence dans les nouvelles galeries du Muséum. 179
La dernière retouche 182
L'atelier de taxidermie. 183
La sortie des orangers. 189

L'INSTITUT PASTEUR

M. Pasteur. 199
Le chenil 205
La salle d'attente. 207
L'inoculation, à l'Institut Pasteur 213
La trépanation du lapin. 219
La salle des animaux inoculés. 223
Le four crématoire 225
La table des microbes. 229
Le bouillon 233
L'inoculation du cheval. 239
L'Institut Pasteur à Villeneuve-l'Étang. 241

LA SORBONNE

Ancienne porte de l'Académie de Paris 247
La cour de l'ancienne Sorbonne. 249
L'escalier d'honneur de la nouvelle Sorbonne. 253
Le vestibule de la nouvelle Sorbonne. 255
Un laboratoire de recherches à l'ancienne Sorbonne. 263
Un cours libre. 267
Un fantaisiste. 269
En forêt. 271
Étude sur la sève. 275
Une expérience en plein air. 277
Le vestiaire de la Sorbonne. 287
L'arrivée de la Faculté de Médecine. 291
L'arrivée du ministre. 295

L'OBSERVATOIRE

Notre-Dame de Dessous-Terre. 307
Le musée astronomique. 311
La lunette méridienne. 319
Le cercle mural de Gambey. 321
Le grand télescope. 325
La compteuse d'étoiles. 329

TABLE DES MATIÈRES

L'INSTITUT DE FRANCE

La nouvelle Atlantide. — L'Académie Française. — Le Dictionnaire. — Le fauteuil. — Le jeton de présence. — L'Académie des Inscriptions et Belles-Lettres. — Les habitués. — L'Académie des Sciences. — Le phonographe à l'Institut. — L'Académie des Sciences morales et politiques. — Un cinquantenaire. — L'Académie des Beaux-Arts. — Les maîtres et les académiciens. — Le brevet d'Abraham Bosse. — L'Institut et les anciennes académies. — L'abbé Grégoire et le peintre David. — Les séances publiques. — Le costume. — Une séance de réception. — Les discours. — Les prix. — Le collège des Quatre-Nations. — Les lions de l'Institut et le charbonnier   1

LE COLLÈGE DE FRANCE

Un vœu de François Ier. — Noël Beda et Guillaume Budé. — Les liseurs du roi. — *Omnia docet*. — Le cours de littérature française. — Anecdotes sur Lamartine. — Le cours d'hébreu. — Le cours de grec. — Un cocher à l'heure. — La légende de Siddhartha. — Le cours de médecine. — Les gymnotes de Cumana. — La salle des langues orientales. — Une leçon de chimie.   73

LE MUSÉUM

Le jardin des apothicaires et les médecins du roi. — Buffon et Cuvier. — Le dessin au Muséum. — Les parterres. — Une ménagerie sous Louis XV. — Les animaux féroces. — La boucherie des bêtes. — Les griffes du lion. — Les serpents. — Le repas des reptiles. — Erreur d'un boa. — La rotonde et ses hôtes. — La mort du phoque. — Les fosses aux ours. — Le palais des singes. — Les cours du Muséum. — Au fond de la mer. — Une chasse aux lézards. — L'École de Botanique. — La robe de Guy Patin. — Le musée de paléontologie. — Le corps de Turenne. — Les distractions d'un chimiste. — Les nouvelles galeries. — Les serres et les oiseaux   107

L'INSTITUT PASTEUR

La vie d'un savant. — Ses premiers travaux. — Les microbes et les ferments. — Études sur la rage. — Joseph Meister. — Le berger Jupille. — Les paysans russes. — Une souscription. — Le traitement antirabique. — Mordeurs et mordus. — Les racoleurs d'enragés. — L'inoculation du lapin. — Un microbe invisible. — Le cours de microbie. — La fabrication du bouillon. — Le docteur Roux. — Le vaccin du croup. — A Villeneuve-l'Étang. — Le dernier cheval de Canrobert. 195

LA SORBONNE

Le chapelain du roi Louis IX. — La misère des écoliers. — L'ancienne et la nouvelle Sorbonne. — Les laboratoires et les leçons pratiques. — Le chien du commissaire. — La Faculté des Lettres et la Faculté des Sciences. — Le statut des tartes. — Les cours de la Sorbonne. — Les excursions. — Le laboratoire de Fontainebleau. — Les stations maritimes de Roscoff et de Banyuls. — La distribution des prix du concours général. — Le baccalauréat. 243

L'OBSERVATOIRE

Fondation de l'Observatoire. — Erreurs scientifiques. — Un crédit de trente mille ans. — La visite de Louis XIV. — Le puits de l'Observatoire. — Notre-Dame de Dessous-Terre. — Un miroir brûlant. — Une ancienne carte de France. — Les travaux des astronomes. — Les savants autour du monde. — De Cassini à Arago. — L'Observatoire aujourd'hui. — Le musée astronomique. — Les instruments. — Un rude métier. — Les pavillons du jardin. — La carte du ciel. — L'Observatoire à Paris. 299

TABLE DES GRAVURES 335

51095. — Imprimerie LAHURE, rue de Fleurus, 9, à Paris.

LIBRAIRIE HACHETTE ET Cie, 79, Boulevard Saint-Germain, Paris

COLLECTION IN-8 A L'USAGE DE LA JEUNESSE

1re Série, format in-8 jésus

CHAQUE VOLUME : BROCHÉ, **7 FR.** ; CARTONNÉ, TRANCHES DORÉES, **10 FR.**

ABOUT (ED.) : **Le Roman d'un brave homme.** 1 vol. illustré de 52 compositions par ADRIEN MARIE.
— **L'Homme à l'oreille cassée.** 1 vol. illustré de 64 compositions par EUG. COURBOIN.
CAHUN (L.) : **Les Aventures du Capitaine Magon.** 1 vol. illustré de 72 grav. d'après PHILIPPOTEAUX.
DILLAYE (FR.) : **Les Jeux de la Jeunesse.** 1 vol. illustré de 205 gravures.
DRONSART (Mme M.) : **Les Grandes Voyageuses.** 1 vol. illustré de 75 gravures.
DU CAMP (MAXIME) : **La Vertu en France.** 1 vol. illustré de 57 gravures d'après DUEZ, MYRBACH, TOFANI et E. ZIER.
— **Bons Cœurs et Braves Gens.** 1 vol. illustré de 50 gravures d'après MYRBACH et ZIER.
FLEURIOT (Mlle ZÉNAÏDE) : **Cœur muet.** 1 vol. illustré de 57 gravures d'après ADRIEN MARIE.
— **Papillonne.** 1 volume illustré de 50 gravures d'après E. ZIER.
LA VILLE DE MIRMONT (H. DE) : **Contes Mythologiques.** 1 volume illustré de 50 gravures.
LEMAISTRE (A.) : **L'Institut de France.** 1 vol. illustré de 83 gravures d'après les dessins de l'auteur.
MAEL (P.) : **Une Française au pôle Nord.** 1 volume illustré de 52 gravures d'après A. PARIS.
— **Terre de Fauves.** 1 vol. illustré de 52 gravures d'après A. PARIS.
— **Robinson et Robinsonne.** 1 vol. illustré de 52 gravures d'après A. PARIS.
MANZONI : **Les Fiancés.** Édition abrégée par Mme J. Colomb. 1 volume illustré de 37 gravures.
MOUTON (EUG.) : **Voyages et Aventures du Capitaine Marius Cougourdan.** 1 vol. illustré de 66 gravures d'après E. ZIER.
— **Aventures et mésaventures de Joël Kerbabu.** 1 vol. illustré de 64 gravures d'après ALFRED PARIS.
— **Voyages merveilleux de Lazare Poban.** 1 vol. illustré de 51 grav.
ROUSSELET (LOUIS) : **Nos grandes Écoles militaires et civiles.** 1 vol. illustré de 169 gravures d'après A. LEMAISTRE, FR. RÉGAMEY et P. RENOUARD.
— **Nos grandes Écoles d'application.** 1 vol. illustré de 135 gravures d'après BUSSON, CALMETTES, LEMAISTRE, RENOUARD.
TOUDOUZE (G.) : **Enfant perdu (1814).** 1 vol. illustré de 52 grav. d'après J. LE BLANT.
WITT (Mme DE), née GUIZOT : **Les Femmes dans l'histoire.** 1 vol. illustré de 80 gravures.
— **La Charité en France à travers les siècles.** 1 vol. illustré de 81 grav.
— **Père et fils.** 1 vol. illustré de 80 gravures.

31095. — Paris. Imprimerie LAHURE, 9, rue de Fleurus. — 5-95.

www.ingramcontent.com/pod-product-compliance
Lightning Source LLC
Chambersburg PA
CBHW060329170426
43202CB00014B/2722